9/24

Le Collectionneur

CHRYSTINE BROUILLET

Le Collectionneur

ÉDITION DU CLUB QUÉBEC LOISIRS INC.
© Avec l'autorisation des Éditions de la courte échelle
© Les Éditions de la courte échelle, 1995
Dépôt légal — Bibliothèque nationale du Québec, 1995
ISBN 2-89430-172-3
(publié précédemment sous ISBN 2-89021-236-X) (Le collectionneur)
(publié précédemment sous ISBN 2-89021-239-4) (Le cirque bleu)

Imprimé au Canada

L'auteure tient à remercier Gilles Langlois et
Jean-Pierre Leroux de leur précieuse collaboration.

À Claude Dessureault

Chapitre I

Maud Graham éteignit le téléviseur d'un geste brusque, choquée par ce qu'elle venait d'apprendre. Un quinquagénaire promenait son chien quand il avait découvert un cadavre étrangement mutilé au parc du Mont-Royal. L'hiver avait conservé le corps et même si les policiers avaient demandé aux journalistes d'être discrets, la population savait maintenant qu'on avait amputé un pied, un sein et un poignet à la morte.

Un reporter n'avait pas manqué de rappeler la similitude entre ce crime et celui d'une touriste québécoise, Diane Péloquin, commis trois ans auparavant, dans le Maine. La femme avait été étranglée et mutilée. Le meurtrier lui avait coupé le sein droit et le pied gauche. Il ne fallait pas oublier non plus cette pénible affaire, à Miami, vingt mois plus tard, qui avait peut-être un lien avec ces deux crimes. On ne pouvait rien affirmer, car le cadavre était quasiment réduit à l'état de squelette, mais il manquait à ce macchabée le tibia, le péroné, le fémur, le tarse et le métatarse de la jambe gauche. On n'avait jamais pu identifier la victime et les journalistes l'avaient appelée Lucy, du nom d'une tornade qui avait ravagé la Floride la semaine précédente et ainsi déterré le squelette.

Personne n'avait alors parlé de tueur en série.

Jacques Mathieu y songerait avant la parution de son article, avant l'aube. Graham savait qu'elle lirait un éditorial alarmant sur les émules des assassins Jeffrey Dahmer et Ted Bundy, une colonne qui se terminerait par une question aux policiers : que feraient-ils pour démasquer le tueur et prévenir d'autres meurtres au Québec ? Le phénomène des *serial killers* était typiquement américain — même si les Anglo-Saxons avaient eu leur Jack l'Éventreur — et il devait le demeurer. Les touristes québécois redoutaient déjà la trop violente Floride, il était inconcevable que les monstres américains viennent les terroriser dans leur propre pays.

Graham plaignit ses collègues montréalais ; ils seraient critiqués et harcelés avant même d'avoir bougé. Louis Pelchat, le pro des relations publiques, devrait participer à vingt tribunes téléphoniques afin de calmer la population. Si la détective comprenait l'angoisse qu'une telle nouvelle pouvait susciter, si elle acceptait que les journalistes fassent leur métier et informent leurs lecteurs et leurs auditeurs, elle admettait mal qu'on saute aux conclusions avant même qu'une enquête ne soit commencée et qu'on condamne les policiers qui n'avaient pas découvert le cadavre juste après l'assassinat. Ils avaient en ce moment si peu d'indices qu'il faudrait un miracle pour trouver le coupable.

Maud Graham pensa au mari de cette victime, à ses amis, à ses parents qui pourraient enfin l'ensevelir. Ils n'exposeraient pas le corps, mais ils voudraient de vraies funérailles. Ils seraient furieux que les journalistes essaient d'y assister, même si leur présence et la photo de la tombe dans les journaux prouveraient que Muriel Danais était bien morte et bien enterrée. Elle les hanterait, mais ils n'erreraient plus. Ils sauraient. Ils ne regarderaient pas les lilas fleurir en se demandant si Muriel les voyait aussi, ou si elle avait été enlevée et emmenée loin de Montréal, forcée à se prostituer dans un pays où poussent des fleurs d'oranger, comment elle avait disparu — car tous rejetaient l'idée saugrenue qu'elle soit partie avec un autre homme —, si elle vivait toujours, où, comment et si elle reviendrait, si elle était devenue folle, si elle s'était enfuie, si elle mourrait du cancer, du sida, si on l'avait tuée, si on l'avait torturée avant de l'assassiner.

Oui, n'aimerait pas répondre Graham à ceux qui aimaient Muriel Danais, oui, on lui avait coupé un sein, un poignet et un pied. Et l'enquêtrice devinait qu'on l'avait piquée, comme Diane Péloquin.

L'été dernier, Graham avait reparlé du meurtre de cette touriste avec Rouaix, mais elle n'avait pas dit que l'instrument avec lequel on avait piqué la victime avant sa mort lui rappelait l'outil dont on usait jadis pour déceler la marque diabolique chez une sorcière. Les inquisiteurs enfonçaient le long stylet plusieurs fois dans le corps de leur victime jusqu'à ce qu'ils trouvent ce qu'ils cherchaient. Ou non. Ça ne changeait rien ; la femme était exécutée. La Femme.

Est-ce que le tueur détestait les femmes autant que les inquisiteurs moyenâgeux ? Les torturait-il avec le même plaisir ? Croyait-il, lui aussi, obéir à une loi divine ? Ou, mieux encore, être au-dessus des lois ?

Et voulait-il en tuer des dizaines, des centaines ?

Rouaix avait déclaré qu'un meurtre commis aux États-Unis ne les concernait pas, même s'il s'agissait d'une compatriote : on avait assez à faire au Québec. Graham avait acquiescé, mais elle ne pouvait chasser de son esprit l'image du corps meurtri, semblable à celui des milliers de sorcières condamnées sans procès.

Elle y repensait quand Léo miaula. Elle souleva son chat gris et le tint contre son épaule en lui grattant le cou. Lui au moins ne finirait pas au bûcher. Graham effleura les vibrisses en constatant qu'elles avaient pâli. Léo vieillissait-il ? Son poil avait légèrement bruni durant l'hiver. Un interminable hiver ; il n'était sorti qu'une douzaine de fois. Quand Graham partait travailler, il la regardait s'éloigner par la fenêtre en la plaignant sincèrement d'affronter des froids pareils.

— Je t'ai acheté des éperlans, mon beau Léo. Jure-moi de ne pas les cacher sous le tapis de la salle de bains ! Jure !

Le matou passa une patte derrière son oreille ; il pourrait toujours dire qu'il n'avait rien entendu.

— Les lilas seront en fleur dans deux mois, Léo. Te rends-tu compte ?

Graham fronçait le nez en déballant les poissons :

— Ça pue ! Je t'aime vraiment pour t'en offrir !

Elle agita le poisson argenté par la queue et Léo le fit valser sur le mur d'un coup de patte nerveux. Il courut vers sa proie, la saisit entre ses crocs avant de décider qu'il la mangerait derrière la table de la cuisine.

Est-ce que le tueur avait dissimulé le corps de sa victime loin du lieu où il l'avait exécutée ? Qu'avait-il fait de ses trophées sanguinolents ?

Graham déglutit ; elle n'avait jamais rencontré de cannibale et ne le souhaitait pas.

Que signifiaient ces piqûres ?

Elle frissonna, trois heures plus tard, quand elle épingla un sphinx sur un carton blanc. Elle aussi piquait ses victimes. Pourrait-elle s'intéresser encore longtemps à sa collection d'insectes ? Les timbres ne lui disaient rien, la monnaie non plus, les étiquettes des grands crus encore moins. Mais il fallait qu'elle ait une collection. C'était la seule manière d'oublier un peu son travail. Faire semblant de se passionner pour autre chose. La méthode Coué. Graham avait déjà vu une photo d'Émile Coué et s'était demandé comment il avait pu persuader tant de gens de l'efficacité de sa méthode d'autosuggestion. Il avait de petits yeux et des joues flasques. Il avait l'air d'un canard. Coué-coin-coin. On ne croit pas un tel homme. Elle se répétait pourtant qu'il n'y avait pas que le boulot dans la vie. Elle admirait les ailes jaune et bleu de la queue-d'hirondelle, comptait les taches amarante qui faisaient briller les lignes noires et s'extasiait sur la perfection de la nature. Tous les samedis, ou presque, elle se passionnait pour les lépidoptères.

Elle se frotta les paupières, se rappela qu'Yves disait qu'elle avait de beaux yeux. Le pensait-il vraiment ? L'avait-il aimée ? Physiquement ? Aimait-il réellement ses rondeurs ? Il l'affirmait régulièrement. Pour la convaincre ou s'en convaincre ? Émile Coué, encore. Elle cherchait le regard d'Yves quand il caressait son ventre, mais il avait toujours les yeux fermés. Elle aurait voulu savoir s'il trouvait ses courbes maternelles, si elles le rassuraient. Non, par pitié. Elle ne voulait pas être la mère de son amant. Il l'aurait nié de toute manière. Elle supposait cependant qu'Yves était franc lorsqu'il louait sa chevelure rousse, car sa première femme l'était aussi. Mais elle avait les yeux noirs. Comme la brune qui vivait maintenant avec Yves. Et elle pesait cinquante-cinq kilos.

On n'avait jamais su de quelle teinte qualifier les yeux de Graham. Certains les croyaient verts, vert bouteille, avec des éclats porphyre, mais plusieurs les voyaient bleus. Plus pâles que l'ardoise ou l'anthracite, ils étaient peut-être gris-bleu ? Mais de quel gris et de quel bleu s'agissait-il ? Ni perle, ni cendrés, ni royal, ni saphir, ni pétrole, ni ciel, ni outremer, ni turquoise, ni marine. Opalins peut-être ?

Les suspects les voyaient bleu acier. Couleur menottes ou canon de revolver.

Ils étaient fleuve d'automne vers seize heures quand le vent balaie le soleil aussi aisément que les feuilles mortes.

Alain Gagnon l'aurait dit à Maud Graham si elle avait voulu l'écouter.

Léo s'étira dans son fauteuil. Graham l'imita. Il lissa sa moustache, elle passa une mèche cuivrée derrière son oreille. Elle était tentée, comme lui, de se rouler en boule quand on frappa à la porte.

Graham se leva en souplesse, courut vers l'entrée ; il n'y avait que Grégoire pour se présenter chez elle après minuit.

— J'ai vu de la lumière, dit-il. Tu t'amusais avec tes bibites ?

Sa veste de cuir était grande ouverte sur sa frêle poitrine. Sa camisole verte très échancrée découvrait son sternum. Il n'avait presque pas de poils. Il n'en aurait peut-être jamais davantage. Il n'était pas certain qu'il vieillisse. Le sida et l'*overdose* se disputent âprement les jeunes prostitués. Grégoire disait qu'il était prudent. Graham ne le croyait pas tellement.

15

Il secoua son épaisse chevelure noire et l'enquêtrice songea qu'il lui faisait penser à un poulain sauvage, frémissant, fringant. Mais pouvait-il ruer quand on le maintenait par la crinière ? Qui avait fouillé plus tôt les boucles sombres ? Grégoire n'avait pas l'air trop las ; le dernier client devait avoir été gentil.

Graham proposa de faire des sandwiches.

— Non, j'ai mangé avant de venir. Au cas où t'aurais été couchée. Mais j'ai soif.

— Je ne m'endormais pas. Peut-être parce que les jours allongent.

— Oui, dit Grégoire d'un ton neutre en se dirigeant vers le réfrigérateur. L'été va finir par arriver.

S'il buvait, c'est qu'il retournerait travailler après sa visite. Il ne se prostituait pas à jeun.

— Je vais avoir plus d'ouvrage, certain.

On n'aurait pu dire s'il était satisfait ou non. Il l'ignorait lui-même. Il s'avança vers Léo qui cligna gentiment des yeux ; il reconnaissait l'odeur enfantine de Grégoire qui lui rappelait un grand papyrus. Il distinguait ce parfum vert sous la sueur et la fumée de cigarette et de joint. Il ronronna quand Grégoire lui caressa les oreilles.

— Il est fin, ton chat. Presque aussi fin que moi.

— Presque.

— J'avais un bon client ce soir. Un gars tranquille. Il a une tache de vin dans le cou. Il était un peu gêné. Il reste à Sillery. Il m'a bien payé. Il est professeur.

Graham hocha la tête tandis que Grégoire allumait une cigarette. Il aspira lentement la fumée, la rejeta avec volupté, sourit à l'enquêtrice.

— T'as pas recommencé ? Ça te dérange que je fume ?

— Non. Oui. Mais tu peux continuer. Ça va toujours me déranger.

Grégoire fit mine d'éteindre. Il avait voulu la narguer, mais il regrettait déjà son geste. Elle l'arrêta :

— Il faut que je m'habitue. Comme ça, j'aurai l'air moins

16

bête quand quelqu'un en grillera une dans mon bureau.

— Ça fait longtemps que j'ai pas été au poste de police.

— Tant mieux.

— Oui, tant mieux.

Grégoire but une gorgée de bière, reposa la bouteille, se cala dans le fauteuil.

— As-tu entendu parler du cadavre apode ?

— Pardon ?

Graham savait parfaitement de quel corps il s'agissait. Elle savait aussi que Grégoire était venu pour l'épater avec ce mot qu'il utilisait pour la première fois.

— Ça veut dire sans pieds, fit le jeune homme sur le ton de l'évidence.

Il contenait son sourire, mais ses yeux pétillaient. Il pouvait en montrer à Graham, certain !

— Tu as écouté les nouvelles ?

— Oui, chez le Prof. Je l'appelle comme ça. On a trouvé ça bizarre comme crime. Je lui ai dit que j'en saurais plus, mais sans parler de toi. Il comprendrait pas, même s'il est très intelligent.

Qui pouvait comprendre quels liens unissaient Grégoire, prostitué de seize ans, et Graham, enquêtrice de quarante-deux printemps ? Ou quarante-deux hivers ? Elle se sentait parfois si vieille, si usée. Encore deux enfants et cinq femmes battus ce matin, une gamine de douze ans droguée jusqu'aux os, une nonagénaire qui ne voulait pas se séparer de ses huit chats en allant à l'asile. La travailleuse sociale avait parlé d'un foyer, mais Graham et l'aïeule devinaient que l'asile était le terme exact. Graham avait songé qu'elle aussi se retenait pour ne pas adopter d'autres chats. Finirait-elle à l'asile ?

— À quoi tu penses, Biscuit ?

— À une dame de l'âge d'or. Pourquoi parle-t-on de l'âge d'or ? En général, on a encore moins d'argent quand on est vieux.

— La fille qu'on a tuée, à Montréal, était pas vieille.

Graham haussa les épaules ; Muriel Danais avait maintenant l'éternité devant elle.

— Le maniaque tue toujours des filles, hein, Biscuit ?

Grégoire voulait aussi être rassuré ? Elle n'y veillerait pas. Elle tenait à ce qu'il ait peur et lui dévoilait fréquemment les horreurs reliées à son métier. Elle n'essayait pas de le convaincre de s'arrêter ; elle voulait simplement qu'il reste sur ses gardes.

— On ne peut pas encore parler de maniaque. On n'a trouvé qu'un corps !

— Et ceux des États ? Ils en ont parlé après à la radio.

Graham expliqua que les meurtres présentaient des similitudes, mais on ne pouvait rien affirmer tant qu'on n'aurait pas enquêté plus longuement.

— En tout cas, c'étaient trois filles, insista Grégoire. Il tue pas les gais.

— Et ça fait longtemps. Le corps a été caché à l'automne.

— Il doit être retourné aux States.

Graham hocha la tête trop vite. Sa précipitation ne pouvait échapper à Grégoire ; il avoua que le Professeur pensait que le meurtrier allait recommencer. L'enquêtrice s'énerva :

— Il est prof de quoi, au juste, ton client ?

— Prof en arts. Il dessine super-bien. Il a griffonné mon portrait sur le bord d'une nappe en papier. Vraiment pas pire !

— Je ne vois pas quelles compétences il pourrait avoir en matière de crime. Manet n'était pas un meurtrier, ni Renoir ni Chagall !

Grégoire resta interdit ; son amie s'emportait rarement.

— Qu'est-ce qu'il y a, Biscuit ? As-tu peur pour vrai ?

Graham marmonna qu'il n'y avait pas de raison. Pourquoi un tueur américain viendrait-il œuvrer à Québec ?

— Les Américains aiment bien la ville ! Je les entends crier quand je travaille sur Saint-Denis. Chaque fois qu'ils voient un canon, ils gueulent : «*Look, mom, I have a good idea !*»

— Ils s'assoient à califourchon sur le canon ?

Grégoire applaudit en secouant sa belle tête. Il se remémorait les corps uniformément dorés, les cheveux blonds, parfois platine, les épaules larges, les fesses carrées, les grands pieds, les sourires épatés, les tenues aussi carnavalesques que sportives des Américains. Il ne les détestait pas, bien qu'il n'ait jamais fait beaucoup d'argent avec eux. Les Américains qu'il croisait près du château Frontenac voyageaient en famille. Les enfants ressemblaient à leurs parents et tous en étaient étonnamment fiers. On corrigerait les dents de Chris quand elle aurait dix ans et Brad porterait des lunettes d'aviateur comme son père qui avait toujours cru avoir un petit quelque chose de Peter Fonda. Oh! il y avait des gais parmi ces sages troupeaux, mais ils étaient habituellement accompagnés. Ils se regardaient s'extasier devant le Saint-Laurent qui n'aurait pas été si beau sans les gloussements admiratifs du copain.

Grégoire contemplait toujours le fleuve seul. Il ne voulait surtout pas partager le sentiment de plénitude et d'harmonie qu'il ressentait devant le Saint-Laurent. Qui aurait cru qu'il avait l'impression d'être lavé de ses nuits sordides quand le soleil constellait les vagues de milliers de prismes? Il clignait des yeux et se demandait s'il aurait un jour le courage de se jeter en bas du pont du traversier.

Il avait fait l'aller-retour entre Lévis et Québec au moins cinquante fois. Toujours seul. Mais peut-être proposerait-il à Graham de l'accompagner quand viendrait l'été.

— Il commence à faire moins froid. Ça fond pas mal, ces jours-ci.

— Léo va être content de ressortir, approuva Graham.

Elle se demandait si elle pouvait encore offrir à Grégoire de l'héberger pour la nuit et s'il allait encore refuser. S'il s'était parfois assoupi, il n'avait jamais dormi chez elle. N'était jamais entré dans la chambre d'amis. Elle aurait aimé qu'il y séjourne parfois. Elle avait changé les draps du lit sept mois auparavant; personne n'était venu depuis la visite de Léa Boyer.

Était-ce sa seule amie?

Elle décida qu'elle ne supporterait pas un refus ce soir-là. Pas le jour de l'anniversaire d'Yves. Elle se reprochait de ne jamais l'avoir vraiment fêté ; si elle lui avait organisé, au moins une fois, un beau *party*, il l'aurait peut-être trouvée moins sévère, moins triste.

Elle avait tenté de lui expliquer qu'elle n'était pas triste, juste normale. Elle ne pouvait évidemment pas sourire quand elle rentrait chez elle, non, chez eux, après une journée d'enfer. C'était ainsi. C'était son métier, il aurait dû le comprendre. Yves répondait que son collègue Rouaix s'amusait avec son fils Martin quand il regagnait son domicile. Qu'il laissait ses soucis au poste de police. Elle répondait qu'elle n'avait pas d'enfant et ne pouvait comprendre ce que Rouaix vivait. Yves disait qu'elle était butée. Il avait raison. Mais il aurait pu accepter qu'elle mette un peu de temps à oublier son travail. Une heure au moins. Une douche ne suffisait pas à la débarrasser d'une journée d'angoisse et de contrariétés. Ou d'excitation. De jubilation. Car ses journées n'étaient pas toutes un calvaire. Graham aimait son boulot. Férocement. Elle détestait la paperasserie, mais rien n'aurait pu remplacer la joie qu'elle éprouvait quand elle tenait un indice déterminant. Elle avait des picotements au bout des doigts et des orteils, ses cheveux la brûlaient comme s'ils avaient été de cuivre véritable et elle respirait plus lentement. Comme si elle recherchait l'apnée, comme si elle allait plonger.

Et elle plongeait. Au fond des choses. Elle déterrait des secrets repoussants et faisait des vagues en les ramenant à la surface. Déranger ne la gênait guère si elle découvrait le fin mot des histoires qu'on lui confiait.

— Je peux rester à coucher ? demanda Grégoire.

Graham écarquilla les yeux : comment pouvait-il savoir si souvent à quoi elle pensait ?

— Tu veux pas ?

Il se levait déjà, froissé par son silence.

— Arrête ! protesta-t-elle. Je suis contente. Je peux même te dire pourquoi.

— Certain ? Je suis fatigué. J'ai pas envie de rentrer.

Elle nota qu'il ne disait pas rentrer « à la maison » ou « chez moi ». Il n'avait jamais voulu lui dire où il habitait, même s'il savait qu'elle savait qu'il demeurait dans le quartier Saint-Jean-Baptiste.

— J'ai une chambre d'amis, dit-elle en regardant fixement le plancher pour ménager leur pudeur respective.

Grégoire n'aimait pas plus qu'elle exprimer ses sentiments. Les vivre leur suffisait amplement.

— C'est pas nécessaire. Je peux dormir sur le divan.

— Non, non, tu vas être mieux dans la chambre. Comme ça, je ne te réveillerai pas si je suis appelée durant la nuit. Ou demain matin quand je partirai. La porte se verrouille toute seule.

— Je vais m'en aller en même temps que toi, certain.

— On verra.

Grégoire ne put s'empêcher de tâter le lit comme s'il vérifiait s'il lui plaisait. Il ne voulait pas montrer trop d'enthousiasme à dormir chez Graham ; elle s'imaginerait ensuite l'avoir amadoué. Il n'était pas si facile à apprivoiser. Il ne s'appelait pas Léo.

Il espéra que le chat viendrait se coucher avec lui et l'empêcherait de rêver du tueur. Il ne pouvait chasser l'image d'une main coupée refaisant cent fois un signe de croix en suppliant le bourreau de l'épargner. Il se souvenait de son oncle qui l'obligeait à prier pour expier ses péchés après l'avoir sodomisé. Le tueur ne pouvait être pire, malgré tout ce qu'en diraient les journaux.

Graham regarda Léo en souriant. Il se dirigeait lentement vers la chambre d'amis.

* * *

— Vous me laisserez juste au coin, dit Johanne Turgeon au chauffeur de taxi.

Claude Brunet acquiesça et ralentit. Il regarda la jeune femme dans son rétroviseur. Elle était vraiment jolie. Elle avait ce sourire de femme comblée, ce sourire béat qui ne trompe pas ; elle venait de quitter son amoureux et pensait encore à lui.

— Ça fait cinq dollars vingt-cinq, madame.

— Madame ?

Elle eut un petit rire qui rappelait le ricanement nasillard des mésanges, expliqua qu'elle avait l'impression qu'on s'adressait à sa mère quand on l'appelait « madame ». Brunet s'esclaffa aussi en allumant le plafonnier. Elle lui tendit six dollars en lui faisant signe de garder la monnaie, puis elle chercha la clé de son appartement avant de sortir de la voiture.

Il la vit monter les trois marches de l'entrée, pousser la porte. Il leva la tête ; au bout de trois minutes, il vit de la lumière au deuxième étage. Sa cliente était rentrée chez elle. Bien.

Brunet démarra en trombe. À cette heure, il y avait peu de chances pour qu'un policier l'arrête et la vitesse le calmerait. Il ralentit, pourtant, après quelques minutes ; il ne pouvait pas prendre de risques. Il connaissait bien les policiers ; ils l'interrogeraient, questionneraient ses voisins, sa famille, fouilleraient chez lui et découvriraient fatalement son secret. Il ralentit encore en songeant à son hypothétique arrestation, jeta un coup d'œil dans le rétroviseur. Non, personne ne le suivait rue Maguire. Aucune voiture, même banalisée. Il s'inquiétait pour rien.

Ah ! Un client. Il avait bien fait de regarder derrière. Il klaxonna pour lui signifier qu'il l'avait aperçu. Au même moment, une femme sortit d'une maison voisine. L'homme se retourna, puis courut quasiment jusqu'à la voiture, ouvrit la portière avec brusquerie. Il s'engouffra si subitement dans l'auto que Brunet se demanda s'il fuyait la femme. Son épouse ? L'homme se ressaisit pour donner son adresse d'une belle voix grave. Brunet l'envia ; les femmes devaient fondre en l'entendant parler. Peut-être qu'il était animateur de radio ?

— Non, répondit simplement le client. Pas du tout.

— Il commence à faire plus chaud, reprit Brunet.

L'homme approuva mollement.

— On est toujours contents que le printemps arrive. On y a goûté cet hiver.

L'inconnu fit oui distraitement. Bon, il ne voulait pas parler. On ne parlerait pas. Plutôt rare, tout de même, la nuit. La majorité des clients, ivres ou sobres, tenaient à relater leur soirée ou se donnaient l'illusion de la poursuivre en devisant avec Brunet. Certains l'invitaient même à prendre un verre avec eux, s'il connaissait un endroit où on servait encore de l'alcool après trois heures du matin. Les clients taciturnes étaient ceux qui venaient de se lever pour aller travailler ; ils se réveillaient lentement durant le trajet. Ils étaient peu nombreux. Les infirmières, les éboueurs, les employés en entretien ménager ne circulent pas en taxi. Il y avait bien les animateurs de radio, ça, oui, il en conduisait parfois aux principales stations. Et les voyageurs, ceux qui prenaient le premier avion pour Montréal ou Toronto, mais ces gens-là appelaient un taxi depuis leur domicile. Ils ne le hélaient pas en pleine rue comme l'avait fait le dernier client. Qui n'avait pas de valise, de toute manière, qu'un petit sac de sport. Tiens, c'était curieux, car l'homme portait une chemise blanche et une cravate sous son imper. Pourquoi n'avait-il pas un attaché-case ?

Brunet aurait voulu parler. Pour se distraire. Il n'aimait pas penser aux policiers. Il ne pouvait pourtant s'en empêcher. Ils ne l'attraperaient pas, car il était très prudent, c'est sûr, mais il frissonnait chaque fois qu'il apercevait une voiture bleu et blanc.

— Aimez-vous mieux que je prenne par Laurier ou par... ?

— Comme vous voulez.

Le ton était si sec ! Ne pouvant insister, Brunet se renfrogna ; qu'il y avait donc des clients bêtes ! Incapables de comprendre qu'un chauffeur de taxi puisse avoir envie de jaser pour se changer les idées.

À un feu, il se retourna à demi pour regarder son client. Celui-ci se crispa et s'efforça de sourire, mais parut soulagé quand Brunet redémarra. Ce dernier n'aurait pourtant pas continué à observer longtemps son client : il était si banal. Brunet était habitué à des passagers plus colorés. Durant la nuit, les bars vomissaient une faune étrange, parfois inquiétante, souvent risible, cuir et jeans troués, camisoles et paillettes, maxirobes et minijupes, très jolies les minis, bas résille et cheveux roses, queues de cheval et crânes rasés. Et des gants noirs coupés à la deuxième phalange. Durant la soirée, il avait embarqué quatre personnes qui en portaient. Une nouvelle mode ? Coup d'œil furtif ; les gants de son client étaient normaux.

L'homme les garda pour payer Brunet. Il tira adroitement un billet de dix dollars de la poche gauche de son manteau et le tendit au chauffeur tout en ouvrant la portière.

Brunet démarra en se demandant pourquoi son client s'était dirigé vers une voiture. Il pensait le conduire chez lui ; or l'homme n'entrait pas à l'adresse qu'il lui avait donnée. Brunet avait roulé, mais avait eu le temps de constater que le type déverrouillait la portière gauche d'une Chevrolet 1991. Pourquoi n'avait-il pas pris sa voiture pour circuler cette nuit-là ?

Un prudent. Ça devait être un citoyen responsable qui ne voulait pas conduire lorsqu'il avait trop bu. Ou il n'avait pas prévu qu'il irait souper dans un restaurant si éloigné de l'endroit où il avait garé sa voiture. Un collègue de bureau devait l'avoir entraîné. Ils étaient peut-être allés voir des danseuses ?

Au coin des rues Berthelot et René-Lévesque, une femme agitait amplement les bras pour attirer l'attention du chauffeur de taxi. Elle ressemblait à un moulin à vent, songea Brunet en ralentissant. Il paria qu'elle serait plus bavarde que l'homme aux gants de peau.

Il avait raison. Elle narra sa soirée. Comme elle aimait danser — elle serait devenue professionnelle si son père ne l'avait pas forcée à être secrétaire —, elle regrettait qu'il n'y ait pas beaucoup d'hommes qui sachent danser. Lui, dansait-il ?

— Ça m'arrive, répondit Brunet. Mais je ne suis pas très bon.

— Je vais être contente d'enlever mes souliers en arrivant chez nous ! dit-elle.

— J'imagine. Vas-tu toujours à la même place ?

— Oui. Je connais les serveurs, j'aime mieux ça. Ils peuvent me dire si le gars qui veut danser avec moi est correct.

— Correct ?

— S'il est malade, Tony me le dirait. S'il le savait, évidemment.

— Malade ?

La blonde s'impatienta ; le chauffeur n'était pas atteint mentalement, mais il était un peu lent.

— Je veux dire maniaque. Il y en a aujourd'hui ! Une de mes amies a eu des problèmes avec un gars. Il paraît que la fille qui a été tuée à Montréal sortait d'un club de danse.

— Ah oui ? Ils n'en ont pas parlé à la radio. Ni dans les journaux.

— Non, mais j'ai une amie, son frère est policier et elle dit que c'est ça qui est arrivé.

— Ah oui ? répéta Brunet. C'est bizarre.

— Pourquoi ?

— Il y a trop longtemps qu'elle a été tuée. Qui peut se rappeler ce qu'elle a fait ce soir-là ?

Décidément sot, songea Marie-France. Dommage, il n'était pas vilain. Il avait de grands yeux et des cheveux. À trente-sept ans, elle rencontrait beaucoup de chauves. Elle ne trouvait pas ça si laid. Il y en avait à qui la calvitie apportait une certaine distinction. Seulement, quand elle dansait le tango, elle aimait glisser sa main gauche dans une épaisse chevelure. C'était sexy. Elle l'avait vu faire dans un show et avait retenu la leçon. Ce chauffeur avait vraiment de belles boucles. Quel gaspillage !

Marie-France alluma une cigarette avant d'expliquer que les amies de la morte se souvenaient sûrement très bien du soir de sa disparition.

— Moi, si mon amie Claire s'évanouissait dans la brume, je m'en rappellerais ! En tout cas, on est mieux de danser dans des places connues. Tu danses vraiment pas bien ?

— Pas si pire que ça, admit Brunet.

— C'est la prochaine rue à gauche.

Elle se désintéressait déjà de lui. Elle pensait à ses pieds endoloris. Elle les ferait tremper une demi-heure dans l'eau salée même s'il était tard. Elle claqua la portière sans un regard vers Brunet.

Chapitre 2

Maud Graham secouait vigoureusement son imperméable quand le téléphone sonna. Déjà! À peine sept heures et quart. Elle croisa les doigts; qu'il ne s'agisse ni d'un viol ni d'un meurtre, par pitié. Elle avait si peu dormi. Grégoire s'était relevé à cinq heures, expliquant qu'il ne pouvait pas rester plus longtemps. Il était parti en s'excusant: «Une autre fois peut-être, je suis pas habitué.» Habitué à quoi? À dormir dans un lit confortable? À dormir seul, sans personne pour exiger une fellation, sans personne pour lui tâter les fesses? À dormir tout court?

Il avait ajouté que Léo avait été bien fin avec lui, puis il s'était effacé aux premières lueurs du jour. Graham avait regardé sa mince silhouette s'éloigner dans l'aube indigo. Qu'il était beau! Sa gorge se serra; Grégoire l'émouvait trop. Elle avait tiré le rideau d'un geste saccadé, oppressée, inquiète. Où traînerait-il jusqu'à l'ouverture des centres commerciaux? À la gare, probablement.

Léo l'avait rejointe dans son lit, s'était collé contre son ventre et n'avait pas tardé à ronfler. Graham avait souri; ce ronflement signifiait tant d'abandon, tant de confiance. Un jour, Grégoire ronflerait peut-être dans la chambre d'amis. Elle s'était assoupie.

À son réveil, une heure plus tard, une pluie fine l'avait étonnée. L'aube promettait mieux. Elle avait bu un café distraitement, pensant à Grégoire. Puis à Rouaix qui ferait de nouveau équipe avec elle. Il semblait s'être enfin remis de sa pneumonie. Nicole, sa femme, avait confié à Graham que le médecin avait redouté des complications. « C'est dément, non ? Je m'imagine toujours qu'André va recevoir une balle, mais il peut mourir des poumons. »

C'était dément, oui, qu'un ami puisse mourir, avait pensé Graham qui n'avait jamais vraiment eu peur pour Rouaix. Jusqu'à ce jour, elle réservait son inquiétude pour Grégoire ; meurtre, *overdose* ou suicide étaient au menu de bien des prostitués. Puis Rouaix avait été absent durant plusieurs semaines et Graham avait compris qu'elle était terriblement attachée à lui. C'était plus qu'un collègue, c'était un frère. Elle avait parlé à Nicole très souvent. Au début, elle croyait qu'elle la rassurait avec ses paroles optimistes, puis elle avait dû reconnaître que c'était exactement l'inverse. Nicole Rouaix était comme son mari : un chêne.

« À force de vivre en couple, on finit par se ressembler », avait-elle dit à Maud Graham. Elle savait toujours ce que pensait son époux, ce qu'il éprouvait. S'il y avait un problème sérieux au bureau, elle le devinait. Il n'avait même pas besoin d'en parler ; ses silences étaient suffisamment éloquents. S'il vivait une situation périlleuse, elle la vivait aussi. Elle avait l'impression que son pouls s'accélérait, que le temps s'arrêtait. Elle pensait si intensément à son mari qu'il devait sentir sa présence à ses côtés alors qu'il poursuivait un voleur ou négociait avec un preneur d'otage. Et parce qu'elle était avec lui, elle avait un peu moins peur. C'était la seule façon d'accepter le travail de Rouaix. Le partager.

Graham l'enviait ; elle n'avait pas vécu assez longtemps avec Yves pour être télépathe. Peut-être que tout aurait été différent si elle avait pu ressentir toutes ses émotions.

La détective grimaça. Elle se rappela qu'en revoyant Rouaix elle retrouverait Trottier. Ses chapelets de plaisanteries, par dizaines. Par centaines, même. Il reprenait à peine son souffle entre deux histoires. Trottier ne semblait pas remarquer que Graham souriait poliment. Non, il ne *voulait* pas remarquer.

Et si c'était lui ? se demanda-t-elle en décrochant le récepteur.

— Maud Graham à l'appareil. Quoi ? Qu'est-ce qui se passe, Josette ?

La répartitrice était entrée dans son bureau en courant :

— Un moment, je vous prie, dit-elle à son interlocuteur.

— Un meurtre ! balbutia Josette.

— Un meurtre ?

— On vient d'appeler. Un joggeur a trouvé un corps. Je n'ai pas tout compris, le gars était trop énervé. Mais ça ressemble au tueur des États. Il paraît qu'il manque une jambe et un bras à la victime.

Graham ferma les yeux. Un goût de métal la fit grimacer. Ce goût de métal qui accompagnait ses funestes pressentiments. Les gens qui sont piqués et empoisonnés par des guêpes connaissent ce goût de fer. Elle vérifierait sans tarder si ses intuitions étaient venimeuses.

— J'y vais. Préviens Rouaix. Et Alain Gagnon.

Elle reprenait son imperméable quand Josette lui désigna timidement le téléphone. Graham reprit le récepteur.

— Graham. Ah ! Grégoire, je... je ne peux pas te parler. Non, attends, je... Et merde !

L'enquêtrice se dirigea vers le classeur. Lettre C. Pour cigarettes. Elle devait y avoir caché un paquet. Il n'était plus là. Elle se souvint de l'avoir donné à Grégoire. Grégoire. Elle n'aurait pas dû lui répondre ainsi ; il mettrait peut-être des semaines à la rappeler. Des jours en tout cas.

Elle quêterait une cigarette à un policier. Rouaix, qui avait cessé de fumer, la réprimanderait. Il sacrerait sûrement contre la pluie qui les obligerait à travailler à toute vitesse, avant que les indices ne s'effacent.

Il y avait déjà beaucoup de monde qui s'affairait autour du corps. Elle reconnut un journaliste, frémit en constatant que le cadavre était découvert. Paul Darveau écrirait un papier bien sordide, détaillerait les blessures avec soin, invoquant le professionnalisme, le souci d'informer correctement les lecteurs. Il était un peu pâle, malgré sa joie d'être arrivé le premier sur les lieux.

Il s'approcha de Maud Graham, mais son regard polaire l'arrêta. Il se détourna, il attendrait qu'elle ait vu le corps. Peut-être qu'émue elle se laisserait aller à une mince confidence. Sinon, il interrogerait André Rouaix. Même si Graham était plus populaire. Parce que c'était une femme et qu'elles sont plutôt rares chez les flics. Ça intriguait les gens; ils voulaient en savoir plus sur l'inspectrice. Qui n'était pas inspectrice d'ailleurs, mais détective, enquêtrice. Ce n'était pourtant pas le genre de poupée qui emballe les hommes. Elle était bien trop ronde et trop petite. Elle avait les cheveux roux, d'accord, et de beaux yeux, mais elle ne souriait quasiment jamais. Le pire air bête de Québec.

Seulement, le public l'aimait depuis qu'un journaliste concurrent avait fait son portrait, un beau jeudi du mois de septembre. Une page entière à décrire les méthodes peu orthodoxes de Graham, une page à rappeler, à raconter ses succès, une page à vanter son humanité. Il en avait tartiné épais sur le centre pour femmes battues, le service d'écoute pour les enfants violentés et sa passion pour l'entomologie.

Maud Graham avait piqué toute une colère après avoir lu l'article, disant que ça lui nuirait d'être trop connue. Encore une manière de se faire de la publicité. Paul Darveau soupira; il n'avait pas le choix, il devrait arracher quelques mots à l'enquêtrice. Il la vit se pencher vers le corps, porter une main à sa bouche comme si elle retenait un cri. Ou un haut-le-cœur. Elle ne vomirait pas. Ce serait trop beau!

Graham s'agenouilla. Elle demeura longtemps immobile, même si elle ne priait pas pour l'âme de Josiane Girard. Elle ne pouvait détacher son regard des blessures: on avait coupé le bras très haut, sous l'épaule et en le détachant, le meurtrier n'avait même pas abîmé le trapèze. Les chairs avaient été tranchées proprement. Chirurgicalement. Même méthode pour la jambe droite. Le criminel avait tranché la cuisse très haut, à l'aine, comme s'il suivait la marque d'un imaginaire bikini en amputant sa victime. Qui ne portait pas de sous-vêtement. Il le lui avait enlevé avant de commencer son travail. On avait retrouvé la culotte de coton à trois mètres du corps. L'enquêtrice compta trois piqûres très prononcées au ventre. La victime montréalaise avait aussi été marquée trois fois. On ne pouvait vérifier avec celle de Miami, mais la touriste Diane Péloquin avait été piquée.

Graham se tourna vers André Rouaix qui venait de s'accroupir près d'elle.

— C'est écœurant, hein ?

— Oui, fit-elle. Le photographe ?

— Il est allé vomir. Mais il a déjà pris des photos. L'averse venait juste de commencer. J'ai demandé des renforts pour empêcher le monde d'approcher. Elle n'a pas été tuée ici.

— Comment te sens-tu ? demanda Graham en effleurant le bras de son ami.

Rouaix lui sourit. Il avait maigri, mais ses yeux avaient retrouvé cette lueur taquine qui lui plaisait. Et l'agaçait parfois. Il lui enleva ses lunettes, tira un grand mouchoir de sa poche et entreprit de les essuyer. Il avait le geste calme, placide même. Il lui rendit ses lunettes en livrant ses premières constatations : le corps avait été déposé dans le banc de neige dissimulé derrière les bateaux. Il n'y avait aucune trace de lutte, que des traces de pas que la pluie gommait doucement. On devinait toutefois que c'étaient les pas d'une seule personne. Qui portait des bottes massives.

— Le tueur doit être grand. Il chausse du 13 ou du 14. Je pense que c'est des semelles de Kodiak. Il n'y a presque pas de sang près du corps. Il l'a charcutée avant de l'emmener ici. Les gens vont paniquer !

— Oui, ils pourront lire tout ça dans le journal, murmura Graham en désignant Darveau.

— Il fait sa job, commenta Rouaix.

Graham haussa les épaules, chercha Savard du regard ; elle

savait qu'il fumait. Elle lui quêta une cigarette. Savard fouilla dans ses poches, en tira un paquet froissé. Des Camel. Oh, non ! Elle ne fumerait pas des Camel. C'était la sorte de son ex. Pourquoi disait-elle « mon ex » ? Ils n'avaient jamais été mariés. Mais cinq ans de vie commune comptent beaucoup. Et elle était trop pudique pour dire « mon ex-amant ». Ex tout court. Comme *exit*.

Elle prit pourtant la cigarette et aspira une longue bouffée qui la fit tousser. Elle pensa à jeter la cigarette, mais elle ne voulait pas vexer Savard.

— L'hélicoptère ? demanda Rouaix. C'est obligé ? Ça va attirer bien du monde.

Graham hocha la tête ; les photos aériennes pouvaient être utiles quand il s'agissait de meurtres en série. Et c'était le cas, elle n'en doutait guère. On devait ramasser le maximum d'informations sur le territoire de chasse de l'assassin, photographier sous tous les angles la victime. Les images aériennes, comme la vidéo qu'on devait tourner à l'instant, révéleraient peut-être certains détails quand on les comparerait aux photos du meurtre précédent. Le tueur déposait-il ses victimes dans le même genre d'endroit ? Y avait-il toujours des arbres dans les environs immédiats ? À quelle distance de la rue se trouvait-il ? Combien de temps pouvait-il mettre à venir de la route en portant un cadavre ?

— Je me demande où il l'a tuée, dit André Rouaix. Et pourquoi il a déposé le corps ici ; c'est discret, sans plus.

— Je sais. Et l'assassin était déjà dans un endroit *plus* discret pour tuer et mutiler sa victime. Il avait besoin de temps et de calme pour la découper. Qu'est-ce qui l'a incité à la changer de place ? Y a-t-il des témoins ?

— Non, que des curieux qui ne savent rien. Pour l'instant. Trop tôt. Il y aura peut-être des voisins qui se souviendront de quelque chose. Mais rien n'est moins sûr. Les plus proches sont encore bien éloignés. La marina, c'est plutôt désert. Nos gars commencent pourtant à faire le tour du quartier.

Tandis que Graham félicitait Rouaix de sa célérité, elle

aperçut la voiture d'Alain Gagnon. Elle délaissa le cadavre pour accueillir le médecin légiste. Il faillit voir le sourire qu'elle lui adressait, mais Graham choisit le moment où il se penchait pour prendre sa trousse. L'instant suivant, elle lui confiait sa peur.

— Le tueur des États, comme on commence déjà à le surnommer. Je pense que c'est lui. Ou quelqu'un qui l'imite. Mais ça m'étonnerait.

— Moi aussi, dit Alain Gagnon. Je me suis renseigné sur ce criminel ; il inflige des blessures particulièrement nettes à ses victimes. Sectionner si précisément des membres n'est vraiment pas aisé.

Gagnon ne disait pas « facile », il disait « aisé ». Il était le seul à utiliser ce genre de mot sans affectation. Graham goûtait cette manière de s'exprimer, sans oser toutefois complimenter le jeune médecin. Jeune. Il n'avait que six ans de moins qu'elle. Mais elle avait l'impression d'en paraître douze de plus.

— Tu veux dire qu'il s'y connaît en dépeçage ? Il pourrait être boucher ? chirurgien ?

— Oui. Et même légiste, comme moi.

— Ou chasseur. Il y en a qui sont très doués pour découper leur orignal.

Alain Gagnon toussa et s'approcha du cadavre. Maud Graham savait-elle qu'il aimait le gibier ? Il détestait la chasse et n'aurait jamais pu tirer sur un animal, mais comment résister à un civet de lièvre, une pintade farcie, un steak d'orignal, des cailles en timbale ? Il sentait le regard de l'enquêtrice dans son cou ; pouvait-elle deviner ses pensées ? Non, il était idiot. Elle observait comme lui le corps de Josiane Girard. Elle ne penserait plus qu'à ce meurtre durant les prochains jours. C'était normal. Et embêtant. Il ne voyait Graham qu'en ces sordides occasions. Elle était alors si obnubilée par le crime qu'il ne pouvait l'intéresser qu'en lui parlant de l'impact d'une balle ou des lacérations *post mortem*. Il aurait préféré l'inviter au cinéma ou au restaurant.

Ses désirs manquaient d'originalité, ils ne pouvaient choquer Maud. Alain Gagnon murmurait « Maud » quand il pensait à elle, mais il ne s'était jamais permis de l'appeler par son prénom. Il disait « Graham », comme tout le monde. Alors qu'il ne voulait justement pas être comme tout le monde pour elle.

— Alors ?

— J'ai bien peur qu'on ait un...

Des exclamations interrompirent le légiste : un des policiers qui inspectaient les environs venait de découvrir le pied de la victime. Coupé à la cheville.

— Il a pris la jambe, mais n'aimait pas le pied ? fit Rouaix. Ça n'a pas de bon sens.

— Non. Mais c'est logique, dit Graham. Il en a déjà un. Il en a même deux : il a aussi amputé un pied de Muriel Danais. Et de Diane Péloquin.

Alain Gagnon examinait le membre ; le tueur travaillait remarquablement bien. Il avait lu les articles qu'on avait consacrés aux deux meurtres précédents ; on y mentionnait invariablement l'extrême habileté avec laquelle le *serial killer* amputait ses victimes. Le sein gauche et le pied droit de Muriel Danais, le pied gauche et le sein droit de Diane Péloquin et maintenant la jambe droite et le bras gauche de Josiane Girard.

Rouaix gémit en même temps que Graham ; cette enquête les mènerait en enfer. Des victimes atrocement mutilées, des journalistes bien excités parce que les polices de Montréal, de Québec et des États-Unis devraient collaborer entre elles, des supérieurs plutôt énervés et une montagne de paperasse.

— Je vais rédiger mon rapport le plus rapidement possible, dit Alain Gagnon afin de remonter le moral des enquêteurs. Pour l'autopsie, ça va dépendre...

— J'irai le chercher, fit Graham.

— Non, je vais l'apporter. La journée va être très longue pour vous.

L'enquêtrice frissonna, releva le col de son imperméable.

— Fatiguée ? murmura Alain Gagnon.

— Je n'ai pas dormi de la nuit.

— Il faut boire des jus de fruits. Et porter de la laine. Ce n'est pas le légiste qui parle, mais le médecin. Plusieurs personnes sont grippées en avril...

Il avait raison. Mais elle n'avait pas pris le temps de mettre son écharpe en sortant de chez elle. Ni de manger une pomme. Gagnon, évidemment, était frais et dispos. Comme toujours. Il ne recueillait pas les prostitués, lui.

— J'avais de la visite, dit-elle d'un ton rogue. Qui m'a empêchée de dormir.

— Grégoire ? avança-t-il.

Graham raconta brièvement leur nuit. Son appel écourté, plus tôt, par sa faute.

— Tu avais raison de l'interrompre. Il faut qu'il respecte ton travail ! Il ne restera pas fâché longtemps.

— J'espère.

Graham fouillait dans ses poches. Gagnon lui tendit son stylo. Elle pencha légèrement la tête de côté pour prendre des notes, ses lunettes glissèrent sur le bout de son nez et il eut envie de les remonter.

— Que penses-tu du meurtre ?

— Nous avons affaire à un être intelligent.

— Un tueur organisé.

— Très bien organisé.

— On sait déjà qu'il n'a pas tué sa victime ici. Il avait sûrement un véhicule pour transporter le corps.

— C'est vraiment curieux qu'il ait apporté le cadavre dans un lieu plus exposé que celui où il l'a dépecé. Ça ne correspond pas au comportement habituel de ce genre de psychopathe. Pourquoi ne l'a-t-il pas mieux caché ?

— Il n'a pas laissé tant d'indices... Il est très fort.

Graham repoussa l'idée qui s'imposait : le tueur était très expérimenté. Il ne devait pas en être à son troisième, ni même à son quatrième meurtre, pour agir avec tant d'assurance.

— On examine les traces de pneus, mais comme il a plu cette nuit... Pour cet après-midi ?

Alain Gagnon hocha la tête. Il tiendrait sa promesse ; elle aurait son rapport préliminaire avant le coucher du soleil. Heureusement, les jours étaient longs maintenant.

La pluie avait cessé. Plusieurs enfants sortiraient leurs bicyclettes du garage même s'il restait des îlots de neige, du sable et du gravier dans les rues. Il faudrait redoubler de prudence, car les petits, ivres de liberté, ne voyaient rien, n'entendaient rien. Ni lumières, ni klaxons, ni cris, ni panneaux. Le printemps leur appartenait, comme la ville. Des ailes leur avaient poussé durant l'hiver, ils l'auraient juré, des ailes qui s'étiraient comme celles des papillons à peine éclos, des ailes qu'ils rêvaient d'étrenner, qui les transformaient en kamikazes. Ils s'élançaient, un conducteur freinait brusquement, blêmissait, son cœur s'arrêtait de battre quand il comprenait qu'il avait heurté une fillette qui ressemblait au Petit Chaperon rouge, mais qui ne dégusterait plus jamais de galettes. Et le sang sur la chaussée dégoûterait à jamais le chauffeur des confitures.

Graham grimaça en voyant Darveau s'avancer.

— Il y a très peu de sang, docteur Gagnon, dit Paul Darveau en évitant de regarder l'inspectrice. Comment expliquez-vous ça ?

— La pluie ?

— Ne vous moquez pas de moi. Que pensez-vous du crime ?

— Rien.

Le journaliste s'impatienta, pointa le doigt vers Graham :

— Vous n'avez rien à déclarer, vous non plus ? Vous êtes habituée à trouver des corps auxquels il manque un bras et une jambe ?

Alain Gagnon hésita, consulta Graham, puis Rouaix du regard :

— Les blessures sont l'œuvre d'un homme qui sait comment faire des amputations.

Rouaix ajouta qu'on supposait que l'assassin était doué d'une certaine force physique pour couper les membres et pour transporter le corps avec autant d'aplomb : les traces de pas dans la neige étaient régulières. Le tueur ne titubait pas sous le poids de son fardeau. Enfin, il avait perpétré son crime ailleurs.

— C'est tout ce que je peux vous dire pour l'instant, conclut-il.

Paul Darveau rangea son carnet dans une poche :

— Ça sera toujours ça. Pour l'identité de la...

André Rouaix s'emporta :

— Tu le sauras quand sa famille aura été prévenue. Pareil pour les photos.

— Mais la télé sera là dans cinq minutes ! Ils vont filmer avant que mon papier sorte !

— Non ! Personne ne va la voir. C'est toi qui en sais le plus pour le moment.

Graham ajouta d'un ton méprisant que Darveau en avait assez pour pondre quelque chose de bien sanglant.

— Comme le tueur ? C'est ça, inspectrice ?

— Je ne suis pas inspectrice. Maintenant, j'ai du travail, excusez-moi.

Elle regagna sa voiture d'un pas décidé.

— Ciboire ! éructa Darveau. Une vraie sauvage !

Alain Gagnon aurait pris la défense de l'enquêtrice s'il n'avait redouté qu'on devine son sentiment pour elle. Il n'aurait plus aucune chance si elle apprenait sa flamme par les insinuations d'un journaliste !

Rouaix l'assura qu'il enverrait très bientôt le corps à l'hôpital. Gagnon pourrait alors commencer l'autopsie. Il examinerait la bouche, les cheveux blonds, les poils plus sombres. Il chercherait des traces de sperme, de sueur, de larmes. Il scruterait à la loupe les ongles vernis, espérant y recueillir des particules de peau. La peau de l'assassin que Josiane avait peut-être griffée, la peau qui pourrait trahir un coupable. Il essaierait de trouver quelle arme avait utilisée l'assassin. Quelles armes plutôt ; Josiane Girard avait été poignardée avec un couteau court et mince. Il doutait que le même outil ait servi à dépecer le corps. Le tueur avait exécuté son travail avec la dextérité d'un chirurgien. Un de ses collègues était-il devenu fou?

Non, non, il ne pouvait connaître l'assassin; le tueur était probablement américain. À moins qu'il ne l'ait rencontré à un congrès?

Alain Gagnon s'assit dans sa voiture et contempla le ciel. Des souvenirs d'orage fonçaient l'horizon; durant huit secondes, l'azur imita la colère dans les prunelles de Graham. De Maud... Il aimait cette fureur, elle lui était familière; il l'avait ressentie, douze ans plus tôt, quand il avait eu un accident de ski. Les médecins l'avaient d'abord condamné au fauteuil roulant, avaient ensuite parlé de béquilles et de canne pour le reste de ses jours, mais Gagnon était si enragé qu'on décide de son sort qu'il avait voulu l'infléchir; durant des mois, il s'était entraîné comme un membre de l'équipe olympique. Et il avait retrouvé l'usage de ses membres. Il savait qu'il fallait parfois se fâcher. Ce n'était pas pour rien qu'il adorait l'actrice Anna Magnani et les volcans qui couvaient au fond de ses iris charbonneux.

* * *

Le tueur se souvenait de la première fois qu'il avait vu Elvis Presley à la télévision. Des cris d'admiration de sa mère. Elvis était encore plus beau que Jerry Lee Lewis. Est-ce qu'il y avait de plus belles fesses au monde?

Ce n'étaient sûrement pas les siennes, en tout cas. Sa mère lui répétait tous les jours qu'il ressemblerait à son père s'il ne faisait rien pour contrer sa nature de mollusque. Elle le comparait à une palourde, et même à une méduse. Elle avait horreur des chairs molles. Elle-même s'entraînait plusieurs heures par semaine. Elle avait été Miss avant de se marier, avant d'être infirmière. Elle regardait l'album des photos de sa gloire tous les dimanches après la messe.

Elle le faisait asseoir près d'elle et lui expliquait comment

elle avait gravi les marches du podium, lentement, féline-
ment, lascivement. Les juges n'avaient pu détacher leurs regards de ses jambes, de ses seins, de ses fesses si fermes !
Pas comme celles de son fils... Avait-il au moins couru une
heure depuis son réveil ? Et ses exercices, qu'elle avait mis
au point exprès pour lui ? Les faisait-il quand elle était au
travail ? Ce n'était pas la peine de s'échiner à préparer un pro-
gramme de gymnastique s'il ne le suivait pas ! Étirement,
musculation, respiration, souplesse et force, avait-il bien compris ces préceptes ? On n'arrivait à rien sans peine. Avait-il
avalé ses vitamines ? Il devait prendre exemple sur leur voisin, ce policier qui s'entraînait si régulièrement et qui devait
être la fierté de sa patrouille. Ses cuisses étaient en béton !
Bien sûr, il n'était pas aussi beau qu'Elvis. Qui pouvait rivali-
ser avec lui ? Cette belle gueule d'amour, et ce déhanchement !
Et il aimait sa mère, Elvis ; il l'avait gâtée dès qu'il avait commencé à gagner de l'argent.

Oh ! comme elle aurait voulu avoir un fils qui lui ressemble !

Lui, tandis qu'elle parlait, regardait briller les cheveux
noirs du chanteur sous les projecteurs et se jurait de devenir
aussi célèbre. Il songeait que la chanson avait duré exactement trois minutes vingt secondes. Les oiseaux qu'il enfer-
mait dans un bocal où il avait placé un tampon d'éther mettaient un tout petit peu plus de temps à mourir. Pour les
insectes, bien sûr, c'était plus rapide. Quant aux souris, il
avait découvert récemment qu'il était plus économique, plus
simple et plus agréable, surtout, de les étrangler. Au début, il
avait eu peur de se faire mordre, mais il avait volé une paire
de gants au centre commercial et il n'avait jamais été blessé
par une bestiole. Il s'était entraîné comme le lui ordonnait sa
mère et il avait pu, quelques mois plus tard, étouffer des rats.
Enfin ! il était las des insectes et des vers de terre. Il avait
bien tué le chien des voisins à coups de pierre, mais ce n'était
pas aussi satisfaisant.

Il avait dix ans et huit mois quand il avait étranglé son
premier chat. Il l'avait attendu des heures près d'un bol de

nourriture. Quand il avait commencé à serrer le cou du félin de sa main gauche, il avait eu l'impression que ses doigts avaient une érection. Comme son sexe! Ils étaient durs, si durs, plus durs que l'acier et que n'importe quelle paire de fesses! C'était tout à fait étonnant. Et grisant. Ses reins étaient en feu, agités par un grand tremblement. Un tremblement plus fort que tous les déhanchements du King. Il avait éjaculé sans un cri, suffoqué d'émoi quand les yeux du chat s'étaient révulsés. Le sentiment de puissance qu'il avait alors éprouvé l'avait assez longtemps habité pour qu'il supporte le mépris de sa mère durant plusieurs semaines.

Le tueur écouta *Love Me Tender* pour la dixième fois. Il aimait rouler en voiture en écoutant Elvis. Enfin, l'Elvis des premières années. Avant qu'il ne soit bouffi, gras, monstrueux.

La sonnerie du téléphone l'agaça, mais il répondit poliment, finit par sourire; il rencontrerait peut-être sa prochaine victime. Non, il rêvait: on ne déniche pas si facilement la proie idéale.

* * *

Frédéric avait convaincu son père de lui donner de l'argent pour son douzième anniversaire. Il avait soutenu qu'il n'avait plus l'âge des surprises, ni des cadeaux. M. Jalbert avait acquiescé à sa demande en se disant que ses enfants vieillissaient aussi vite que lui. Anouk avait adopté un rouge à lèvres à rendre jalouse une clinique de sang et Frédéric délaissait déjà les jeux vidéo. Il préférait économiser pour s'acheter une super-bicyclette à l'été. M. Jalbert se félicitait que son fils n'aille pas dépenser son argent dans les arcades. Il ne se droguait pas non plus. Et il n'avait sûrement pas envie de boire; l'exemple de sa mère devait être dissuasif. Il faudrait prendre une décision à ce sujet; Denyse buvait vraiment trop de scotch.

Mais pourquoi était-elle déprimée, grand Dieu! Pourquoi? Elle avait une belle maison, de beaux enfants, autant de cartes de crédit que son portefeuille pouvait en contenir, une voiture neuve et un mari qui n'était ni alcoolique, ni joueur, ni violent. La tentation était pourtant grande de secouer, et même de gifler Denyse quand, en rentrant de l'hôpital, il la trouvait affalée sur le divan du salon, gémissant qu'elle n'était pas heureuse. Il lui avait donné des comprimés pour l'égayer. Il n'avait pas prévu qu'elle les adopterait au point de ne plus pouvoir s'en passer. Et qu'elle voudrait ensuite des pilules pour dormir, se réveiller, manger. Et qu'elle les avalerait un jour avec du scotch ou du vin blanc. C'était récent, l'alcool. Et souverainement déplaisant: qui voudrait sortir en société avec une femme qui boit? Il y avait les enfants, aussi, il fallait y penser; il n'avait pas le temps de s'occuper d'eux. Il avait trop à faire à la clinique, Denyse devrait le comprendre et se reprendre en main.

— Papa, dit Frédéric, je vais aller coucher chez Dan la fin de semaine prochaine. C'est sa fête à lui aussi.

— Ah! Ta mère est d'accord?

Pourquoi ajoutait-il cela? Qu'est-ce que ça changerait que Denyse approuve ou non ce projet?

— Je pense, oui.

— Tu nous donneras l'adresse et le numéro de téléphone de ses parents, dit M. Jalbert en regardant son fils.

Frédéric soutint son regard; il savait que son père pensait à sa fugue de l'automne dernier, mais n'en parlerait pas. Sujet tabou.

— Et tes devoirs?

— Je les ai faits avant le souper.

François Jalbert faillit demander «Quel souper?», mais il se retint; Frédéric semblait content de se gaver de pizza surgelée.

— Où est Anouk?

— Chez Stéphanie, mentit Frédéric avant de regagner sa chambre.

41

Il ne pouvait tout de même pas trahir sa sœur. Elle était amoureuse d'Olivier Michaud. Que lui trouvait-elle ? Elle prétendait qu'il était beau et fin et qu'il s'occupait d'elle.

Frédéric ouvrit son cartable, en tira une feuille verte où il avait inscrit ce qu'il devait faire avant de quitter Montréal. Il raya « photos » ; la veille, il avait jeté toutes ses photos récentes. Il biffa également « couteau » ; il avait subtilisé le laguiole que son père avait rapporté de France. Il mordilla le bout de son crayon, repoussa sa longue mèche blonde avant de rajouter « kodak » à sa liste. Il pourrait peut-être prendre des photos polaroïd des touristes devant le château Frontenac sur la terrasse Dufferin ? Il trouverait aussi un cocher qui l'engagerait pour panser son cheval. Il y a toujours des calèches à Québec, même en hiver, même au printemps. La neige était presque toute fondue, les touristes reviendraient vite. Il apporterait son sac de couchage ; il pourrait l'utiliser dès la mi-mai. Il n'était pas frileux comme sa sœur. En attendant, il irait dans une auberge de jeunesse.

Daniel et Sébastien l'admiraient secrètement. Il leur avait proposé de l'accompagner à Québec, juste une fin de semaine — s'ils avaient trop peur de partir longtemps —, mais ils avaient prétendu qu'ils se feraient tuer s'ils fuguaient.

En tout cas, Dan avait promis de mentir à sa mère vendredi soir ; il ramènerait même Frédéric Dussault qui l'énervait un peu. Si M. ou Mme Jalbert téléphonait chez les parents de Daniel, ceux-ci répondraient que Frédéric et leur fils étaient allés voir un film. Ça devrait suffire.

* * *

Tandis qu'elle montait l'escalier qui menait à son bureau, un rayon de soleil caressa la nuque de Graham si gentiment qu'elle crut un instant qu'un homme la flattait d'une main chaude. Elle aurait tant aimé qu'on lui masse le cou, là, maintenant. Elle se tourna vers la fenêtre ; elle aurait bien prié Râ, Phébus ou Apollon de l'aider dans son enquête si elle avait pensé qu'un des dieux solaires pouvait l'éclairer. Elle ôta ses lunettes et se frotta les yeux trop longuement en soupirant ; elle devrait relire toutes ses notes avant de commencer à rédiger son journal d'enquête. Elle y consignerait la plus fugace impression, la plus infime intuition, la plus bête des idées. Elle ferait plus tard le tri en remettant son rapport au directeur. Elle préférait tout écrire, la visite au club sportif, Sylvie Dupuis, les voisins, et jeter ensuite des éléments au lieu de rejeter une hypothèse, l'oublier et la regretter.

Encore fallait-il avoir une opinion.

Maud Graham but son neuvième verre d'eau de la journée. Elle résistait à l'envie de s'acheter un sac de chips, même si elle avait l'excuse d'avoir faim. À dix-sept heures, pas avant, décida-t-elle. Elle aurait dû quitter la centrale à seize heures, mais la découverte du corps de Josiane Girard avait modifié les horaires de plusieurs policiers. *Overtime.* Graham y était habituée. Le téléphone avait sonné sans arrêt, on avait envoyé de nombreuses télécopies à Montréal et à Miami et on en avait reçu plusieurs. À midi, on avait déjà rédigé un appel à témoins que Rouaix s'était chargé de transmettre à Paul Darveau. Qui avait vu une personne près de la marina la veille au soir ? Ou une fourgonnette gris métallisé, garée jusqu'à vingt et une heures en face de Sport 2000 et retrouvée rue Maguire ?

On avait su tout de suite que la fourgonnette appartenait à Josiane Girard, car une photocopie de son permis de conduire était rangée dans le coffre à gants. On avait remorqué le véhicule au laboratoire de la police en espérant que le meurtrier avait laissé des empreintes ou un indice. Rouaix avait vite trouvé de minuscules éclats de verre et de porcelaine sous le siège avant droit. Au laboratoire, on tenterait de reconstituer l'objet brisé. Mais dans la fourgonnette, il y avait surtout du sang. Les sièges en étaient imprégnés, le tableau de bord était éclaboussé, le tapis imbibé, collé. Malgré le froid matinal, l'odeur était forte et Graham songea que la chair humaine est de la charogne comme celle de n'importe quelle bête. Seulement, ce n'était pas un aigle qui avait déchiqueté sa proie, mais un homme. Graham voulait qu'Alain Gagnon lui dise que Josiane Girard avait été violée. Enfin, non, elle ne souhaitait pas le viol en tant que tel, mais la découverte des traces de sperme. Recherche d'ADN possible. On supposait que Muriel Danais avait été violée, mais bien sûr, après des mois dans la nature, il n'y avait plus de traces de sperme.

C'est une vieille dame, rue Maguire, qui, très tôt le matin, avait alerté la police en remarquant la fourgonnette dans l'entrée de ses voisins, les Dufour. Ils étaient en vacances en Europe et ne devaient pas rentrer avant dix jours ; qui donc osait garer sa voiture chez eux ?

En attendant d'avoir les rapports des policiers qui interrogeaient les résidants et les commerçants de la rue Maguire, Graham était retournée avec Rouaix chez Josiane Girard. Son amie Sylvie Dupuis y était toujours. Son mari, qui l'avait rejointe, la serrait contre lui chaque fois qu'elle recommençait à pleurer.

— Vous pouvez rentrer chez vous, avait dit Maud Graham aux Dupuis.

— On va rester encore un peu. Je ne veux pas que n'importe qui...

— Fouille dans ses affaires ? C'est ça ?

Sylvie Dupuis avait baissé les yeux ; elle ne voulait pas insulter les policiers qui faisaient leur travail, mais ils n'avaient pas connu Josiane.

Au lieu de déclarer à Sylvie Dupuis que Josiane ne se soucierait plus jamais de la disposition de ses chandails dans son armoire, Graham avait tenté de la rassurer :

— Nous remettrons tout en place quand nous aurons fini, madame. Vous nous avez dit que Josiane ne s'entraînait pas régulièrement. Quelqu'un l'aurait-il décidée à aller au club sportif hier soir ?

— Je ne sais pas. Non. Elle avait essayé de nous persuader de nous inscrire en même temps qu'elle.

— Qui, nous ? avait demandé Rouaix.

— Marie-Claude et moi. On se connaît depuis le cégep. On sort souvent ensemble, mais Marie-Claude s'est cassé un bras en ski et moi, j'aime mieux le tennis. Mais si je l'avais accompagnée...

Graham avait aussitôt désamorcé son sentiment de culpabilité :

— Non, Sylvie. Vous ne pouviez pas deviner ce qui lui arriverait. Mais vous pouvez nous aider à trouver le coupable en nous disant tout ce que vous savez sur votre amie.

— Quoi, tout ? Je vous ai déjà répondu.

Elle avait effectivement beaucoup parlé durant la matinée, après avoir identifié le corps. Elle avait appris aux détectives que Josiane Girard avait une boutique de vêtements féminins, que ses parents étaient morts depuis deux ans, qu'elle s'était mise au régime le mois précédent, qu'elle avait une bonne santé, qu'elle n'avait jamais touché à la drogue. Elle appréciait un verre de vin, mais ne faisait pas d'abus. Elle visitait chaque année un pays différent, elle collectionnait les objets représentant des chouettes, elle n'avait pas d'ennemis.

— Est-ce qu'elle accordait sa confiance facilement ?

— Josiane ? Oh, non ! Elle ne répondait même pas à la porte quand elle ne connaissait pas les visiteurs. Elle disait que les gens n'avaient qu'à téléphoner avant de sonner chez elle.

— Était-elle passionnée ?

Graham avait posé la question en espérant qu'on ne lui demanderait pas d'expliquer ce qu'était la passion. Elle ne voulait pas parler d'elle, mais le ferait immanquablement si elle devait expliquer un tel sentiment. On ne peut pas discourir sur l'amour sans se découvrir un peu.

— Passionnée ? avait répété Sylvie Dupuis. Vous voulez dire amoureuse ?

— Je ne sais pas, avait murmuré Graham, mais la jeune femme ne l'avait pas entendue ; elle consultait son mari.

Elle avait fini par secouer la tête :

— Non. Elle venait de quitter Marcel. Ils ne se sont pas chicanés. C'est juste qu'ils n'avaient plus rien à se dire.

Juste ?

— Elle n'aurait pas suivi un homme qui lui aurait plu ? avait suggéré Rouaix. Un type qu'elle aurait rencontré au club sportif, par exemple, et qui l'aurait invitée à prendre un verre ?

— Dès la première fois ? Oh, non ! Ce n'était pas son genre.

— C'était quoi, son genre ?

— Le genre correct.

Le ton de Sylvie Dupuis indiquait qu'elle approuvait les choix de son amie.

— Elle avait peut-être vu cet homme avant ? S'ils fréquentent le même club sportif...

— Elle m'en aurait parlé !

— Mme Girard n'avait pas de problèmes financiers ?

— Elle venait d'acheter cet appartement !

La voix virait à l'aigu ; Graham avait tenté sans succès de calmer Sylvie Dupuis. Celle-ci les avait accusés de salir la mémoire de son amie ; c'était elle la victime, mais on s'acharnait à faire d'elle une coureuse, une droguée ou une ratée ! Et le criminel, lui, est-ce qu'on y pensait un peu ? C'était lui qu'il fallait interroger !

— C'est ce que nous souhaitons, madame, avait dit Rouaix en se levant.

Dehors, il avait demandé à Graham s'ils y parviendraient. Ils avaient si peu d'indices.

— Nos collègues montréalais en avaient encore moins.

— Leur as-tu parlé du club sportif ?

— Ça fait trop longtemps. Personne ne se souvient si Muriel Danais était allée s'entraîner le jour où elle a été tuée.

— Mais elle fréquentait un club sportif.

Graham avait hoché la tête.

— C'est un point commun entre les deux victimes. Quoique l'une allait au Nautilus et l'autre à Sport 2000.

Avant d'entrer dans la voiture, Graham s'était félicitée de l'absence de Trottier sur les lieux du crime. Puis elle avait cru voir des bourgeons aux arbres de la rue Bourlamaque. Il était encore trop tôt, mais elle se réjouissait à l'avance de leur tendre lumière. Elle n'aimait aucune couleur autant que ce vert frais et brillant. Elle s'était promis de trouver un blouson de cette teinte pour Grégoire. Lui-même avait fait la folie de lui offrir un chandail aubergine. Il adorait faire des cadeaux, mais elle n'était pas capable de lui expliquer qu'elle l'aimerait autant s'il ne la gâtait pas. La plupart des prostitués dépensaient leur argent aussi vite qu'ils le gagnaient, comme s'ils étaient pressés de s'en débarrasser. La patronne d'un restaurant français lui avait expliqué qu'elle avait toutes les peines du monde à refréner la générosité de certaines de ses clientes. «Elles veulent que j'accepte leurs cadeaux. Si je refuse, je les vexe. Comme si je ne voulais pas d'un présent acheté avec l'argent d'une passe. Comme si je les méprisais.» Elle avait montré à Graham un bracelet et un foulard de soie, secoué la tête avec affection : «Tu vois, elles exagèrent!»

Grégoire les imitait trop bien.

Chapitre 3

Les roses, orange, verts et bleus que portaient les clients du club sportif avaient déplu à Graham. Si elle constatait l'utilité d'un tee-shirt fluo pour un enfant, elle comprenait mal les adultes qui s'imaginaient rajeunir en arborant ces violets violents et ces jaunes criards, hurleurs même. Les femmes étaient moulées dans des combinaisons rutilantes et plusieurs hommes les concurrençaient avec des shorts et des camisoles en lycra pour leur rappeler que, dans la nature, ce sont les mâles qui sont les mieux parés.

Le tueur suivait-il la mode ou s'en tenait-il aux bons vieux pantalons de coton molletonné gris ou marine ?

Le directeur de Sport 2000 avait rejoint Graham et Rouaix à la réception du club et s'était empressé de les emmener dans son bureau en espérant les convaincre d'enquêter discrètement. Les journalistes apprendraient bien assez vite que la victime fréquentait le club. Quelle publicité ! « Josiane quitte Sport 2000 ; on l'assassine à la sortie ! »

— Vous comprenez mon point de vue, inspecteur...

Il ne s'adressait qu'à Rouaix, supposant que la femme qui l'accompagnait — et qui aurait dû fréquenter le club pour perdre quelques kilos — était sa subalterne.

— Avez-vous la liste des clients qui sont venus hier soir ?

Jean Casgrain avait levé les yeux au ciel : une liste ? Avec l'inscription de l'heure d'arrivée et de départ de chaque membre du club tant qu'à y être ?

— Non, bien sûr que non. Nos membres ne poinçonnent pas quand ils arrivent ici. Sauf les invités, évidemment. Je peux vous donner leurs noms et ceux de leurs hôtes, mais en ce qui concerne les autres...

Graham lui avait dit de faire un petit effort pour se souvenir. Il l'avait dévisagée avant de répéter :

— Un petit effort ? Je n'ai pas que...

— Vous avez un fichier ? avait fait Rouaix. Consultez-le. La mémoire vous reviendra peut-être.

Jean Casgrain s'était exécuté. Au bout de dix minutes, il avait imprimé une liste et décrivait sommairement les clients en question. De vrais sportifs pour la plupart qui s'entraînaient chaque jour au lieu de regarder les matches à la télévision. Quelques femmes, des célibataires qui travaillaient trop la semaine pour avoir le temps de passer au club. Elles venaient en groupe.

— Et Josiane Girard ? Elle avait retrouvé une copine, ici ?

— Non. Elle ne parlait à personne. Sauf au moniteur, bien sûr.

— Bien sûr. On peut le voir, ce moniteur ?

— Je suppose que Bob est chez lui. Vous pouvez l'appeler.

Graham avait promis qu'elle le ferait, avant de poursuivre :

— Parlez-nous donc des nouveaux membres.

Casgrain avait soupiré, consulté son ordinateur et imprimé une seconde liste qu'il avait tendue à Rouaix. Celui-ci lui avait souri, complice. Casgrain s'était détendu, avait plaint l'enquêteur d'avoir à supporter Graham.

— La liste est courte, avait-il expliqué, car nos membres sont fidèles depuis des années.

Il n'allait tout de même pas avouer que l'ouverture du club de l'Avenir lui avait enlevé une partie de sa clientèle !

— Josiane est partie à neuf heures, avait fait Graham.

— Comme je vous l'ai dit. Elle avait l'air contente ; elle s'était entraînée deux heures : bicyclette, exerciseur, poids, rameur, course. Elle avait tout fait. C'est vraiment bête qu'elle soit morte, car elle devenait bonne !

Il avait précisé qu'elle était sortie seule du club. Elle avait fouillé dans son sac pour trouver les clés de sa voiture. Il avait supposé qu'elle l'avait garée tout près du club sportif.

— Personne ne l'a suivie ?

— Comment voulez-vous que je le sache ? Personne ne l'accompagnait quand elle a quitté le club, mais je ne peux pas savoir si on la guettait à l'extérieur. Moi, je m'occupe seulement de ce qui se passe ici.

— Vous n'avez rien remarqué ? Un client qui lui aurait parlé durant la soirée ?

— Je vous répète que non.

Graham avait rangé son carnet, exigé une visite des lieux. Casgrain avait gémi, mais il n'avait pas le choix ! Rouaix et Graham s'étaient promenés à travers le gymnase. Tranquillement, comme s'ils faisaient une balade ! Et ils étaient sortis en promettant de revenir.

— Et si on demandait au moniteur de venir faire un tour au bureau ? avait proposé Rouaix en quittant Sport 2000.

Graham avait approuvé. Bob Carpentier s'était pointé à quatorze heures. Il avait rapporté les derniers propos de Josiane ; elle avait parlé de sport et de son prochain voyage. Non, aucun homme n'était venu discuter avec elle.

— On ne sait rien de plus, avait soupiré Graham.

— On sait que si c'est un membre du club, elle ne lui avait pas parlé avant de le faire monter dans sa voiture. Alors pourquoi a-t-elle accepté ?

Parce que le tueur avait trouvé un moyen de la convaincre de le prendre à bord.

— Le tristement célèbre Ted Bundy faisait semblant d'être blessé ; il avait des béquilles ou un bras en écharpe et demandait de l'aide pour porter un paquet jusqu'à sa voiture. Et là, il assommait sa victime. Ses victimes. On ne sait même pas combien il en a tué.

— Mais c'était sa voiture à elle, avait objecté Rouaix.

— Elle connaissait le tueur, j'en suis certaine.

51

— Ah ?

Graham pensait qu'une femme seule, et méfiante, n'aurait jamais ouvert sa portière à un étranger. Elle avait déjà vu son meurtrier. Si ce n'était pas un membre du club qui l'avait attendue, abordée et amenée à le laisser monter dans sa voiture, c'était un homme qu'elle avait rencontré auparavant. Et plus d'une fois.

— Il y aurait donc un lien entre le tueur et ses victimes, avait conclu Rouaix. Et entre les victimes...

Il avait soupiré, sachant très bien ce que cela signifiait. Il faudrait éplucher le passé des deux femmes : que partageaient-elles ? Avaient-elles étudié, travaillé, voyagé ensemble ? Venaient-elles du même quartier, avaient-elles un amant, des amis, un ennemi communs ? Avaient-elles fréquenté les mêmes lieux ? Quand ? Se ressemblaient-elles ?

— Physiquement, elles sont parentes, si j'en juge par les photos qu'on nous a envoyées de Montréal. Blondes, plus ou moins un mètre soixante, environ soixante kilos. Penses-tu que le tueur veuille se venger de sa mère ?

Rouaix avait posé cette question d'un ton léger, mais Graham savait déceler l'inquiétude derrière l'ironie. Il faisait allusion au fait que plusieurs tueurs en série avaient trucidé des femmes qui évoquaient étrangement leurs mères.

— Il a guetté Josiane, l'a persuadée de le laisser monter dans sa fourgonnette, l'a tuée dans ce véhicule, l'a dépecée sur place, puis l'a ramenée jusqu'à la marina. Il y a déposé le corps, a repris la camionnette de Josiane Girard qu'il a garée sans s'énerver chez des inconnus, puis il est rentré calmement chez lui. Notre homme n'en est pas à son deuxième meurtre.

Rouaix avait approuvé, demandé à relire les rapports d'Interpol et du FBI sur des cas similaires. Il avait ajouté qu'il ne comprenait toujours pas pourquoi l'assassin n'avait pas utilisé sa voiture pour kidnapper Josiane.

— Il devait avoir une bonne raison. On le saura !

Alors qu'ils quittaient le club sportif, le cellulaire de Rouaix avait retenti : un collègue les informait qu'une femme avait vu un taxi s'arrêter près de la maison des Dufour, ses voisins, vers une heure du matin. Elle se souvenait du numéro de la compagnie, car elle venait justement d'appeler pour avoir une voiture. Elle avait cru que le taxi qui s'arrêtait devant chez elle lui était destiné, quand elle avait vu un homme ouvrir la portière et disparaître à l'intérieur. Une seconde voiture, la sienne, était arrivée deux minutes plus tard.

— Elle devrait être décorée de l'ordre du mérite ! avait dit Rouaix, ragaillardi. Je vais aller la voir.

— Moi, je retourne au bureau, avait répondu Graham, perdue dans ses pensées.

Le tueur pouvait être un chauffeur de taxi, à qui on fait spontanément confiance. Elle-même ne se posait jamais de questions quand elle hélait une voiture. Mais non, Josiane avait la sienne. Et si elle avait demandé un renseignement à un chauffeur ? Il avait pu monter à bord de sa voiture, une minute seulement, pour lui expliquer la route à suivre ? Ou sa voiture avait eu un ennui mécanique et le chauffeur s'était offert à chercher une solution ? Ou...

* * *

Quand le tueur avait monté la côte de l'Église, il avait repensé à ses treize ans. Pour son anniversaire, il avait décidé d'escalader un mur du couvent Notre-Dame-de-Bellevue : les pensionnaires seraient affolées. Il avait voulu parier, mais personne ne s'y risquait plus à l'école. On savait qu'il était assez téméraire pour faire ce qu'il annonçait.

N'est-ce pas lui qui avait grimpé sur le toit de l'église ? Aucun autre garçon n'avait son courage. L'année suivante, quand ses parents avaient divorcé, il avait emprunté la voiture d'un professeur et l'avait conduite jusque dans le fleuve. Pierre et Louis avaient été témoins de la chute dans le Saint-Laurent glacé. Ils étaient aussi blêmes que lui quand il était ressorti de l'eau. Il avait ri en voyant leurs têtes. Des poules mouillées. Il était entouré de poules mouillées. À commencer par sa belle-mère ; la nouvelle compagne de son père le craignait, il le sentait bien. Il se demandait seulement si c'est parce qu'elle devinait quelle force coulait en lui ou si elle savait qu'il avait éventré son dalmatien durant les vacances de l'Action de Grâces. C'était très joli le rouge sur le pelage noir et blanc. Un dalmatien trois couleurs, s'il vous plaît !

Pour emporter ?

Non, pour manger sur place.

Pour goûter plutôt. Juste un peu. Ça manquait d'épices. Il aimait les mets relevés. Cela dit, aucun piment, aucun poivre n'aurait pu lui échauffer les sens autant que le bruit de la lame qui s'enfonçait dans les flancs du chien. En plus, il ne l'entendrait plus japper quand il irait voir son père. Une fin de semaine sur trois. Puis une sur quatre.

Son père l'avait mis pensionnaire. Pour son bien. Au début, il avait espéré être renvoyé, mais finalement il impressionnait ses camarades à un point tel qu'il avait préféré rester au collège. C'était quand même plus excitant de concocter ses coups en douce. Il avait ainsi monté un commerce d'alcool et gagné pas mal de fric avant d'être dénoncé par un élève qui n'avait pu payer sa bière et qu'il avait malmené pour récupérer son dû. Les directeurs lui avaient dit qu'il était chanceux de ne pas être placé dans un centre de redressement. Ils avaient raison ; on l'aurait arrêté si on avait connu le coup des portraits. Il en était encore fier ! Par trois fois, il avait proposé à des filles de faire leur portrait. Elles avaient accepté. Il les avait emmenées sur les Plaines pour travailler en toute tranquillité... Puis il les avait agressées. Il n'avait conclu l'acte sexuel qu'avec une qui avait eu bien trop peur pour songer ensuite à parler.

Puis son père l'avait accompagné à l'aéroport et il s'était retrouvé à Miami pour fêter ses quinze ans. Sa mère l'avait accueilli froidement, répétant qu'il aurait dû aller chez son mari et sa belle-mère qui vivaient à Sherbrooke, c'était plus logique, non ? Enfin, elle ne supporterait pas qu'il lui fasse des ennuis. Il avait eu le privilège d'étudier dans des collèges huppés, mais il n'avait pas su en profiter même s'il était doué pour les sciences et le dessin. Tant pis pour lui. Il travaillerait. Elle lui avait trouvé un boulot au club sportif où elle s'entraînait entre deux tours de garde au Memorial Hospital. Il s'était rapidement disputé avec le directeur qui voulait lui imposer un uniforme, mais il avait trouvé du travail dans un autre club, à Fort Lauderdale, où on savait l'apprécier. On lui avait vite confié des tâches plus compliquées que l'entretien ménager. Le jour de ses dix-huit ans, son patron lui avait offert de suivre un stage en informatique.

Avait-il déjà deviné que cette formation lui permettrait de choisir ses victimes ? Non, il ne s'en était aperçu qu'après avoir repéré Joan. Elle avait des jambes parfaites. Hélas, il manquait d'expérience ; après lui avoir coupé le pied, il avait dû admettre qu'il avait fait un boulot de cochon. Les chairs étaient déchiquetées, les muscles broyés et il avait cassé le métatarse en l'immobilisant pour scier la cheville. Il ne pensait pas que l'os serait si dur à scier. Pourtant, il avait déjà empaillé un loup et il s'en était bien tiré.

Mais il n'était pas aussi excité.

Quant à sa mère, c'était différent. Il n'avait pu la tuer, un chauffard l'avait déjà décapitée. Il avait dû attendre quelques jours avant que la morgue ne lui remette le corps et la tête de sa mère. Il avait refusé l'incinération même si c'était le désir de la défunte. Elle aurait compris qu'il ne pouvait la voir réduite en cendres. Il était retourné au cimetière le soir de l'inhumation. Il aimait l'atmosphère de calme qui régnait en ces lieux, la propreté, les tombes bien alignées. La terre fraîchement remuée était encore molle et il avait déterré Francine avec plus de facilité qu'il ne l'aurait cru. C'est tout juste s'il transpirait. Son cœur battait quand il avait ouvert le cercueil ; il avait eu si peur qu'on ne lui rende pas sa mère. La belle tête de Francine. Il l'avait mise dans la glacière et, trois jours plus tard, il avait pu commencer à l'empailler. Il avait travaillé des heures et des heures tant c'était difficile. Il manquait d'expérience. Enfin, il était content d'avoir un souvenir de sa mère.

Joan faisait de l'auto-stop. À Miami ! Alors que les viols et les meurtres sont quotidiens. Elle était assez vieille pour savoir qu'elle prenait un risque. C'était de la provocation. Elle s'était mise à crier après avoir constaté que la portière droite était verrouillée. Elle l'avait supplié, avait tenté de le mordre, avait réussi à le griffer, mais il avait sorti son revolver et l'avait matraquée. Il l'avait ensuite emmenée dans un parc peu fréquenté, l'avait déshabillée et violée. Joan s'était alors réveillée et avait recommencé à hurler. Il l'avait poignardée à plusieurs reprises — là encore, il avait été étonné de constater qu'elle ne mourait pas aux premiers coups. Ses soubresauts avaient accéléré sa jouissance.

Il s'était détaché d'elle pour prendre ses outils. Il avait failli garder le pied, en souvenir, mais il n'était vraiment pas utilisable. Il avait enseveli la fille. Il était encore excité en rentrant chez lui. Il avait repensé à cette scène des dizaines, des centaines de fois, se répétant qu'il ferait mieux la prochaine fois. D'abord, il aurait des outils de qualité supérieure. Comment peut-on faire du bon travail quand on n'est pas bien équipé ?

Neuf mois plus tard, il avait remarqué la jambe gauche d'une grande blonde. Il l'avait violée sans qu'elle bouge, sans qu'elle proteste, comme si elle était paralysée. Il avait beaucoup ri quand il avait lu par la suite qu'on la surnommait Lucy à cause de la tornade ; elle avait été une si faible proie. C'était la dernière fois qu'il avait éjaculé sans protection. Il ne pouvait plus rigoler avec l'ADN. Et puis, il y avait le sida. Il n'avait aucun mal à dérouler le condom sur son sexe ; il était si excité par les plaintes de ses victimes. Il était si puissant ! Lucy n'avait eu qu'un couinement quand il lui avait tranché la gorge. Comme Diane Péloquin, la précédente, qui avait été si contente de rencontrer quelqu'un qui parlait français dans un garage du Maine.

Muriel Danais, elle, s'était défendue avec la rage du désespoir.

Josiane Girard aussi.

Quelles chances avaient-elles face à lui ? Il était si fort. Et si discret. Au travail, il ne montrait pas ses biceps en portant des tee-shirts. Non, il respectait sa clientèle et était toujours bien vêtu, d'une chemise blanche ou d'un chandail immaculé. Il y avait un tel laisser-aller maintenant ! Il était consterné en lisant les journaux ; des amateurs avaient tué un chauffeur de taxi pour le voler et s'étaient fait pincer le lendemain du meurtre, car ils avaient laissé un million d'empreintes dans la voiture.

Ce n'était pas à lui qu'arriverait une telle chose. Il était trop malin pour ça. Sa mère lui avait toujours répété qu'il était empoté, manchot comme son père ; il lui prouvait aujourd'hui le contraire. Il était remarquablement organisé. Il imaginait la scène du meurtre si précisément avant de passer à l'action ! Le lieu, ses propres gestes, ceux de sa proie, ses cris, tout se déroulait dans son esprit comme un film. Un film qu'il se repassait inlassablement. Quand la tension était trop grande, il pouvait tuer sans s'inquiéter ; tout était prévu pour favoriser la bonne marche des opérations. Les policiers avaient beau prétendre que l'enquête progressait, il savait qu'il n'en était rien. On avait retrouvé le corps de Josiane Girard une semaine plus tôt, mais aucun agent ne l'avait interrogé. Bien mieux : il continuait à prendre son petit déjeuner au restaurant de quartier où plusieurs flics buvaient leur café. S'il ne s'attendait pas à ce qu'ils révèlent des détails de l'enquête devant lui, il pouvait cependant vérifier leur ignorance, leur impuissance. Il s'autorisait même à les saluer.

On ne remonterait jamais jusqu'à lui. Il pouvait continuer son œuvre.

Il devrait s'arrêter à la quincaillerie pour racheter du borax et de la poudre d'amiante.

À sa grande surprise, il avait déjà trouvé sa prochaine victime. Mais c'est la suivante qui lui donnerait plus de fil à retordre. Quoique, de nos jours, les enfants de douze ans courent les rues.

Frédéric était descendu le dernier de l'autobus. Il n'était pas pressé et il avait les jambes engourdies. C'était bien normal après deux heures quarante-sept minutes d'immobilité. Il avait aussi une roche dans l'estomac, mais ça devait être à cause des trois bananes qu'il avait mangées à la gare d'autobus de Montréal. Il avait eu peur, à la dernière minute, de les écraser dans son sac et de salir ses vêtements. Outre son sac de couchage, il avait apporté un jean et trois chandails, deux caleçons et deux paires de bas ; il les laverait dans les toilettes de la gare quand ce serait nécessaire.

Le soleil était si ardent qu'il inondait la salle d'attente. Les voyageurs semblaient surpris de voir toute cette lumière qui accentuait la blancheur des murs. Frédéric comptait ranger son sac à dos dans un des casiers, mais la location revenait à deux dollars par jour. Juste pour poser un petit sac !

Il le traînerait avec lui. Il sortit du côté de la rue Saint-André et demanda à un gars vêtu d'une veste de cuir comment rejoindre le Quartier latin.

Grégoire, qui venait d'apercevoir la voiture d'un de ses clients, répondit à Frédéric en songeant que le garçon n'avait pas plus de douze ans et qu'il semblait un peu perdu. Il n'avait pas été maltraité et ses yeux étaient plutôt gais, malgré une certaine appréhension. Le prostitué eut envie de lui dire d'être prudent, mais son client klaxonna, nerveux, redoutant d'être vu en compagnie d'un adolescent, et Grégoire sourit à Frédéric en lui indiquant brièvement la route à suivre.

Il n'avait qu'à monter la côte de la Canoterie, puis la rue Sainte-Famille, il arriverait au Petit Séminaire de Québec. Il verrait la rue Buade ; la terrasse Dufferin était juste derrière, un peu plus haut. Il ne pouvait pas la manquer.

Frédéric reconnut les tourelles du château Frontenac avec soulagement. Il fut frappé par la couleur du Saint-Laurent, un bleu si pur que les oiseaux le confondaient avec le ciel, un bleu pareil à celui qu'on voyait dans ce clip conçu comme une carte postale, un bleu superbe qui lui rappelait les yeux d'Anouk. Il éloigna sa sœur de ses pensées et se dirigea vers le kiosque qui abritait l'entrée du funiculaire ; peut-être quelqu'un pourrait-il le renseigner sur les auberges de jeunesse.

Le préposé au funiculaire regarda Frédéric et lui dit qu'il était bien jeune pour voyager seul.

— Je suis avec mon frère, mais il est avec sa blonde sur la terrasse. Il m'a envoyé m'informer.

Le préposé parut rassuré. Il n'en était pas certain, mais il croyait qu'il y avait une auberge rue Couillard, à côté d'un restaurant où le café était trop fort à son goût. Frédéric le remercia poliment sans oser demander où était la rue Couillard. Il demeura près d'une heure sur la terrasse. Il la quitta désenchanté ; il y avait bien moins de touristes qu'il ne l'avait espéré. Se servirait-il de son appareil photo ?

On pourrait peut-être lui en dire davantage à l'auberge. Il se souvint subitement d'une petite rue, derrière la côte de la Fabrique, qu'il avait remarquée plus tôt. En descendant vers l'auberge, il songea qu'il parlerait de nouveau de son grand frère ; on serait moins soupçonneux à son égard. Il conta donc que Philippe devait le rejoindre dans la soirée, qu'il avait dix-huit ans, mais il voulait être tranquille avec sa copine tout l'après-midi. Il avait demandé à son cadet de l'attendre à l'auberge. Frédéric proposa de payer tout de suite son lit pour rassurer l'employé qui hésitait à accueillir un mineur. Toutefois, si son frère revenait bientôt...

Frédéric promit tout ce qu'on voulait. Il s'allongea sur son lit pour réfléchir. Les choses ne se passaient pas exactement comme il l'avait imaginé. Son jeune âge était vraiment un obstacle. Et quand on constaterait que son grand frère n'existait pas, on lui poserait sûrement beaucoup de questions. Il dirait que Philippe était allé chez sa blonde Josée, pour avoir plus d'intimité. Mais le stratagème ne fonctionnerait pas durant des jours et des jours. Et il n'avait pas les moyens de rester à l'auberge plus d'une semaine. Il se demanda ce que Sébas et Dan faisaient à cette heure. Trois heures quarante-cinq. Ils jouaient peut-être dans les arcades. Frédéric releva le col de son Chevignon. Sa mère le lui avait offert pour Noël. Il avait été surpris qu'elle ait compris ce qu'il désirait ; il était certain qu'elle aurait oublié. Il était toujours honteux en repensant au manque de confiance qu'il témoignait à Denyse. Pourtant, il l'aimait. C'est juste qu'il aurait préféré qu'elle soit comme les mères de ses amis. Le temps s'était rafraîchi et le soleil déclinait rapidement derrière les immeubles de la rue Saint-Jean. Les jeunes qui discutaient près de la porte serraient les pans de leurs vestes de cuir contre leurs poitrines. Les néons du Capitole étaient allumés et le serein nimbait les lampadaires du carré d'Youville d'une brume opalescente. Le ciel mauve virerait à l'indigo avant une demi-heure ; il ferait nuit quand Frédéric sortirait des arcades. Il y pensa, mais il avait trop besoin de se distraire pour se préoccuper maintenant de la soirée.

Il fit le tour des jeux avant de se décider ; il cherchait une machine dont il connaissait bien les faiblesses. Il ne devait pas perdre d'argent. Il jouait depuis vingt minutes et n'avait raté qu'une partie quand un homme l'approcha et lui proposa un pari : s'il gagnait cinq parties de suite, il lui paierait son souper, sinon, eh bien, tant pis...

Frédéric fronça les sourcils :

— Si je perds, je n'ai rien, c'est tout ? C'est ça ?

— C'est ça.

— Pourquoi m'inviteriez-vous à manger ? On ne se connaît même pas.

Il n'était pas si idiot ! Un étranger l'abordait pour lui offrir à bouffer, comme ça, par gentillesse, et il le croirait ? Il avait tout de même entendu parler de prostitution !

— Je n'ai pas faim.

— Plus tard, peut-être. Il faut que tu gagnes tes cinq parties.

Pourquoi parlait-il de parties s'il avait envie de l'entraîner dans un coin sombre ? Frédéric ne s'était jamais prostitué, mais il devinait que les clients devaient être plutôt pressés de partir avec leur choix.

— Cinq parties ?

— Oui. Je vais t'expliquer. Je cherche un crack de ces jeux. Un as.

— Un as ?

— Tu m'as l'air plutôt doué. Tu pourrais m'aider.

L'homme expliqua à Frédéric qu'il venait d'inventer un nouveau jeu, mais il cherchait à l'améliorer et à le tester avec des adolescents. Bien sûr, il fallait que ceux-ci maîtrisent bien les machines à boules.

— Je t'ai observé depuis que tu es entré ici ; tu n'as perdu qu'une partie. Tu es vraiment bon.

Frédéric se détendait, l'homme le devinait, s'en réjouissait. Le coup des jeux marchait chaque fois. Il amènerait le blondinet chez lui, le nourrirait, lui montrerait sa machine — car elle existait réellement —, Frédéric la testerait, ils parleraient longuement, il lui offrirait de rester à dormir chez lui. Plus tard, dans la nuit, il lui expliquerait qu'il y avait des jeux plus excitants que ceux des arcades. Il savait très bien que le garçon n'était pas vénal.

— J'habite près d'ici, mais on peut manger avant, où tu veux, aussi vite que tu auras gagné tes parties.

Frédéric n'hésita plus. Il actionna une manette, puis une autre, se concentrant sur le mouvement des boules. Il sentait les vibrations de l'appareil contre son ventre. Il regardait les chiffres grimper dans le coin gauche ; il allait gagner. Il était si pris par le jeu qu'il ne vit pas Grégoire s'approcher d'eux. C'est juste quand il entendit l'homme protester que Frédéric s'avisa de sa présence. Il ne le reconnut pas tout de suite, mais lui sourit poliment. Grégoire lui fit signe de s'écarter de la machine. L'homme s'interposa :

— Va jouer ailleurs.

— Non, c'est toi qui vas t'en aller. Tu sais bien que si tu restes trop longtemps avec moi, la police va venir nous écœurer. T'aimerais-tu ça ?

— Mêle-toi de tes affaires, crisse, je ne fais rien de mal.

— Ben non, je suppose que tu lui proposais de voir ton nouveau jeu vidéo. Mais tu y disais pas que c'était une drôle de machine, avec un gros canon. Un gros canon que tu lui fourrerais dans la gueule ou dans le cul ? Va-t'en !

— Si les bœufs viennent, tu ne seras pas mieux que moi.

— C'est vrai. On va tous s'en aller.

Grégoire ramassa le sac à dos de Frédéric et se dirigea vers la sortie. Frédéric courut derrière lui.

— Eh ! c'est mon sac !

— Je le sais. Mais il est pas pesant.

— Il est presque vide.

— Comme ta tête ! Tu serais parti avec le gros porc si j'avais pas été là.

Frédéric haussa les épaules :

— Je ne sais pas.

— Moi, oui. Je l'ai suivi, il y a trois ans.

Ils marchèrent en silence durant quelques minutes, puis Grégoire tendit son sac à Frédéric en lui recommandant d'un ton sec d'être plus prudent à l'avenir.

— T'es fâché ?

— Non.

— Où tu vas ?

— Travailler. Salut.

Grégoire fit un geste de la main et tourna le dos à l'adolescent. Frédéric hésita quelques secondes, puis rattrapa Grégoire.

— Sais-tu où je pourrais dormir demain ?

— Demain ?

— Je vais à l'auberge de jeunesse ce soir. J'ai inventé une histoire. Mais je ne veux pas être obligé de retourner chez mon père.

— Pis ta mère ?

— Non plus.

Grégoire examina Frédéric, soupira, grogna qu'il n'était pas mère Teresa, que personne ne s'était occupé de lui quand il avait quitté le domicile familial. Frédéric s'immobilisa, tendit la main à Grégoire :

— Ce n'est pas grave, je vais me débrouiller. Merci pour le bonhomme, tantôt.

— Câlice ! C'est quoi, ton nom ?

— Fred.

Grégoire répéta « Fred » deux fois, puis il se présenta. Ils marchèrent durant dix autres minutes avant que l'adolescent ne rompe le silence, mais Grégoire, déjà, appréciait ce garçon qui savait cheminer sans bavasser continuellement. Grégoire aimait beaucoup partager le silence. C'était peut-être pour cette raison qu'il avait adopté Graham.

Parlerait-il de Fred à Biscuit ?

— On va se retrouver demain, Grégoire ?

— Oui. Attends-moi sur la terrasse Dufferin à midi.

— J'y serai, n'aie pas peur.

— J'ai jamais peur, mentit le prostitué.

— Moi non plus.

— Continue tout droit sur Saint-Jean pour te rendre à l'auberge.

— Je sais où je suis ! affirma Frédéric.

— Mais tu sais pas encore qui tu es.

Grégoire tourna si vite au coin de la côte Sainte-Geneviève que Frédéric ne put lui demander d'explication. Il savait qui il était, voyons ! Ce n'était pas parce qu'il avait donné un faux nom à l'auberge qu'il en avait oublié le véritable. Grégoire était un peu bizarre. Il parlait d'un ton tranchant, mais ses gestes étaient doux et souples. Il regretta qu'il se prostitue ; il devrait lui préciser le lendemain qu'il n'avait pas l'intention de l'imiter.

* * *

Claude Brunet tremblait tellement qu'il manqua renverser son café. La compagnie de taxis avait demandé à tous ceux qui travaillaient le soir du meurtre de se présenter au poste de police.

Il n'irait pas. Il partirait quelques jours à Montréal. Deux semaines, s'il le fallait. Il ne parlerait pas aux enquêteurs. Ils devaient avoir déjà sa fiche. Et savoir qu'il en avait pris pour onze ans. Vol à main armée. Mais ce n'était pas lui qui avait tué la fille Girard. On ne le croirait pas. Et si on apprenait ce qui se passait avec Juliette ? Il retournerait au pen. Oh non, jamais ! Plus jamais.

Il faisait frais, mais Claude Brunet transpirait. Il reconnaissait l'odeur âcre de la peur. Il avait sué cette acidité durant des années. Chaque fois qu'un autre détenu s'approchait de lui. Le jour et la nuit, à la cafétéria, à l'atelier, dans la cour, chez le directeur, aux douches bien sûr, à l'infirmerie, partout. Tout le temps. Quand il était sorti de prison, il avait eu envie de travailler dans une poissonnerie afin qu'une odeur plus forte chasse celle de la peur. Puis il avait trouvé cet emploi de chauffeur. Il fumait dans sa voiture. Ses vêtements sentaient le tabac, ses cheveux, sa peau, et c'était très bien ainsi. Juliette fumait aussi, ça ne la gênait pas.

De toute manière, il ne se souvenait pas de tous les clients qu'il avait fait monter ce soir-là. Il voyait tant de monde dans une nuit ! Et s'il regardait les femmes avec un peu plus d'attention, il ne remarquait pas les hommes, sauf s'ils étaient très excentriques. Même s'il le voulait, il ne serait d'aucun secours aux policiers.

En verrouillant les portières de sa voiture, Claude Brunet constata qu'un client avait laissé *Le journal de Québec* sur la banquette. Il le prit, même s'il l'avait lu, et observa de nouveau les photos relatives au meurtre. Le corps était recouvert d'un drap, mais le regard des policiers sur la photo de la page de gauche en disait long sur l'horreur de la découverte.

Il relut le dernier paragraphe ; le journaliste prédisait que le criminel recommencerait.

Comment pouvait-il le savoir ? Connaissait-il tant de meurtriers ? Lui en avait côtoyé en taule, et il pensait que les neuf dixièmes de ces assassins ne récidiveraient pas. Pourquoi le tueur frapperait-il encore ?

Il ne pouvait pas l'en empêcher, de toute façon. À quoi bon se ronger les sangs ? Il jeta le journal dans une poubelle avant de chercher la clé de son appartement. Il verrait Juliette, puis quitterait Québec. Juliette lui en voudrait, mais il ne l'emmènerait pas avec lui. C'était beaucoup trop dangereux. La voir le mettait en péril. Il attendrait des lustres avant de voyager avec elle. Et pourtant, il ne pouvait se passer d'elle. De sa bouche cerise, de son petit nez, de ses seins ronds et de ses yeux légèrement bridés. Elle avait ri quand il lui avait offert un kimono en satin bleu, mais elle le portait chaque fois qu'ils se rencontraient. Elle le glissait dans son grand sac-panda et le sortait au cours de la soirée. Le satin s'étirait hors de la tête noir et blanc de l'animal en peluche et ce mélange d'enfance et de promesses de plaisir troublait profondément Claude. Il regrettait parfois de lui avoir acheté le vêtement. Mais pas très longtemps. Ses scrupules étaient balayés dès que le kimono bâillait sur les seins fermes, s'ouvrait sur les jambes fuselées. Juliette.

Elle l'avait appelé Roméo, une fois. Il avait adoré ça, mais il ne le lui avait pas dit. Ce qu'elle aimait en lui, c'était son dur passé de prisonnier, ses tatouages gravés en cellule. Elle flattait le diable rouge et noir chaque fois qu'il la prenait. Pour son anniversaire, il se ferait tatouer « Juliette » sur l'avant-bras gauche, elle serait épatée !

Elle avait dit qu'elle réussirait à lui téléphoner vers dix-neuf heures. Il était dix-huit heures trente. Il avait tout juste le temps de manger un sandwich et de préparer sa valise. Il la cacherait jusqu'à la fin de la soirée. Il n'allait pas gâcher les deux heures qu'ils pouvaient passer ensemble.

Deux heures ! C'était vraiment très peu. Au début, il pensait que ça lui conviendrait, qu'il aurait l'impression de conserver sa liberté. Maintenant, ça l'ennuyait. Il aurait voulu la voir plus longtemps, plus souvent.

Mais c'était impossible.

Chapitre 4

Graham plia hâtivement son kimono de judo ; elle ne voulait pas être en retard au bureau. Elle n'avait pas prévu qu'elle s'entraînerait si longtemps, mais elle était tellement furieuse qu'une vraie détente était nécessaire. La veille, une retraitée avait porté plainte pour vol. Et de six ! Comme si on n'avait pas assez du tueur.

Maudite solitude. Les vieilles dames n'auraient jamais fait confiance au pseudo-peintre si elles ne s'ennuyaient pas tant. Il était grand, plutôt bel homme, très poli. Et pas du tout négligé comme certains artistes. Il portait des mocassins de daim, des vestons bien coupés, des chemises empesées, un foulard de soie ou une cravate. Il abordait ses victimes dans la rue. Elles avaient peur, au début, mais il procédait toujours en plein jour, dans des endroits publics. Il prétendait qu'elles ressemblaient à une amie, trop tôt disparue. Il était peintre et s'il osait...

« Oser ? », avaient-elles toutes dit. « J'aimerais faire votre portrait, je retrouverais un peu ma chère Arlette. » Elles étaient touchées, les retraitées. Il leur proposait un café, il esquissait leurs traits sur la nappe en papier. Elles lui trouvaient du talent. Certaines précisaient quand même qu'elles ne voulaient pas payer pour le portrait. Il se vexait ! C'était lui qui devrait les payer si elles acceptaient ; il les dérangeait, abusait de leur temps. Elles protestaient à leur tour ;

elles n'avaient pas grand-chose à faire. Il finissait par aller chez elles où il installait son chevalet et ses couleurs. Il commençait son travail. Il insistait pour inviter l'élue dans un excellent restaurant. Elles se confiaient après quelques tête-à-tête. Il les flattait, les faisait rire, les plaignait. Et les conseillait en matière de finances, car il avait un cousin qui lui avait permis de gagner beaucoup d'argent en investissant dans l'immobilier. Un concept nouveau, inspiré d'un modèle européen, norvégien même : des villas pour des gens de l'âge d'or. Mais attention ! des personnes autonomes. En forme. Handicapés, séniles, grabataires s'abstenir. On voulait jouer au tennis et au golf, danser, sortir. Une sorte de club privé qui ferait aussi pension. Antoine jurait qu'il retirait déjà des intérêts du premier immeuble. Il montrait des plans des prochaines villas, des dessins d'architecte. Il glissait adroitement qu'elles pourraient retrouver leur mise de fonds si jamais elles décidaient, plus tard, bien plus tard, de ne pas s'installer dans une des villas.

Elles lui confiaient leurs économies. Antoine disparaissait avec.

Qui était-il ? Graham avait distribué un portrait-robot à tous les restaurateurs et marchands de matériel d'artiste ; sans succès. Pierre Beauchemin s'était pourtant appliqué en dessinant le fraudeur. Il avait écouté attentivement les directives de ses victimes, mais le suspect était somme toute assez banal. C'étaient les souvenirs d'un verre au Concorde, d'un brunch au château Frontenac, d'un souper chez Laurie Raphaël qui embellissaient le voleur. Graham, elle, le trouvait quelconque. Il avait des yeux, un nez, une bouche tout à fait ordinaires ; aucun signe distinctif. Les commerçants voulaient collaborer avec la police, mais ils n'étaient pas détectives. De plus, l'homme était assez jeune pour être le fils des femmes trompées ; comment différencier un garçon aimant d'un fraudeur séduisant ?

Graham avait épluché tous les fichiers concernant les escrocs. Consulté les répertoires d'étudiants en arts et en architecture. Rencontré les professeurs de peinture des cégeps et de l'université. Aucun ne correspondait au suspect. Tiens, elle devait avoir rencontré le Prof de Grégoire sans le savoir. Comment arrêterait-elle le fraudeur ? Elle se doucha en se demandant si elle serait aussi vulnérable quand elle aurait soixante-cinq ans. Non, elle serait habituée depuis longtemps à la solitude. Elle recommençait déjà à s'y faire. Elle avait très bien vécu seule, avant Yves. Elle n'aurait pas dû lui téléphoner pour son anniversaire. Les souvenirs avaient afflué, brisé sa résistance. La débâcle, la mémoire qui s'impose comme l'eau qui gronde, rugit et rompt les glaces. Elle voulait juste être gentille, lui offrir ses vœux. Il était étonné, mais l'avait remerciée, s'était informé de son travail, de Rouaix, de ses parents. Elle avait répondu tout en essayant d'imaginer comment il était habillé ; portait-il toujours le chandail turquoise qu'elle lui avait donné pour leur premier Noël ? Avait-il encore cette chemise en rayonne champagne qui lui allait si bien ? Avait-il grossi, minci, vieilli ? Elle espéra qu'il avait plus de cheveux blancs. Mesquine, va. Il devait l'avoir vue dans le journal, au début de la semaine, et avoir trouvé qu'elle avait engraissé. Sûrement.

En sortant du gymnase, Graham avait acheté un yaourt et une pomme verte dans un distributeur en s'en félicitant intérieurement, car elle avait louché vers les chips au ketchup. Elle avait éternué en regardant le soleil et pensé qu'il y aurait beaucoup de monde sur les Plaines durant la fin de semaine s'il continuait à faire beau. On annonçait un record de chaleur. Elle y croyait ; elle avait vu des hirondelles en se levant et des roselins en prenant son petit déjeuner. Ils s'affairaient tant à ramasser des brindilles, des bouts de fil, des poils, des plumes pour les nids qu'elle les envia de savoir exactement ce qu'ils devaient faire. Ils fondaient en vrille, en piqué sur le matériau convoité ; aucune hésitation, jamais. Graham apprenait beaucoup en observant les oiseaux.

Oui, il ferait beau. Les gens seraient heureux, ivres de printemps, soulagés de voir disparaître les dernières plaques de neige, aussi excités que leurs enfants à l'idée de huiler les patins à roulettes ou de préparer un pique-nique. Les gens seraient si contents qu'ils oublieraient peut-être le tueur. Mais celui-ci ne les oublierait pas, Graham en était intimement persuadée. Elle avait relu entièrement l'importante documentation concernant les tueurs en série et ne s'illusionnait pas ; il recommencerait. À Québec. Elle n'allait pas confier à Rouaix qu'elle pensait même que l'assassin voudrait la défier. Parce qu'elle était une femme. Son coéquipier la trouvait déjà paranoïaque. Il avait peut-être raison. Elle l'espérait. Le rapport d'autopsie l'avait écœurée ; nombreux coups avant la mort, trois piqûres et amputations faites par un professionnel. Même s'il n'y avait pas de sperme, Gagnon penchait pour le viol, vu les graves contusions vaginales.

On avait consulté tous les dossiers des meurtriers de la région et de la province, mais aucun des types fichés n'avait montré de goût pour ce genre de mutilations. Restaient les médecins, et les bouchers, plus aptes que la plupart des gens à faire de parfaites incisions. Et plus équipés ; il faut de bons outils pour réussir à couper un membre sans le déchiqueter, Alain Gagnon le lui avait répété.

On avait aussi pensé aux embaumeurs, même si ceux-ci ne se déplaçaient pas sur de longues distances pour faire leur travail. Les bouchers avaient parfois des livraisons ou des achats importants dans une autre ville, comme les médecins avaient des congrès, mais les embaumeurs...

On les interrogerait quand même. Très discrètement. Comme les autres. Et on n'aurait pas rencontré la moitié des médecins que le tueur aurait frappé de nouveau. Graham était prête à parier cent dollars.

Il fallait aussi penser que le criminel pouvait s'être déguisé en prêtre ou en policier pour vaincre la méfiance de sa victime. Graham se souvenait de ce violeur qui sonnait à la porte de ses proies en se faisant passer pour un fleuriste. Est-ce qu'on se méfie d'un livreur de roses ? d'un curé ? d'un représentant de l'ordre ? ou même d'un préposé d'Hydro-

Québec ? Non, on ouvre très facilement sa porte.

Plus tard, entre la cinquième et la sixième marche de l'escalier qui menait à son bureau, Graham croisa les doigts, souhaitant que la piste du taxi ait apporté des résultats. Rouaix s'approcha d'elle alors qu'elle déposait la Granny Smith sur son bureau.

— Tiens, on a sept chauffeurs qui sont venus témoigner. Ils ne se souviennent pas trop de leurs clients, mais à cette heure, il y en a seulement un qui a pris une femme en charge dans cette rue.

— D'autres chauffeurs vont encore venir. Quelqu'un a conduit ce meurtrier.

— Ben, justement, il y a un gars qui n'est pas venu. Un nommé Brunet.

— Pourquoi ?

Le patron de Brunet, expliqua Rouaix, avait dit que son employé, dont il était satisfait, était pourtant un repris de justice. « Je ne suis pas un stool, mais j'ai une femme et une fille et je ne voudrais pas qu'il leur arrive pareil qu'à Josiane Girard », avait-il ajouté.

— Alors ?

— Claude Brunet a quitté son appartement hier. Avec une valise.

— Une valise ?

— On a donné son signalement un peu partout : aéroports, douanes. On attend. On a son profil. Vol à main armée. Son troisième et dernier.

— Il n'a jamais tué ? violé ?

— Pas qu'on sache. Il ne ressemble pas à un tueur en série.

— Non, soupira Graham, pas du tout. Je me demande ce qu'il fuit. Penses-tu qu'il connaissait le tueur ?

— Peut-être. Peut-être qu'il l'a côtoyé en prison et qu'il a peur de lui, qu'il sait de quoi il est capable. Il est peut-être complice. Ou forcé de l'être. J'ai fait sortir la liste des gars qui ont été en dedans en même temps que Brunet. En voilà une copie. Je l'ai lue sans rien trouver.

Graham prit la liste tandis que Rouaix attrapait son veston. Il le palpa, sourit :

— La semaine prochaine, je vais en mettre un en toile. Il fait tellement beau ! Je me rends à l'île d'Orléans avec Nicole ce soir. Pour voir les oies. Même si elles sont presque toutes arrivées.

— Chanceux !

Le retour des oies blanches était un spectacle qui enchantait Graham. C'était son père qui l'avait amenée à la pointe de l'île la première fois. Il avait tendu l'index vers le ciel, désignant un énorme nuage sombre qui fonçait sur eux. Puis la rumeur qui s'amplifiait, les battements d'ailes par milliers, la rumeur qui volait au-dessus de leurs têtes en formation fléchée, la rumeur qui descendait pour s'égailler sur les battures. Les longs cous bruns, les becs noirs, les grandes ailes blanches frémissantes avaient charmé Graham pour la vie, même si elle savait qu'elle n'aurait jamais autant de discipline que ces oiseaux. Elle savait que chaque élément est important dans une équipe ; les oies ne pourraient traverser les mers si elles ne cédaient à tour de rôle la première position, mais elle ne pouvait travailler en harmonie avec Roger Moreau. C'était trop lui demander.

— Des nouvelles de Mme Goulet ?

— Non, Graham. Rien de plus. Notre artiste-peintre a assez d'argent pour tenir un petit bout de temps. Même en logeant au Hilton.

— Les hôtels ?

— Personne n'a téléphoné. Aucun client ne correspond au signalement du fraudeur.

Rouaix sorti, Graham saisit la pomme et la mordit d'un coup de dents rageur. Rien sur le meurtrier, rien sur le fraudeur, un suspect en fuite. Elle lut le dossier de Claude Brunet et le referma avec la conviction que Rouaix avait raison ; Brunet n'était pas de la race des tueurs en série. Il fallait pourtant le retrouver. Elle pensa à tous les policiers qui le rechercheraient et revit le déploiement des oies.

L'enquêtrice remonta les manches de son pull aubergine et entreprit de rédiger un rapport sur la fraude dont avait été victime Mme Goulet. Elle n'avait pas osé décourager cette dernière, mais même si on arrêtait le bel Antoine, il aurait probablement tout dépensé son argent. Supporterait-elle en plus les frais d'un procès qui ne lui rapporterait sans doute rien ? Les victimes payaient souvent deux fois pour leur malheur. On se fait arnaquer, mais les assurances ne remboursent pas tout ; on avait mal lu la petite clause en bas à gauche. On se fait violer et on doit subir un procès. On se fait voler et on poursuit un plus pauvre que soi. On perd toujours quand on est victime, Graham le savait, mais elle admettait mal que la justice ne puisse aider davantage les citoyens.

Comment, par exemple, pourrait-elle secourir Josiane Girard ?

Graham remonta ses lunettes pour la trentième fois de la journée, regarda l'énorme horloge de la salle voisine. Seize heures cinquante. Deux heures de paperasserie déjà ! Elle repoussa les rapports, se leva, s'étira comme son chat, fit quelques flexions et se rassit sagement, reprit le dossier du FBI sur Lucy et Diane Péloquin et celui sur Muriel Danais. Elle les connaissait par cœur, mais espérait trouver un détail qui lui ouvrirait une piste. Des seins, des pieds, des jambes ; le tueur était-il fétichiste ? Ou avait-il été privé de l'usage des jambes ? Par une femme ?

Elle était idiote ! Comment un handicapé aurait-il pu capturer sa proie, la tuer, la découper et aller porter le corps dans un endroit désert ? Graham devinait que bien des handicapés étaient plus autonomes et débrouillards que certains de ses collègues ou de ses voisins, mais il ne fallait rien exagérer. Elle devait avoir faim pour avoir des idées aussi saugrenues. Elle ne bougea pourtant pas de sa chaise, sachant que les chemins de traverse qu'empruntait sa pensée la conduisaient souvent à une forme de solution. Elle repensa aux handicapés, leurs membres coupés, remplacés par des prothèses.

73

Prothésiste ?

Pourquoi ? Quel but pousserait un prothésiste à collectionner des membres vivants ? Pour mieux les copier ? Ridicule. Elle inscrivit pourtant le mot « prothésiste » dans le rapport. Elle en parlerait à Rouaix.

Une lumière clignota sur son appareil téléphonique : des nouvelles du chauffeur de taxi ?

C'était Grégoire.

— Salut, Biscuit.

— Salut.

— Tu travailles encore ?

— Jusqu'à minuit. Tu as l'air en forme ?

Elle regrettait cette question chaque fois qu'elle la posait ; Grégoire pouvait-il être bien dans sa peau en se prostituant et en se droguant ? Il prenait moins de coke depuis quelques semaines, mais ce n'était pas suffisant pour parler de sérénité.

— C'est correct. J'ai passé la journée avec quelqu'un.

— Ton Prof ?

— Non. Mon petit cousin.

— Ton cousin ? demanda doucement Graham.

Elle était toujours prudente quand elle parlait de sa famille à Grégoire.

Celui-ci hésita et transigea avec sa conscience. Il détestait mentir à Graham. Heureusement qu'elle était la seule personne qui lui faisait cet effet.

— Un cousin éloigné. Il s'est engueulé avec son père. Je vais m'en occuper cette semaine.

— Tu l'aimes bien ?

— Exagère pas, ricana Grégoire, je le connais même pas.

— Mais c'est ton cousin.

— Tu connais tous tes cousins, toi ?

Graham admit qu'il avait raison.

— Ça m'arrive souvent. C'est pas parce que je vends mon cul que je suis pas intelligent. C'est pas mon cerveau qui s'use, c'est mes fesses.

— Arrête !

74

— O.K., Biscuit.

— Voulais-tu quelque chose ?

Erreur. Elle venait de commettre une gaffe, elle le devinait d'après l'épaisseur du silence de Grégoire. Il était vexé. Il penserait qu'elle insinuait qu'il était intéressé, qu'il l'appelait dans un but précis.

— Non, rien. Salut.

Il raccrocha avant qu'elle n'ait le temps de réagir. C'était toujours la même histoire. Il était plus vite qu'elle. Et tout aussi orgueilleux.

* * *

Le tueur était allé se promener près du parc Victoria, misant sur le fait que le beau temps agirait sur les policiers comme sur les citoyens qu'ils réussissaient parfois à protéger. Ils seraient distraits, béats, *cool*. Ils remarqueraient davantage les jambes des filles, les décapotables, les cow-boys en Harley qu'un joggeur solitaire rôdant autour de la centrale de police. Au pire, si on l'interpellait, il dirait qu'il voulait rencontrer Turcotte, qu'il avait entendu son nom au restaurant du coin, qu'il désirait lui remettre un portefeuille qu'il avait trouvé dans la rue. Au pire, mais ça n'arriverait pas. Il le sentait.

Il voulait voir Graham. Même de loin, ça l'excitait.

Il avait eu très envie d'écrire au journal pour dire qu'il continuerait à tuer sans s'inquiéter, puisque c'était une femme qui menait l'enquête, puis il s'était ravisé. Il ne s'inquiétait pas, de toute manière. Satan en personne aurait pu jouer au détective qu'il aurait persévéré. Il n'allait pas s'arrêter maintenant, si près du but.

Il était étonné qu'avec la fonte des neiges on n'ait pas encore trouvé le corps de Mathilde Choquette. On avait bien découvert celui de Muriel Danais à Montréal. Il l'avait bien caché, mais les chiens adorent les restes. Il est vrai que les pauvres bêtes n'avaient pas le loisir de courir souvent sans laisse ; le règlement était de plus en plus sévère à ce sujet. Dommage, avec la chaleur, le corps se décomposerait. Cela déplairait sûrement à l'inspectrice.

Non qu'elle eût trouvé plus d'indices avec de la chair fraîche ; il n'avait rien négligé, il le savait. Il procédait avec tant de méthode. Mathilde Choquette avait été si facile à piéger, aussi intelligente qu'une perdrix ! Elle n'était pas la seule à être sotte, loin de là. Combien de femmes se promenaient le soir dans des endroits déserts ? Attendaient l'autobus à minuit dans une rue trop tranquille ? Et ces raccourcis, à travers un parc de stationnement ou un terrain vague ? Une ruelle ou les bois de l'université ? Il fallait être de sacrées imbéciles pour les emprunter.

Mathilde Choquette l'avait suivi jusqu'à sa voiture sans hésiter ; il avait montré ses lunettes cassées, expliqué qu'un chien l'avait agressé et qu'il n'y voyait rien. Pouvait-elle l'aider à retrouver son auto ? Il avait des lunettes fumées dans le coffre à gants qui pourraient le dépanner. C'était une Chevrolet 1991 de couleur bleue. Au bout de la rue, croyait-il. L'idiote l'avait accompagné, lui avait même pris le bras comme s'il était aveugle. Elle avait ouvert la portière. Il l'avait poussée. Elle s'était assommée contre la portière. Il l'avait attachée. Ensuite, il avait roulé durant une vingtaine de minutes pour atteindre l'endroit rêvé : sous les boulevards-échangeurs. Jamais personne ne traînait par là. Elle était revenue à elle, avait commencé à crier. Il lui avait montré son poignard en lui disant de se taire. Elle l'avait supplié. À genoux dans la neige. Son mascara coulait et lui faisait des yeux de raton laveur. Ça l'avait excité. Ses cheveux ressemblaient au poil de l'animal. Dorés, non, bronze. Il l'appelait Rackoon en la poignardant. Il ne l'avait pas violée. Il faisait trop froid, - 27 °C. De toute manière, ce n'était pas ce qui lui plaisait le plus. La pénétration de la lame dans la chair valait bien des coïts. Ce n'est pas qu'il avait des problèmes à bander. Il n'avait jamais vraiment eu d'ennuis de ce côté-là. Jamais.

Non, c'est juste qu'il fallait manquer d'imagination pour se contenter d'une petite baise à la papa quand on peut ressentir mille fois mieux. Il s'étonnait qu'il n'y ait pas plus de meurtres. C'est le premier pas qui compte ; les hommes n'osaient pas tuer malgré leur envie. Des cons. Tous des cons. Comme ces policiers qui croyaient qu'ils l'arrêteraient. On verrait ça !

* * *

Frédéric remonta la couverture de laine sous son menton. Comme sa mère le faisait. Non, il ne fallait pas penser à Denyse. Elle devait savoir qu'il avait fugué maintenant. Dan ou Sébas avaient sûrement tout dit. Bah, ce n'est pas ça qui permettrait qu'on le retrouve.

Qui viendrait le chercher chez un copain de Grégoire ?

C'était évidemment moins beau que chez lui, à Montréal, mais on l'hébergeait gratuitement. Grégoire avait expliqué qu'il habitait rue Ferland pour deux ou trois semaines pendant qu'un copain était en voyage. C'était un studio où il n'y avait qu'un lit, une table, deux chaises et un petit frigo. Et un vieux réchaud, l'ami détestait cuisiner. Frédéric n'avait pas osé demander s'il se prostituait aussi ; la discrétion de Grégoire l'incitait à l'imiter. Ce dernier ne lui avait posé aucune question. Il lui avait dit qu'il pouvait rester avec lui rue Ferland. Il lui avait conseillé de traîner au Salon du livre durant la journée.

— Il y a tellement de monde qu'on te remarquera pas. Et c'est pas là que tu vas te faire achaler.

En regardant un livre sur le tennis, Frédéric avait décidé de proposer ses services dans un club sportif. S'il travaillait après quatre heures et les fins de semaine, le patron ne se douterait pas qu'il n'allait plus à l'école.

Il ne gagnerait pas autant d'argent que Grégoire, mais il ne voulait pas se prostituer.

Est-ce que son ami hantait les centres commerciaux

depuis longtemps ? Grégoire lui avait conté que de nombreux hommes, magasinant en famille, aimaient se faire sucer entre deux courses. Ils plantaient là femme et enfants une petite heure, prétextant un achat ennuyeux dans une quincaillerie, ils repéraient le jeune qui leur plaisait et partaient avec lui. Tout se faisait très vite et c'était moins dangereux que la rue. Frédéric n'aimait pas ce genre d'histoires, mais il ne voulait pas que Grégoire s'imagine qu'il le méprisait, c'est pourquoi il l'écoutait attentivement. Il aurait préféré que son nouvel ami lui raconte pour quelle raison il avait aussi fugué. Est-ce que sa mère consommait autant de pilules que la sienne ? Est-ce que sa vie était aussi plate ? L'école, les amis, les vidéos, l'école, les amis, les vidéos ? Même Dan et Sébas lui paraissaient bien fades maintenant, timorés, depuis qu'il connaissait Grégoire.

Lui, c'était un *king*.

La vie était bien étrange ; il avait menti en s'inventant un frère et le hasard lui en envoyait quasiment un. Il ferait tout son possible pour ne pas le déranger. Il voulait rester avec lui. Mais où ? Grégoire n'avait pas de domicile fixe. Il devait trouver rapidement une solution.

Il n'avait pas tellement goûté que Grégoire ait une amie policière. Biscuit ? C'est ça, Biscuit Graham. Il lui avait montré sa photo dans *Le journal de Québec*. Frédéric savait que son copain ne le dénoncerait pas à cette enquêtrice, mais s'il parlait trop sans le faire exprès ? Graham devait avoir la liste et les photos des fugueurs de toute la province dans son bureau. Elle l'identifierait et demanderait à Grégoire où il se cachait.

Il entendit un bruit de clé ; Grégoire rentrait. Frédéric regarda sa montre : cinq heures. Il ferait clair dans trente minutes. Il écouta les pas de son ami, il était content qu'il revienne. Il devina qu'il allait prendre sa douche avant même que l'eau ne jaillisse. Il s'endormit en souriant ; il était chanceux d'avoir rencontré Grégoire.

* * *

Graham esquissa un sourire avant de suivre Rouaix dans la salle d'interrogatoires.

— On l'a arrêté par hasard, expliqua Rouaix, excès de vitesse.

Claude Brunet était assis sur le bord de sa chaise et menaçait de tomber à chaque respiration. Il était livide, tressaillait au moindre bruit, se mordait sans cesse les lèvres. Il était évidemment coupable. De quoi ?

Graham s'installa face à lui et l'observa durant deux minutes. Elle entendait son cœur battre. Qu'avait-il à cacher ? Elle ne pensait pas qu'il eût tué et mutilé Josiane Girard ; l'assassin devait avoir plus de sang-froid que cet homme qui se liquéfiait devant elle. Mais il pouvait être son complice.

— Vous êtes chauffeur de taxi depuis longtemps ? dit-elle enfin.

Il sursauta, ses paupières papillotèrent :

— Depuis que je suis sorti de taule, vous le savez bien.

— Aimez-vous ça ?

— Être dehors ou chauffeur ? ironisa Brunet. Les deux. J'aime les deux.

Rouaix lui offrit un café, qu'il accepta, sortit le chercher afin que Graham reste seule quelques minutes avec Brunet.

— Êtes-vous marié ? demanda l'enquêtrice.

— Marié ? bredouilla Brunet. Quel rapport avec le taxi ?

— Aucun, répondit Graham en notant le trouble de Brunet, aucun. C'est juste que j'aime connaître les gens avec qui je parle.

— Allez-vous me garder longtemps ici ? Je n'ai rien fait !

— C'est vrai.

Brunet la dévisagea, plissa les yeux, méfiant : on essayait de l'amadouer pour qu'il se trahisse. On lui envoyait une femme pour poser des questions, pensant qu'il serait moins vigilant ? Il avait fait onze ans ! L'avaient-ils oublié ? Il restait silencieux, attendant que Graham se découvre.

— Je sais que vous n'avez pas tué Josiane Girard. Vous êtes droitier et l'assassin est gaucher.

Elle semblait sincère. Elle prit une enveloppe, en tira des photos qu'elle tendit à Brunet. Il grimaça, jura en reconnaissant un cadavre mutilé. Il laissa tomber les photos à terre. Graham se pencha pour les ramasser, se releva lentement.

— Ce n'est pas joli, non ?

— Qu'est-ce que vous voulez que je vous dise ?

— Pourquoi vous avez quitté Québec si promptement.

— On n'a pas le droit d'aller se promener à Montréal, maintenant ?

— Bien sûr. Il doit faire encore plus beau qu'ici. Est-ce que les lilas sont en fleur ?

Claude Brunet se renfrogna ; elle se moquait de lui. Ou non ? Elle continuait à parler, elle évoquait les funérailles de Josiane Girard ; les bourgeons des tilleuls qui bordaient l'allée centrale du cimetière commençaient à poindre. Elle adorait ce vert printemps qui était de la même couleur que les yeux de son chat.

Claude Brunet avait presque hâte de revoir Rouaix ; Graham était trop bizarre. Il s'étira le cou pour regarder dans le corridor.

— Il va revenir, dit Graham. Rouaix revient toujours. Contrairement aux meurtriers. Ce n'est pas si vrai que ça qu'ils retournent sur les lieux de leur crime. Ça serait trop facile pour nous ! Êtes-vous d'accord ?

— Je... je ne sais pas.

— Mais vous avez rencontré des assassins en prison, non ?

Claude Brunet haussa les épaules.

— Seriez-vous capable d'en reconnaître un ?

— Je ne sais pas.

— Est-ce que votre femme allait vous voir en prison ?

— Je ne suis pas marié !

— Une petite amie ?

Il évita la question et en posa une autre :

— Qu'est-ce que vous voulez?

— On veut savoir si vous connaissez un assassin.

— Comment?

— Tu travaillais la nuit du meurtre, dit Rouaix en poussant la porte. On veut juste savoir si tu as fait monter un homme vers une heure du matin, dans le bout de Maguire. Tiens, voilà ton café. J'ai mis du sucre et du lait.

— Merci.

L'arrivée de Rouaix soulageait visiblement Brunet. À moins qu'il ne fût rassuré par sa question? Une heure du matin; bien sûr qu'il roulait. Il n'était pas avec Juliette, il n'était jamais avec elle si tard dans la nuit.

— Je ne me souviens pas trop.

— On veut des détails.

— Toute la soirée?

Il était avec Juliette jusqu'à onze heures. Il ne le leur dirait jamais.

— Un petit effort, Brunet. Tu pourrais être soupçonné de complicité.

— Vous êtes malades! Je n'ai rien fait.

— Mais tu es un bon suspect, expliqua Rouaix. Antécédents judiciaires, chauffeur de taxi et dehors au moment du crime. C'est pas mal...

— Qu'est-ce que vous avez contre les chauffeurs de taxi?

— On s'est dit que la victime avait fait confiance à quelqu'un pour qu'il l'embarque facilement. On ne se pose pas de questions quand on prend un taxi, non?

Non? Encore! Cette manière de terminer ses phrases énervait Claude Brunet.

— Oui. Et c'est une chance pour moi, sinon je n'aurais pas de job. Mais je vais la perdre si vous me gardez ici trop longtemps.

— Tu as juste à nous dire pourquoi tu es parti si vite à Montréal, fit Rouaix. On verra s'il y a un rapport avec le meurtre.

— Il n'y en a pas, baptême! Je vous le jure! Je n'ai rien à

voir avec le meurtre ! Je ne suis pas fou, moi !

— Non, mais pas loin.

— Vous ne pouvez pas comprendre ! Ça ne vous est jamais arrivé !

— Quoi ? De tuer quelqu'un ? De le découper ? Tu vas nous expliquer tout ça ?

— Pourquoi est-ce que vous pensez que c'est moi ? Vous n'avez pas de preuves !

Rouaix se pencha vers Brunet, lui expliqua qu'une femme avait relevé les numéros de sa plaque d'immatriculation. S'il s'était présenté spontanément au poste de police, on aurait cru plus volontiers à son innocence, mais maintenant, il devait s'attendre à retourner en prison.

— Vous ne pouvez pas faire ça ! cria Brunet. Vous n'avez pas le droit !

— Tu sais très bien qu'on a beaucoup de droits, dit Rouaix. Bon, on a assez perdu de temps avec toi. Je l'emmène ? dit-il à l'adresse de Graham.

— Oui. Avez-vous un message pour votre amie ? Je ne suis pas vache, je le lui ferai, qu'elle ne s'inquiète pas.

Claude Brunet s'effondra, se couvrit le visage pour raconter qu'il sortait avec une fille de quinze ans.

— Juliette est super-mature. Je pensais qu'elle avait vingt ans quand je l'ai rencontrée. On s'aime. Je ne veux pas retourner en dedans pour détournement de mineure.

Rouaix soupira profondément en regardant Graham ; ils avaient perdu tout ce temps pour une histoire de cul ? Maudite job !

— Tu étais avec elle le soir du meurtre ?

— Oui, mais je ne veux pas qu'elle soit mêlée à ça. Ses parents sont sévères.

— Pauvre type ! marmonna Rouaix. Tu ne peux pas prendre des filles de ton âge ?

— On ne choisit pas, chuchota Brunet. On ne choisit jamais.

— C'est jeune, quinze ans, dit Graham.

— Je n'étais pas le premier. Et je suppose que je ne serai pas le dernier.

Résigné. Brunet était résigné.

— Tu l'as quittée à quelle heure ?

— Onze heures moins quart. Ensuite, j'ai roulé. J'étais trop tendu. Ça me stresse quand je vois Juliette.

— Pourquoi ? demanda Graham.

— Parce que.

— Tu te souviens des clients que tu as eus après onze heures ?

Claude Brunet se frotta les tempes, le front, repoussa une mèche de cheveux.

— Je ne sais pas. Pas de tout le monde... Mais il y a eu une fille, une énervante qui n'arrêtait pas de parler de danse. Elle revenait d'une discothèque. Elle avait mal aux pieds. Elle m'a regardé comme si j'étais une merde. Alors qu'elle n'arrive pas à la cheville de Juliette.

Il se tut, puis secoua la tête, ajouta que le client précédent était bête, lui aussi.

— Ce n'était pas ma soirée.

— Comment était ce client ?

— C'est le gars que vous cherchez ? C'est juste pour ça que vous m'avez amené ici ? Vous auriez pu le dire !

Rouaix s'impatienta :

— Comment il était ?

— Ordinaire. Tellement ordinaire. Sauf sa voix. Une voix grave. Je lui ai même demandé s'il travaillait à la radio. Mais non.

— Tu pourrais l'identifier ?

— Je ne pense pas. Il était comme tout le monde. Habillé propre, avec une chemise blanche, je pense. Rien de spécial. Ça m'a juste surpris qu'il se fasse conduire à sa voiture.

— Sa voiture ?

— Je l'ai embarqué près de Maguire, puis je l'ai laissé sur Aberdeen, au coin de Bourlamaque. Je pensais qu'il sortait d'un restaurant et se rendait chez lui. Non, il se rendait à son auto. Vous ne m'achalerez pas avec mon histoire avec Juliette ?

— Tu sais la marque de la voiture ?

— Et Juliette ?

Graham fulminait, mais Rouaix hocha la tête, promit.

— C'était une Chevrolet Oldsmobile 90 ou 91.

— Quelle couleur ?

Brunet s'excusa, il était légèrement daltonien. Et c'était la nuit.

— Foncée, en tout cas, très foncée. C'est tout ?

— Ton client n'a pas parlé ?

— Rien. J'ai essayé de jaser pour me changer les idées, mais il se taisait. Par contre, il m'a donné un bon pourboire. Ah ! ses gants.

— Ses gants ?

— Il ne les a jamais enlevés. Même pour me payer.

Rouaix raccompagna Claude Brunet en lui demandant de rester dans les parages, puis rejoignit Graham.

Elle était allée s'acheter un sac de chips barbecue.

— Une Chevrolet, c'est tout ce qu'on a. Combien de concessionnaires en ont vendu depuis trois ans ? On ne sait même pas si le tueur l'a achetée ici. Peut-être aux États-Unis. Il a commencé sa carrière en Floride, non ?

Rouaix se laissa pesamment tomber sur une chaise, desserra sa cravate.

— Quinze ans ! Sa Juliette est de l'âge de Martin. Des fois, je suis content de ne pas avoir eu de filles. Je m'inquiéterais bien trop !

— Grégoire a seize ans.

Rouaix dévisagea Graham. Une lassitude voilait son regard, mais il ne trouvait rien à dire pour la rassurer ; son protégé n'avait pas d'avenir. Il frissonna : est-ce que son fils en avait vraiment un ?

Chapitre 5

Il referma vivement le journal. Il s'approcha de la fenêtre, l'ouvrit pour permettre à une mouche de retrouver sa liberté. La première de l'année. Il aimait beaucoup les insectes. Comme l'inspectrice. La semaine précédente, il avait appris qu'elle se passionnait pour l'entomologie ; en parleraient-ils un jour ensemble ?

Non. Car Graham ne l'arrêterait jamais.

Il avait vu son visage fermé au journal télévisé du soir. Juste une seconde. Elle se tenait derrière son patron tandis qu'il expliquait qu'on avait trouvé un autre cadavre mutilé, mais il ne pouvait rien ajouter, puisque le corps était dans un état lamentable.

Il mentait. Et Graham, en hochant la tête derrière son *boss*, se faisait sa complice. Même si des bêtes et le temps avaient rongé les chairs de Mathilde Choquette, le médecin légiste pouvait dire qu'il lui manquait le bras droit et la main gauche ! Découvriraient-ils qu'il l'avait également amputée de ses organes sexuels ?

Il rouvrit le journal, relut l'article concernant la découverte du cadavre. Un journaliste avait consulté un psy pour éclairer les lecteurs sur la mentalité de l'ennemi public numéro un. Le spécialiste parlait de « psychopathe qui se prend pour un dieu, ivre de puissance, en quête de sensations de plus en plus fortes ». Il ajoutait que « le crime est un état d'esprit constant chez ce genre de meurtrier, et que ce dernier veut asservir l'univers à son désir, tout mettre en place pour réaliser son fantasme. Un fantasme qu'il perfectionne à chaque nouveau crime. Il est possible que le tueur veuille se venger de sa mère et cherche la gloire, la célébrité.»

Le tueur cracha sur le journal. *Fuck.*

Ce journaliste et ce psy étaient idiots ! Ils se trompaient sur toute la ligne, hormis le fait qu'il était un perfectionniste. Il avait déjà la célébrité ! On ne parlait que de lui dans cette petite ville. C'était bien plus excitant qu'à Miami où il se commettait trop de crimes. À Québec, tous les projecteurs étaient braqués sur lui. Si sa mère pouvait voir ça !

Se venger de sa mère ? C'était ridicule. Au contraire, il lui semblait qu'elle lui souriait dans sa boîte de fibre de verre. Les docteurs du cerveau n'avaient rien compris. Encore une fois.

Il plia soigneusement le journal et le déposa dans le bac de récupération, à côté d'une bouteille bien rincée. Il appréciait beaucoup ce nouveau souci de l'environnement chez les Québécois. Quand il était parti vivre aux États-Unis chez sa mère, les gens ne saisissaient pas l'importance de ces milliers de petits gestes qui concourraient à sauver la planète. Son père l'avait compris avant sa mère. Il s'était d'ailleurs remarié avec une femme qui militait contre l'implantation de centrales nucléaires. Elle prônait aussi le végétarisme.

Ça, bien sûr, il n'y adhérerait jamais. Il aimait trop la chair pour s'en priver. Et ne voyait d'ailleurs pas pourquoi ; la nature offrait mille exemples de cannibalisme. C'était tout à fait normal de manger de la viande. On avait des dents et un système digestif conçus pour ça.

Il ouvrit le réfrigérateur. Il choisit du foie de veau. Il aimait sa texture. Comme le boudin. Du sang. Il goûtait toujours le sang de ses victimes. Il fit cuire le foie avec des oignons et des pommes et se félicita de ses talents de cuisinier ; il sourit en pensant qu'il pourrait publier ses recettes. Il fit la vaisselle, puis rangea sa chambre et se mit au travail. Il devait réparer un moniteur pour mercredi.

Il l'avait promis à Jean Casgrain et il tenait toujours parole. Casgrain était si nerveux depuis l'ouverture du club concurrent, ce n'était pas le moment de lui déplaire. Au club de l'Avenir, on était plus détendus qu'à Sport 2000. Il était content de travailler pour les deux clubs sportifs. Si l'un ou l'autre fermait, il ne se retrouverait pas devant rien. Il y avait tous les gymnases des cégeps et des universités, bien sûr, de New York à Toronto, en passant par Chicoutimi. Il n'avait pas peur des distances, la route ne le fatiguait pas. Heureusement ! Il avait bien fait d'étudier en informatique, puis en électronique. C'était M. Jones qui lui avait donné sa première chance, qui avait deviné son potentiel. Il ne l'avait jamais déçu. Chaque fois qu'il retournait aux États-Unis, il revoyait M. Jones et ajustait tous les appareils du club sportif gratuitement, pour le plaisir. Il lui conseillait d'acheter tel rameur, ou tel exerciseur, expliquait les merveilles technologiques qui attireraient les clients. Il aurait pu être un excellent vendeur, car il était bon orateur. Il aurait pu être avocat s'il l'avait voulu. Ou politicien.

Jean Casgrain, d'ailleurs, commençait à l'écouter avec plus d'attention. Il l'avait même invité à luncher pour discuter du profil de sa clientèle. Casgrain avait changé d'avis sur lui quand il l'avait vu s'entraîner pour vérifier le rameur. Il l'avait impressionné en lui contant qu'il devait « sentir » ses appareils. L'imbécile l'avait cru alors qu'il voulait simplement rester plus longtemps à Sport 2000, car il venait de repérer Josiane Girard.

Casgrain avait été estomaqué quand il l'avait vu lever des haltères de trente-cinq kilos. Il ne se doutait pas qu'il était si musclé sous son impeccable chandail blanc. Il lui avait alors expliqué que sa mère l'avait poussé à s'entraîner dès son jeune âge et qu'il ne l'avait jamais regretté. Il avait reposé les haltères dès que Josiane s'était approchée d'eux. Il avait pris sa trousse d'outils et s'était mis à réparer un appareil sans la regarder. Il avait fait mine, tout à coup, de s'apercevoir de sa présence et l'avait saluée poliment avant de recommencer à travailler.

Il avait trafiqué l'appareil afin d'avoir une raison de revenir rapidement au club sportif. Et de revoir Josiane Girard ; elle avait exactement le bras qu'il cherchait. Et la jambe ! Idéale. Elle ne l'avait pas déçu. Les pieds, c'était plus difficile, les gens portaient toujours des chaussures. On ne pouvait pas deviner si les orteils étaient mignons ou tordus, si l'arc était joliment cambré. Mais Josiane n'avait pas besoin d'avoir un beau pied, il avait déjà ceux de Muriel Danais et de Diane Péloquin. Les pieds lui donnaient des sueurs froides ; la peau était si inégale. Très fine entre les orteils, rugueuse, parfois cornée à la plante, plissée au-dessus du talon. Que d'échecs avant d'obtenir ce qu'il voulait ! Mais un artiste tel que lui ne pouvait se contenter d'un résultat approximatif. Il atteindrait la perfection.

Il était si tenace. Il ne s'avouait jamais vaincu.

Il avait lu la même chose au sujet de Maud Graham, qu'elle était la pire des entêtées. Il se demanda ce qu'elle pensait à cet instant même. Il aurait aimé lui parler, lui expliquer sa philosophie. C'était impossible pour le moment. Dommage.

Il mit plus de temps que prévu pour réparer le moniteur couleur. Avant de se coucher, il regarda de nouveau le journal télévisé : on parlait toujours de la découverte du corps. On n'en savait pas davantage. L'identité de la victime était encore inconnue et les enquêteurs se refusaient à tout commentaire. Ils avaient très peu d'indices, puisque le corps avait été abandonné plusieurs semaines auparavant. Les recherches effectuées auprès des chauffeurs de taxi n'avaient donné aucun résultat. On continuait les investigations du côté des habitudes ou du passé des victimes, cherchant quels liens les unissaient.

Les policiers ne savaient toujours rien.

Ça ne changerait pas, il y veillerait.

Il se demanda si sa prochaine victime serait au club mercredi.

Sûrement. Il l'avait vue deux semaines d'affilée. Sa proie semblait avoir un horaire régulier.

* * *

Grégoire eut un fou rire en regardant les photos que lui tendait le Prof.

— Il faut tripper sur soi en câlice pour se faire mouler la queue !

Le Prof tenta de se justifier :

— C'était une mode. On se trouvait cool. La liberté sexuelle.

— T'en as moulé beaucoup, constata Grégoire en comptant les photos.

— Ça me payait bien. Puis j'aimais ça, faut être honnête.

Le Prof prit une photo, la regarda, la reposa sur la table du salon. C'est vrai qu'il s'amusait autant à mouler des sexes que des visages, car pas deux n'étaient semblables. Il faisait les masques des célébrités quand un chanteur rock lui avait demandé de mouler son membre. Il voulait offrir à sa fiancée une réplique de son attribut. En or. Le Prof avait si bien réussi son travail que plusieurs vedettes avaient trouvé l'idée amusante. On venait dans l'atelier l'après-midi, rasé de près pour se faire appliquer de la cire et du plâtre sur le sexe, puis on revenait plus tard chercher son phallus d'argent ou de bronze. En 1977, à Paris, il y avait autant d'hétéros que de gais qui fréquentaient l'atelier du Prof. Certains demandaient qu'on perce l'objet de façon qu'il serve de soliflore, d'autres voulaient qu'on multiplie ses dimensions par dix de manière à en faire un pied de lampe.

— Une lampe ? Tu me niaises ! dit Grégoire.

— Non, je te le jure. C'était psychédélique, délirant. On ne se prenait pas au sérieux.

— En as-tu refait quand t'es rentré au Québec ?

Le Prof ramassa les photos, dévisagea Grégoire :

— Pourquoi ? Ça te dirait ?

— Mais non !

— J'ai encore mon matériel. C'est mon hobby, la sculpture.

J'ai même loué un atelier.

— Ah oui ? Tu moules toujours la même chose ? D'après nature ?

Le ton ironique ne pouvait échapper au Prof. Il se rebiffa.

— Il n'y a pas que le sexe, tu sauras. C'est tout le corps qui m'intéresse. Je suis très bon en anatomie. J'ai failli être médecin, mais j'aimais trop les arts. Je voulais être peintre avant d'être sculpteur. Finalement, j'enseigne.

— Tes élèves te trouveraient cool s'ils savaient que tu coules des bites en acier.

— Pas en acier, n'exagère pas !

— Je pourrais en parler à certains de mes clients. Peut-être que ça les intéresserait ? Tu me donnerais une commission, bien entendu...

Le Prof secoua la tête avec nervosité ; il n'était pas question que Grégoire raconte cette histoire à n'importe qui. Il ne voulait pas avoir d'ennuis.

— Mais y'a aucune loi interdisant de mouler des queues, je vois pas pourquoi tu t'énerves.

— C'était un à-côté, quand j'étais étudiant à Paris. Ce n'est plus mon gagne-pain. J'étais prêt à t'immortaliser, mais j'ai des projets plus intéressants en chantier. Je n'ai pas de temps à perdre à m'occuper des sexes de tes clients. Ça ne m'excite même pas d'y penser.

Grégoire haussa les épaules, puis leva son verre vide. Son hôte protesta :

— Tu as assez bu.

— Je suis capable d'en prendre.

— Je sais, mais...

— Mais quoi ?

L'homme soupira, se dirigea vers le réfrigérateur, prit une bière et la tendit à Grégoire qui refusa.

— Ça me tente plus. Je m'en vais.

— Tu n'es pas bien ici ?

— Oui, mais je peux pas rester pour tes beaux yeux,

comprends-tu ça ? On s'est entendus au départ et t'as eu ce que tu voulais.

— Je le sais... Ah ! Encore ?

L'homme poussa un soupir d'exaspération en entendant la sonnerie du téléphone. Il attrapa le combiné sans quitter Grégoire des yeux comme s'il craignait que celui-ci n'en profite pour partir sans le saluer. Il lui fit signe qu'il en avait pour deux minutes.

— Oui ? Quoi ? Antoine, je t'ai dit cent fois que je ne voulais plus te voir. C'est archiclair. Tu fais ce que tu veux, mais moi, j'ai le droit de ne pas aimer ça. Non ! J'ai dit non ! Compte-toi chanceux que je ne te dénonce pas. Salut.

Il reposa violemment le récepteur, ferma les yeux, inspira profondément.

— C'était qui ? Un ex ?

— Non. Oui. Juste une aventure.

— Qu'est-ce qu'il fait ? Il vend de la dope ?

— Ça t'intéresse toujours ?

Grégoire s'impatienta, dit qu'il était assez vieux pour faire ce qu'il voulait de son corps. Et que certaines de ses habitudes plaisaient énormément aux adultes.

— Je te parle de drogue, Grégoire.

— Moi, je te parle d'âge. Je suis bien plus vieux que tu le penses.

— Antoine ne vend pas de dope, il arnaque les vieilles dames. Et peut-être les jeunes aussi...

— Quoi ?

— Tu ne répéteras pas tout ça à ta copine Graham ?

— Tu sais son nom ?

— J'ai deviné. Je l'ai aperçue au téléjournal. Il n'y a pas des douzaines de femmes flics.

— Tu sais donc qu'elle s'occupe de meurtres. Pour l'instant, l'assassin n'a pas tué de grands-mères.

— Tu sais, je l'ai peut-être vu, le tueur.

Grégoire se pencha vers le Prof qui lui expliqua qu'il fréquentait le même club sportif que Josiane Girard.

— Elle, je ne l'ai jamais remarquée. Je ne regarde pas trop les filles. Mais lui, je lui ai peut-être parlé... C'est peut-être un beau gars. Quand on regarde les photos des criminels, ils n'ont pas tous une mine patibulaire. Et puis j'aime assez les voyous.

Grégoire sourit d'un air entendu, avant de dire à son client qu'il rentrait parce qu'il avait laissé son cousin seul.

— Ton cousin ?

— Oui, il m'attend chez Victor.

— Victor ?

— C'est un restaurant. Trippant. Les meilleurs club sandwiches. La serveuse me regarde pas comme si j'étais une poubelle.

— Pourquoi t'occupes-tu de ton cousin ?

— Parce que. J'ai pas le choix. Il se ferait fourrer. Dans tous les sens du mot. Il faut que je trouve une place où rester.

— Qu'est-ce que tu me racontes ?

Grégoire décapsula la bière, se rassit devant le Prof et énuméra ses problèmes. Il n'avait plus son logement de la rue Saint-Olivier parce que les voisins avaient porté plainte contre lui et qu'il avait préféré partir plutôt que de s'expliquer avec des policiers. Son ami reprenait son appartement rue Ferland et si lui, Grégoire, pouvait vivre dans la rue et dormir à droite et à gauche, il n'était pas question que Frédéric traîne ainsi.

— Es-tu amoureux de lui ?

Grégoire dévisagea son hôte avant de hurler en lançant sa bouteille sur le mur. Le bruit de son explosion ne couvrit pas les cris de l'adolescent.

— Hostie de malade ! Il a juste douze ans !

L'odeur de la bière était moins amère que les pensées qui assaillaient Grégoire. Douze ans. Son oncle. Sur lui, dans lui. Parce qu'il l'avait surpris avec son ami Jean-Marc. Mais Jean-Marc avait douze ans, comme lui. Ils regardaient leurs sexes et s'interrogeaient sans pouvoir le dire. Étaient-ils de la bonne taille, de la bonne grosseur ? Est-ce que les autres gars de la classe bandaient durant la nuit ? Et le jour ? Son oncle lui avait dit qu'il était vicieux et qu'il savait ce qu'aimaient les petits cochons comme lui.

L'odeur de la bière était si douce à côté du goût de putréfaction qui emplissait la bouche, la tête de Grégoire quand il pensait à son oncle Bob. Il aurait préféré manger un cadavre plutôt que de sucer cet oncle. Et quand il y était forcé, il se répétait que son bourreau mourrait comme tout le monde et que cette queue qui le forçait pourrirait aussi. Puis il imaginait qu'il enterrait plutôt son oncle vivant afin qu'il sente les insectes lui ronger le sexe.

L'odeur de la bière était chaude alors que la voix d'oncle Bob était glaciale.

— Grégoire ?

Le prostitué sursauta quand on lui effleura l'épaule.

— Pardonne-moi. Je pensais que... Non, je n'ai pas pensé du tout avant de poser ma question. Ça ne me regarde pas. Je supposais que ton cousin avait le même âge que toi.

Grégoire regarda les éclats de verre qui mouchetaient le sol, le mur blanc éclaboussé de coulures dorées, le tapis taché. Il n'avait pas envie de s'excuser. Il se contenta de sourire :

— Je calerais bien une autre bière.

— Tu bois trop, dit le Prof en s'avançant vers le réfrigérateur.

Bon Dieu ! Qu'est-ce qui m'arrive ? J'ai un délinquant dans mon salon qui lance des bouteilles sur les murs et je lui apporte des munitions. Pourquoi faut-il qu'il ressemble à Tadzio ? Est-ce que je me prends pour Dick Bogarde ? Je suis fou. Je ne mourrai certainement pas à Venise. Je suis juste un client. Un client gentil, mais un client. Il ne m'aime pas plus que les autres. Qu'est-ce que je vais faire ? Je ne peux pas le voir toutes les semaines. Ça ne me plaît pas. Mais lui, je l'aime. Pourquoi est-ce que je suis si vieux ? Pourquoi est-ce que j'ai vingt-cinq ans de plus que lui ? Je peux bien lui parler de drogue, je ne vaux pas mieux.

— Merci, dit Grégoire en prenant la bouteille. Comme ça,

tu penses que t'as déjà vu le meurtrier?

— Je ne sais pas. C'est possible, c'est tout.

— T'as remarqué quelqu'un de bizarre au club?

— Non, pas vraiment.

— C'est plate, t'aurais pu aider Biscuit. Graham, je veux dire.

— Si je repense à quelque chose, je te le dirai. Ton cousin est de Québec?

Grégoire secoua la tête. Non, Frédéric venait de Montréal. Oui, il avait fugué.

Grégoire posa sa bouteille à moitié pleine sur la table du salon et se dirigea vers la sortie. Sans se retourner, il fit, du bout des doigts, un signe amical à son hôte. Un de ces gestes si gracieux, si aimables, si sincères, si «grégoriens» que le Prof réprima un gémissement.

Il prit la bouteille de Grégoire et but ce qui restait de bière en espérant connaître les pensées du prostitué, puis il entreprit de ramasser les éclats de verre. Il s'aperçut plus tard, bien plus tard, qu'il s'était agenouillé sur un tesson. Il n'avait rien senti, obsédé par la perfection de l'Adonis en veste de cuir. En épongeant son sang, il songea au jeune cousin de Grégoire. Était-il aussi beau que ce dernier? Aussi parfait?

* * *

Frédéric avait envie de pleurer depuis le matin. Il ne comprenait pas pourquoi Grégoire voulait le renvoyer chez lui. Ils s'entendaient si bien. Frédéric avait pourtant trouvé un petit boulot : il distribuait des circulaires après les heures scolaires. L'homme qui l'avait engagé ne se doutait pas qu'il avait fugué.

Était-ce une fugue? Retournerait-il un jour chez lui? Grégoire n'avait jamais retrouvé sa famille; officiellement, il vivait toujours avec sa mère, mais celle-ci s'était désintéressée du sort de son fils depuis longtemps. À l'école, quand on s'était inquiété de l'absence de Grégoire, elle avait prétendu qu'il avait rejoint son père à Montréal. Elle avait enfin la paix, Grégoire était si difficile ! Il avait été expulsé de plusieurs écoles de Québec et des environs pour trafic de drogue. Elle avait prétendu qu'il l'avait menacée. Elle ne voulait plus le voir.

— C'est vrai ? avait demandé Frédéric.

— J'ai même pas eu le temps de lui faire peur ; elle m'a sacré dehors assez vite. Tandis que toi...

Grégoire avait alors tenté de le convaincre de rentrer à Montréal. Que sa mère soit un peu déprimée n'était pas bien grave, il pouvait manger, aller à l'école, voir ses *chums* quand il le désirait. Il n'était pas obligé de gagner de l'argent avec un père médecin. Grégoire lui avait expliqué qu'ils n'auraient plus de logement le surlendemain et qu'il ne pouvait se charger de lui indéfiniment. Frédéric avait fini par le persuader de le garder encore une semaine.

Ce n'était pourtant pas l'envie de retourner à Montréal qui manquait à Frédéric. Il s'ennuyait de ses amis et même de sa sœur. Grégoire était si souvent absent. Il dormait jusqu'à midi, une heure et parfois deux heures, il jasait un peu avec lui, puis il partait travailler, le laissant seul à l'appartement. Frédéric sortait à son tour, se promenait dans le Quartier latin ou dans Saint-Jean-Baptiste, mais il connaissait maintenant les rues par cœur ! Ses après-midi étaient vraiment ennuyeux, car il ne pouvait dépenser tout son argent dans les arcades. Ce n'est pas qu'il aimât l'école, mais au moins il y avait Dan et Sébas. Et la prof d'anglais n'était pas si pire. Elle souriait tout le temps. Est-ce qu'elle s'était inquiétée de son absence ?

Il l'espérait. Ses parents ne devaient pas trop s'en faire, car il n'avait vu sa photo nulle part. Sans doute attendaient-ils tout simplement qu'il revienne. Mais s'il rentrait, il serait puni. On le mettrait probablement dans un centre pour délinquants.

Il ne savait pas quoi faire. Il n'avait personne à qui parler. Et il avait terriblement envie d'un pâté chinois ; sa mère le réussissait encore assez bien. Il était un peu tanné de manger des sandwiches, des hot-dogs et des frites. Il ne voulait pas avoir de boutons comme Tony Dérosiers. La nourriture devait être grasse dans les centres de redressement. Et il ne verrait plus Dan et Sébas.

Mais il ne les voyait pas non plus maintenant...

Il avait un peu peur aussi ; on avait trouvé deux cadavres de femmes depuis son arrivée à Québec. Pour se rassurer, il se répétait que le tueur ne s'en prenait qu'aux filles. Il avait pourtant rêvé la veille qu'un homme armé d'une grande scie le poursuivait au parc Jeanne-Mance.

Frédéric se demandait pourquoi le meurtrier découpait ses victimes ; la presse avait parlé de cannibalisme, mais il ne comprenait pas pour quelle raison le criminel gardait certains membres et dédaignait le reste du corps. Quand il raconterait ça à Dan et Sébas !

Frédéric tressaillit en entendant la sonnerie du téléphone. Durant une fraction de seconde, il lui sembla avoir entendu la voix d'Anouk criant «Laisse, c'est pour moi». Ce n'était ni pour elle, ni pour lui, ni pour Grégoire, mais pour leur hôte. Frédéric expliqua à son interlocuteur que ce dernier reviendrait bientôt à son appartement.

Où dormiraient-ils alors ? Grégoire affirmait qu'il y avait un centre pour les jeunes itinérants où on était discret, mais Frédéric redoutait d'y aller ; on ne l'accueillerait pas dans un asile de nuit sans poser de questions. Seulement, il n'avait pas tellement le choix.

* * *

— Tu n'as pas le choix, Graham, dit Rouaix.

— Je sais. Mais c'est une perte de temps ; je n'ai rien à dire de plus aux journalistes. On ne peut tout de même pas

96

leur demander de nous aider à trouver un borgne, non ?

Graham faisait allusion à l'œil de verre que Rouaix avait découvert dans la voiture. On avait mis du temps à le reconstituer, il y avait trop de colle et n'aurait jamais pu resservir, mais il indiquait peut-être que le tueur était borgne, qu'il avait perdu son œil dans sa lutte avec Josiane. On avait vérifié auprès des amis de Josiane, elle ne connaissait aucun borgne. Le patron de Sport 2000 non plus ; aucun de ses clients n'avait ce regard étrange à la Columbo. On avait donc cherché ailleurs. Dans les fichiers de la police où on n'avait rien trouvé, puis dans les dossiers médicaux. Mais on n'avait pas accès à tous les dossiers. Devait-on mettre une annonce et convoquer tous les borgnes de la ville et des environs ?

— Les gens ont vraiment peur.

— Moi aussi ! Toi aussi. Même Alain Gagnon est écœuré.

D'une voix éteinte, le médecin avait expliqué à l'enquêtrice que le tueur avait vraisemblablement prélevé les organes génitaux de la victime. Il ne restait plus grand-chose du corps, mais la manière dont on avait brisé les os du bassin ne laissait guère de doute : le tueur avait pris une main, un bras et un vagin.

— Qu'est-ce qu'il lui manque maintenant ?

Dès la découverte du corps de Josiane Girard, Graham et Rouaix avaient dessiné un corps de femme et avaient identifié les parties dont s'était déjà emparé l'assassin. Avec Mathilde Choquette, il avait quasiment complété son macabre casse-tête. Il lui manquait la tête et le tronc.

— À moins qu'il ne les ait pris à une autre ? avança Rouaix.

— Je pense plutôt qu'il va continuer. Il ne peut plus s'arrêter.

— Même quand il va avoir la tête ?

— Ça me paraît trop beau.

Beau. Elle venait de dire qu'elle apprécierait qu'on ait coupé le tronc d'une inconnue et que ce serait formidable si le criminel cessait de tuer dès qu'il posséderait une tête. On en arrivait à proférer des énormités quand on était dépassé par les événements. Et elle l'était. Comment composer avec un monstre ? Elle n'aimait pas cette créature qui la forçait à s'interroger sur la mort, une fois de plus. Elle aurait tant voulu faire son travail sans tout remettre en question à chaque nouveau meurtre. Les crimes du tueur en série étaient les plus horribles qu'elle avait vus dans sa carrière. Parce qu'il y avait torture et mutilation. Il serait pourtant inconcevable de conclure que les autres meurtres, par balle ou par strangulation ou d'un seul coup de poignard, étaient moins répréhensibles. Elle détestait l'idée que l'horreur des crimes commis par le tueur atténue l'atrocité des meurtres perpétrés par des assassins moins démonstratifs. Que l'apocalypse excuse la tragédie.

— Il faut l'amener à se découvrir avant qu'il tue de nouveau, déclara-t-elle à Rouaix.

— Peut-être que c'est déjà fait. Qu'on va trouver un autre cadavre. La neige fond à vue d'œil. Il l'aura caché dans un bois. À l'université ?

— Ou ailleurs. Ou nulle part. Il se prépare à recommencer, parce qu'il touche au but.

— Si son but est d'assembler un corps complet. Mais pourquoi, bordel, pourquoi ?

Graham remonta ses lunettes avant de répondre que des dizaines de psys se penchaient sur le cas de ce tueur. Qu'est-ce qui le poussait à reconstituer un corps de femme ?

— Je sais, fit Rouaix. Ils prétendent qu'il veut recréer sa mère. Mais je me demande comment. Il ne va pas coudre les bouts de bras et de jambes ensemble ? Il faudrait d'abord qu'il les conserve. Ça voudrait dire qu'il garde tous ces membres dans un immense congélateur en attendant d'avoir la totalité d'un corps ?

Graham regardait le grossier dessin du corps, les pointillés qui marquaient la cheville, frontière entre un membre volé à Josiane Girard et un autre à Muriel Danais.

— Un monstre réinventant un monstre.

— Frankenstein junior. On va se renseigner sur les ventes de congélateurs. Et sur les chambres froides.

— Des restaurants ? On a déjà enquêté sur les bouchers et leurs boucheries, sans succès.

— Je sais. Mais il faut bien que notre type garde les membres quelque part.

— Il travaillerait dans un restaurant et rangerait les morceaux dans la chambre froide ? Sans qu'un seul de ses collègues les remarque ? Ça n'a pas de bon sens, Rouaix. Il a simplement un congélateur. Il doit rester dans un bungalow ou un grand appartement où il y a assez de place pour un vingt pieds cubes. À moins que certains journalistes n'aient raison et que notre dessin ne serve à rien.

Rouaix grimaça ; le cannibalisme était une hypothèse plausible. Il se demandait comment il réagirait quand il serait en présence d'un anthropophage. Serait-il capable de le toucher ? Surmonterait-il sa peur et son dégoût ?

— Je ne peux pas croire que toutes ces femmes n'aient rien en commun sinon d'être blondes et seules, soupira Graham. Les journalistes vont nous massacrer.

— Tu es donc pessimiste !

— Oui, mais j'ai toujours raison.

Rouaix lui tendit son imperméable en lui expliquant que plusieurs journalistes cherchaient à les aider. Qu'il fallait en profiter.

— Ils ont la trouille, eux aussi. Ceux qui ont des femmes ou des filles.

— Ou des sœurs ou des mères. On verra... De toute manière, je vais laisser parler notre boss. Il aime ça plus que moi. Pourquoi est-ce qu'il m'oblige à l'accompagner ?

La salle de réunions était pleine à craquer ; les journalistes de Québec discutaient avec leurs confrères de Montréal, de Sherbrooke, d'Ottawa et de Toronto. Les meurtres en série fascinaient bien des lecteurs. Si on trouvait un autre corps, des reporters de tous les pays afflueraient dans la capitale. Les hôtels afficheraient complet. Ce macabre tourisme serait peut-être payant. Les édiles de Salem l'avaient bien compris ; les gens frémissaient en songeant qu'on avait condamné des innocentes. Ils pénétraient dans la salle du tribunal et imaginaient le juge, les jurés, les témoins accuser de pauvres filles. Ils frissonnaient de plaisir. C'était mieux que la maison des horreurs même s'il n'y avait pas d'effets spéciaux. Ils entendaient les cris des sorcières au bûcher et se disaient que certaines devaient revenir hanter la ville.

Les piqûres. Pourquoi le tueur avait-il piqué Josiane Girard, Muriel Danais, Diane Péloquin ? Alain Gagnon n'avait pu confirmer ce fait concernant Mathilde Choquette, car les chairs étaient décomposées, mais il avait dit à Graham que le meurtrier avait utilisé une sorte de poinçon pour marquer ses autres victimes. Signait-il ainsi ses crimes ? Si oui, pouvait-elle espérer qu'il les revendiquerait bientôt ? Il fallait le pousser, oh oui ! l'amener à se vanter de ses exploits, l'amener à parler de lui, à se découvrir.

Graham écouta son patron qui répétait que tous les policiers faisaient des heures supplémentaires afin d'élucider les crimes, qu'on étudiait le passé des victimes en espérant y trouver une réponse, qu'on avait revu les dossiers de centaines de criminels qui pourraient correspondre au vague signalement qu'avait donné un chauffeur de taxi, bref, qu'on faisait tout ce qu'on pouvait, mais on recommandait la prudence aux femmes. Elles ne devaient accorder leur confiance à personne. Le patron rappelait que plusieurs criminels avaient joué les handicapés ou les blessés pour tromper leurs victimes. C'était bien dommage pour les vrais infirmes, mais en attendant la capture du meurtrier, il fallait se méfier d'un homme qui vous aborderait avec un bras dans le plâtre ou clopinant et s'aidant d'une béquille. Le plâtre était peut-être faux. Il fallait aussi vous garder, mesdames, de sortir avec un homme que vous connaîtriez peu. Nouveau collègue de travail ? Nouveau voisin ? À éviter !

— Pour combien de temps ? demanda une femme. On va être obligées de s'enfermer combien de temps ? Et mon frère qui vient d'emménager dans un nouveau quartier : ça veut dire que ses voisines le fuiront ? On va tous se regarder comme des chiens de faïence ?

Le patron répondit que le criminel allait commettre une erreur. Que tous les policiers étaient sur les dents, prêts à intervenir, et que certaines informations, qu'il ne pouvait divulguer, avaient été très utiles aux enquêteurs. Graham pouvait en témoigner.

Elle eut envie d'étrangler son patron et d'expliquer qu'ils étaient moins avancés que jamais, mais elle répondit que le tueur des États était un monstre qu'elle arrêterait bientôt. Elle eut la joie de voir Robert Fecteau s'étouffer : était-elle devenue folle pour faire pareille promesse ?

— C'est un malade, renchérit-elle. Il est intelligent, mais il a peur des femmes, ce qui me donne un bon avantage sur lui.

— Comment ?

Graham éluda la question en rappelant que plusieurs psychiatres avaient affirmé que la psychose du tueur avait pour origine un grave problème face à sa mère. Il ne pouvait avoir de relations normales avec les femmes.

— Je suis une femme, dit Graham, et, représentant l'autorité, je peux faire figure de mère. Le tueur voudra se mesurer à moi, me prouver sa force. Je l'attends...

— Vous avez peur, inspectrice ?

— Pas autant que lui.

Elle mentait ; elle dormirait très mal. Elle n'imaginait pas qu'il s'attaque directement à elle, non, il ne la tuerait pas. Mais elle frissonnait en sachant qu'il penserait à elle, qu'il regarderait sa photo dans les journaux, qu'il l'épinglerait peut-être sur le mur de sa chambre, qu'elle l'obséderait, qu'elle pénétrerait ainsi dans sa folie. Elle ne sortirait pas indemne de cet univers ; on ne s'approche pas impunément des frontières du Mal, elle en était consciente. Mais elle n'avait pu s'empêcher de défier le tueur ; elle ne pouvait supporter d'être impuissante, ignorante. Elle lui montrait sa vulnérabilité pour l'obliger à faire de même.

Jeux de caméléons. Elle devait penser comme lui, il devait vivre dans sa peau. Enjeux d'espions.

— Je vous parie qu'il fera une erreur avant la fin du mois, déclara-t-elle aux journalistes.

Des flashes crépitèrent ; le tueur trouverait la photo de Graham dans tous les journaux de la province.

— Pourquoi ?

— Il se sent supérieur, de plus en plus fort. Trop fort. C'est toujours à ce moment, à ce point de rupture, que les tueurs se trompent. Il n'est pas différent de ses prédécesseurs.

— Quand tuera-t-il de nouveau ?

— Pas si vite. On ne peut répondre à cela, mais il a laissé des indices lors du meurtre de Josiane Girard qui nous permettent de croire qu'on en apprendra davantage à son sujet dans les jours qui viennent.

— Des indices ? Vous pourriez être plus précise ?

— Non.

Elle se tourna vers son patron, qui hésita une seconde avant d'ajouter que le fait de révéler plus de détails nuirait à l'enquête, mais il donnerait personnellement certaines informations aux journalistes au fur et à mesure qu'il le jugerait pertinent.

— C'est à nous de juger ! protesta Paul Darveau. Le public a le droit de savoir ! Qui est menacé ? Pas les flics, mais Madame Tout-le-Monde !

C'est vrai, il a raison. Il faut leur en dire plus. Une rumeur s'éleva, étourdit Graham. Elle secoua la tête : non, désolée, vous ne saurez rien.

Parce qu'on n'a rien à vous dire.

On avait tenté de retrouver le mystérieux client de Claude Brunet. On avait même interrogé discrètement les animateurs des stations de radio. On les avait enregistrés, on avait fait écouter les bandes au chauffeur de taxi ; il n'avait pas reconnu la voix de son client.

On avait évidemment scruté le passé des victimes, sans

découvrir de liens entre elles. Diane venait de Trois-Rivières, Muriel de Montréal, Josiane de Québec et Mathilde de Chicoutimi. Elles n'avaient pas le même âge, n'avaient pas fréquenté les mêmes écoles, ni les mêmes garçons, les mêmes restaurants, les mêmes clubs sportifs. Elles n'avaient pas été admises dans le même hôpital et n'avaient pas voyagé dans les mêmes pays. Elles ne dépensaient pas leurs salaires dans les mêmes boutiques, ni chez les mêmes dentistes, acupuncteurs, esthéticiennes ou coiffeurs. Elles travaillaient dans des secteurs différents et ne partageaient aucun hobby, n'appartenaient à aucun club philatélique ni ornithologique. Elles ne jouaient pas aux échecs, ni au scrabble ni aux cartes ; elles n'avaient jamais mis les pieds dans un casino. Une avait pris l'avion, une autre le bateau. On imaginait difficilement qu'elles se soient rencontrées dans un train entre Miami et Québec et que le tueur, également passager, ait décidé de les assassiner toutes les quatre. Toutes les cinq ! Il ne fallait pas oublier Lucy. Graham s'était souvenue la veille que Lucy était aussi le nom qu'on avait donné à un squelette datant de la préhistoire ; des hommes de science avaient analysé ses radius et ses humérus, ses tarses et ses métatarses pour découvrir quelle avait été sa vie. Ils savaient ce qu'elle avait mangé, où elle avait vécu, et supposaient qu'elle avait partagé sa vie avec un mâle et eu des enfants.

Contrairement aux victimes du tueur qui étaient célibataires et sans charge de famille.

Les clubs de rencontres ! Elle n'avait pas pensé aux clubs de rencontres, aux courriers, aux boîtes vocales ! Quelle imbécile !

Chapitre 6

Il regardait fixement la photo de Graham ; il aurait eu pitié de l'inspectrice s'il n'avait pas été aussi déçu. Il avait cru cette adversaire coriace, et voilà qu'elle parlait de ses erreurs ! Il n'en avait pas commis. Il le savait bien. Et puis ces insinuations sur sa peur des femmes. C'était vraiment trop simpliste.

Il relut tous les articles consacrés à Maud Graham. Trop de gens s'accordaient pour louer son intelligence. Ses résultats étaient concluants.

Il avait failli se faire piéger. Elle s'était montrée idiote pour endormir sa méfiance. C'est elle qui l'était alors ! Comme quoi on pouvait être bête et intelligent tout à la fois. Il avait toujours pensé cela de son père qui inventait des gadgets aussi utiles qu'amusants, mais qui était incapable de les vendre à des commanditaires. Sa mère s'était bien moquée de ses papiers adhésifs sans colle en disant que personne ne voudrait avoir des tas de bouts de papier sur son bureau, mais quand elle avait vu le succès des Notocollant, elle avait accusé son mari de ne pas avoir frappé à la bonne porte et de s'être fait voler son idée. Il se souvenait qu'elle avait eu envie de faire un procès à la compagnie 3M. À cette époque, elle parlait sans cesse de procès. Elle avait été citée comme témoin quand un médecin avait été accusé d'avoir commis une erreur médicale et cette expérience l'avait enchantée. Elle avait assisté à d'autres procès et en était revenue avec la conviction qu'il ne fallait pas se laisser marcher sur les pieds, qu'il fallait se défendre.

« Se défendre de quoi ? », avait dit son mari lors du divorce. Personne ne lui en voulait, pas même lui qui pensait qu'elle devait plutôt être aidée. Qu'elle devait rencontrer un psychologue. Il ne regrettait pas, cependant, qu'elle retourne vivre aux États-Unis. Quelques années plus tard, il avait été soulagé, vraiment soulagé, d'avoir aussi reconduit son fils à l'aéroport. Le ciel était bas et il avait craint qu'une tempête de neige ne retarde le départ de Montréal pour Miami. Il avait répété trois fois qu'il continuerait à envoyer de l'argent à sa femme tant que son fils resterait avec elle.

Il avait posté des mandats jusqu'à ce que Francine soit décapitée dans un accident d'auto.

Le tueur se souvenait toujours de l'enterrement avec colère. Il était injuste qu'un homme lui ait ravi sa mère si subitement, sans qu'il puisse intervenir : personne n'avait le droit de la lui prendre. Il aurait tué le chauffard qui avait fauché Francine si la police l'avait retrouvé. Mais la police de Miami n'était pas plus compétente que celle de Québec et on n'avait jamais arrêté l'ivrogne criminel.

Aux États-Unis, les enquêteurs aussi avaient parlé d'indices importants après la découverte du squelette de Lucy et du corps de Diane Péloquin. Et ils ne l'avaient pas arrêté. Ils ne l'avaient pas même soupçonné !

Graham mentait comme eux : elle ne savait rien sur lui.

Il avait envie de lui en apprendre davantage.

Le prochain cadavre serait instructif. Et l'amènerait à plus d'humilité.

Et tout d'abord, qu'est-ce qu'une femme faisait dans la police ? Graham avait confié à un journaliste qu'elle aurait aimé être assistante sociale ; bonne idée. Ou être infirmière si elle avait tant envie d'aider les gens. Voilà ce qu'elle aurait dû choisir. Elle aurait ressemblé à un ange. Comme sa mère. Il revoyait la coiffe qui couronnait ses beaux cheveux, l'uniforme blanc avec l'épinglette bleue, les lettres blanches

«Francine». Elle disait que les malades pensaient qu'elle venait d'Europe avec un nom si français. Elle ne les détrompait pas. N'avait-elle pas la grâce des mannequins parisiens ? Elle aurait pu faire carrière si elle ne s'était pas mariée, si elle n'avait pas eu un enfant. Elle avait été Miss !

Elle aurait bien voulu qu'il soit M. Univers. Mais il n'avait pas réussi à se classer au concours. Il avait développé sa musculature, ça oui, mais il n'y pouvait rien s'il avait des épaules en bouteille et des os menus. Il n'était pas Stallone.

Toutefois, il terrifiait une ville bien plus efficacement que ce M. Muscles. Et sans vraiment se servir de ses muscles. Oh, pour étrangler, peut-être, et encore... Il savait s'y prendre maintenant. Même sa prochaine victime, plus forte que les autres, ne saurait lui résister. Il se demandait simplement comment il l'attirerait à sa voiture.

Il ferait un numéro de charme.

Et il tuerait avant la fin du mois pour plaire à Graham. Ce serait à son tour de se croire supérieure. C'est elle qui ferait des erreurs. Pas lui. Quelle faute pouvait-il commettre ? Il avait répété la scène des dizaines de fois dans sa tête. Il l'avait même esquissée, comme une bande dessinée. Il s'en délectait à l'avance. Il devinait que les comédiens devaient éprouver la même excitation quand ils montaient sur les planches, quand ils jouaient la scène cent fois redite, quand ils faisaient exactement les gestes appris lors des répétitions. Il avait aiguisé ses outils et aurait été prêt à parier qu'il trancherait les chairs encore plus vite que d'habitude ; il avait acquis beaucoup d'adresse. Il avait toujours été très doué pour les travaux manuels. Il était fier du boulot exécuté sur Josiane Girard ; il savait par cœur les commentaires d'Alain Gagnon rapportés par un journaliste : du travail de professionnel. Il avait été flatté qu'on interroge médecins et bouchers, comparant ainsi son œuvre avec celles de ces hommes habilités par leurs métiers à sectionner des membres.

Il aimait le travail bien fait. Cette pauvre Graham serait ébahie !

* * *

Le jour n'en finissait pas de mourir, comme s'il avait décidé qu'il durerait aussi longtemps qu'en juin. Le soleil avait tant brillé que les immeubles, les arbres, les pelouses délavées par la fonte des neiges gardaient sa lumière. L'air était doré, léger, affable et les sizerins qui gazouillaient dans l'érable semblaient inviter Graham à profiter de la douceur du crépuscule.

Elle ouvrit sa fenêtre et Léo se glissa à travers l'ouverture dans le vague espoir d'attraper un de ces petits oiseaux si énervants. Graham le regardait s'avancer vers une mésange sans s'inquiéter pour celle-ci ; son chat était trop lent pour réussir à la croquer. Elle se demandait même s'il avait une bonne vue : quand elle déposait un morceau de viande dans son assiette, elle devait parfois lui mettre le museau dessus pour qu'il le mange. Comme s'il avait été presbyte et privé d'odorat subitement. Comment expliquer alors ses cris déchirants quand elle rapportait un poulet barbecue ?

Léo rampa vers son but, puis s'immobilisa. Pas un poil de sa fourrure grise ne frémissait. Respirait-il encore ? Il ressemblait aux sculptures qui ornent l'entrée de certains temples asiatiques. Est-ce que le tueur se changeait en statue de sel pour tromper la vigilance de ses victimes ? Comment réussissait-il à les piéger ? La mésange pépia, Graham devina que les pupilles de Léo se dilataient. Il s'élança. L'oiseau s'envola. Il avait plus de chances que les femmes.

La brise souleva les cheveux de Graham. Elle les lissa. Devait-elle les faire couper ? Yves trouvait que les cheveux courts lui allaient bien. Elle les gardait mi-longs depuis qu'il l'avait quittée. Elle en parlerait à Grégoire. Il avait téléphoné, dix minutes plus tôt, pour lui dire qu'il passerait prendre l'écharpe oubliée lors de sa précédente visite. Elle avait eu envie de la laver et de la repasser, mais elle avait eu un doute : peut-être que c'était la mode de la porter fripée et que Grégoire serait furieux de son initiative. Le fils de Rouaix était si précis quand il s'agissait de vêtements ! Il fallait tel blouson, telles chaussures, tel jean pour être admis dans telle ou telle bande. Rouaix soupirait en sortant sa carte de crédit et se plaignait qu'il coûtait plus cher d'habiller un adolescent qu'un adulte, mais il ne refusait pas le vêtement convoité si son fils lui présentait un bulletin satisfaisant. Même s'il trouvait que suivre la mode était un manque de personnalité. Il aurait aimé que Martin se démarque de ses copains, qu'il ait des projets, un but, un désir d'avenir. Graham le savait bien. Il lui avait confié ses craintes concernant Martin, qui n'avait aucune passion particulière. Il aimait le hockey, mais ne se serait jamais imposé un entraînement pour en faire une carrière ; il aimait la musique, mais préférait l'écouter allongé par terre dans le sous-sol plutôt qu'apprendre à jouer d'un instrument ; il était doué pour le dessin, mais passait des heures à tapoter le clavier d'un ordinateur pour créer des images de synthèse qui représentaient invariablement des robots, des vaisseaux spatiaux, des planètes impossibles.

— C'est tout ce qui l'intéresse : la bande dessinée, ses maquettes d'avions et ses robots ! gémissait Rouaix. On dirait qu'il retombe en enfance.

Martin ne se droguait pas, ne buvait pas, répondait alors Graham pour rassurer son collègue. C'était un garçon chaleureux, bien élevé, il ferait sûrement quelque chose dans la vie.

En fait, l'insouciance de Martin l'agaçait un peu ; elle ne pouvait s'empêcher de comparer son univers à celui de Grégoire. Il aurait fallu qu'il vive une journée dans la peau du prostitué pour comprendre sa chance d'être né dans une bonne famille. Elle grimaça, mécontente de son prêchi-prêcha : Martin était un adolescent semblable à tous les adolescents du monde. Il critiquait ses parents et leur style de vie avec l'enthousiasme propre à son âge. Il était simplement normal.

N'empêche, il n'avait qu'à ouvrir le réfrigérateur et se

servir quand il avait faim. Sa mère veillait à le remplir.

Est-ce que Grégoire aurait faim ? Graham referma la fenê-tre après avoir vainement appelé Léo et poussa la porte battante de la cuisine. Elle avait acheté des *panzaretti* chez un traiteur italien ainsi que des pâtes aux épinards et du pesto. Son jeune ami se laisserait peut-être tenter. Il était tard pour souper, dix heures et demie, mais ils n'avaient ni l'un ni l'autre d'horaire régulier. Graham mit de l'eau à bouillir. Tandis qu'elle attendait que l'eau frémisse, elle songea à Mathilde Choquette et à Josiane Girard. Elle avait plus d'informations sur elles que sur les autres victimes, puisqu'elles avaient vécu à Québec. Plusieurs personnes avaient témoigné à leur sujet et Graham avait une excellente idée de leur existence. Elle avait rencontré leurs proches, connaissait leurs goûts, leurs manies, leurs espoirs. Et aucune amie de ces deux femmes n'avait pu dire à Graham si Josiane ou Mathilde avaient fréquenté un club pour célibataires. Les journaux n'avaient pas publié la prose de l'une ou de l'autre, mais elles pouvaient avoir répondu à une annonce. Et rencontré un borgne.

Quel genre d'annonce pouvait écrire un tueur en série ? Graham avait consulté des pages remplies d'« homme cherchant femme » dans le journal *Voir* des six derniers mois. Comment deviner s'il y avait un assassin parmi ces gros minets désirant ronronner avec de jolies chattes, ces non-fumeurs aimant la nature et le cinéma, ces sosies de James Dean rêvant de traverser l'Amérique, ces hommes qui repoussaient les obèses, ces « professionnels » souhaitant dresser une fille dans un climat de respect, ces pères à temps partiel offrant un week-end sur deux en tête-à-tête ?

Trois annonces seulement l'avaient touchée ou amusée. Elle s'était dit qu'il était bien trop tard pour répondre au numéro 1247. Elle resterait vieille fille. Qui voudrait d'une enquêtrice de quarante ans ? Léa Boyer lui affirmait que bien des hommes l'admiraient, mais elle ne la croyait pas. Léa jurait que ses collègues l'avaient trouvée fascinante quand ils l'avaient vue au journal télévisé après la découverte des deux corps. Léa disait qu'elle avait une si belle peau, si fine, si claire, de si beaux yeux, de si beaux cheveux. Léa ne pensait pas qu'elle devait les couper. Léa lui avait offert des lentilles cornéennes pour son anniversaire. Léa était sa meilleure amie.

Graham se sentit coupable de ne pas avoir fait davantage d'efforts pour s'habituer à ses lentilles correctrices. Elle les porterait ce soir et s'obligerait à les mettre tous les jours durant au moins trois heures. Et à l'anniversaire de Léa, le 23 mai, elle y serait parfaitement accoutumée.

Le 23 mai. Aurait-elle arrêté le tueur à cette date ?

Elle ouvrit et ferma les yeux plusieurs fois, pleura un peu ; les lentilles l'irritaient déjà. Elle les garderait pourtant. Elle finirait bien par les oublier.

Quand Grégoire sonna à sa porte, elle résistait à l'envie de se frotter les yeux, mais il la complimenta aussitôt en disant qu'elle avait raison de se décider à porter des lentilles, qu'on n'attrape pas les hommes sans montrer ce qu'on a de bien.

— Moi, je tortille toujours mon petit cul.

— As-tu faim ?

— Je sais pas. Toi ?

— Un peu. J'ai des fettuccine. Avec de la sauce au basilic. Mais j'ai aussi du jambon. On peut se faire un sandwich.

— T'as toujours du jambon, hein, Biscuit ?

— C'est pratique.

— Et Léo aime ça ? Il est pas là ?

— Il joue dehors. Il va peut-être capturer une souris d'ici un an ou deux. Il n'est pas très doué.

— C'est pas un tueur, certain. Je t'ai vue à la télévision.

— Il y a une télévision où tu habites ?

Grégoire expliqua qu'il habitait toujours rue Ferland, mais qu'il s'en irait le surlendemain. Avec son cousin.

— Il est toujours avec toi ? Ça fait longtemps, tu ne trouves pas ?

— C'est ce que je lui dis. Mais il est obstiné. Je le garde encore une semaine, après je le retourne chez lui. Je pense que je vais t'aider, sinon on va manger notre spaghetti pour déjeuner demain matin.

Graham, médusée, découvrit que Grégoire était très efficace dans une cuisine. Tandis que les pâtes cuisaient, il fouillait dans le réfrigérateur. Il trouva une laitue frisée, une tomate, du persil, un demi-citron. Il disposa les feuilles joliment, coupa d'une main assurée des quartiers de tomate qu'il arrosa de jus de citron et d'huile d'olive. Il hacha le persil finement, en saupoudra les assiettes, tout en parlant de Frédéric à son amie. Il veillait à ne jamais le nommer.

— Il faut que je le surveille. Il est si innocent ! Il se fait cruiser sans s'en rendre compte. Le gros Pelletier s'est essayé dans les arcades. Comment ça que vous l'avez pas encore arrêté ?

— Manque de preuves. Tu le sais. Tu ne veux pas témoigner. Les autres non plus.

Grégoire faillit protester, mais se ravisa ; il préférait changer de sujet. Il n'irait jamais faire une déposition en Cour. Il ne prendrait pas le risque de retourner en dedans. Graham lui répétait qu'il était une victime de Pelletier, mais il savait qu'on n'aurait aucune pitié pour une petite tapette qui vendait son cul : on lui poserait trop de questions et ses réponses lui nuiraient. On arrêterait peut-être le pédophile, mais lui aussi. Biscuit jurait que non, mais elle devait se tromper parfois.

— As-tu peur que le tueur décapite quelqu'un bientôt, Biscuit ?

— C'est Maud, mon prénom, dit-elle pour la millième fois en songeant que leur complicité s'évanouirait le jour où Grégoire l'appellerait ainsi.

— Oui, je sais. Les journalistes ont écrit que tu te vantais en disant qu'il ferait une erreur et que tu le piégerais. T'as fait exprès ?

— Oui. C'est si évident ?

Elle était déçue; si Grégoire décelait la ruse, le tueur en ferait autant.

— Je te connais, Biscuit, expliqua Grégoire. Je sais que tu te vantes pas. Mais lui, il le sait pas. Il va marcher dans ta combine.

— De toute manière, j'étais prête à dire n'importe quoi pour qu'il réagisse. On ne peut pas attendre les bras croisés sans rien faire.

— Vous avancez pas ?

— Non.

Elle repoussa son assiette. Elle n'avait plus faim.

— Mange pareil, fit Grégoire. Pour une fois que c'est pas un sandwich.

Elle piqua un quartier de tomate pour ne pas le vexer, lui sourit :

— C'est vrai. J'ignorais que tu te débrouillais aussi bien en cuisine ?

— Mon père était cook. Je l'aidais au restaurant quand j'étais petit.

— C'est vraiment bon.

Il protesta ; ce n'était qu'une petite salade. Il n'aimait pas tant que ça faire la cuisine. Et surtout, il ne voulait pas ressembler à son père. Elle aimerait lui dire, plus tard, qu'il ne devait pas se priver d'un avenir par crainte du passé. Il pouvait faire autre chose que vendre son corps. Elle l'avait toujours su, mais n'avait pas d'arguments pour le lui démontrer. Elle sèmerait l'idée d'un travail dans un restaurant. Elle demanderait à Enzo de l'aider à trouver quelque chose.

Et Grégoire refuserait. Il dirait qu'il était habitué à faire de l'argent. Et elle le persuaderait d'essayer. Dans quelques mois, quand ils seraient plus intimes. Elle ne pouvait pas encore lui parler de ses parents ou critiquer sa manière de vivre. Elle se permettait seulement de le prier de renoncer à la drogue. Il avait diminué les quantités et il n'en vendait plus. C'était déjà beaucoup. Elle espérait qu'il mettait des préservatifs comme elle le lui avait conseillé, mais elle n'osait pas le lui demander. Elle aurait pourtant dû lui dire qu'elle tenait à lui ; elle se le reprocherait quand il serait reparti. Mais elle ne savait pas exprimer ses sentiments. Elle ne l'avait jamais su. Yves en avait été dérouté ; il s'attendait à ce que toutes les femmes s'épanchent. Au début, il avait apprécié sa réserve. À la fin, il lui reprochait son silence. Il la taxait même d'hypocrisie, ou tout au moins de dissimulation : que taisait-elle ainsi ?

Une peur atroce qu'il ne la quitte. Pouvait-elle lui dire qu'elle redoutait terriblement la rupture, puis la solitude ? Yves aurait cru qu'elle s'accrochait à lui et il aurait fui encore plus vite. Elle était prête à tant de concessions pour rester avec lui ; une telle disponibilité l'aurait effaré s'il l'avait su. Et elle était absolument incapable de lui exprimer qu'il y avait une grande liberté dans cette sujétion. Elle-même concevait mal que ses convictions féministes s'accommodent de cette idée. Mais le fait est qu'elle aurait souvent eu envie de laisser Yves tout décider et qu'elle devait se faire violence pour donner son opinion, pour ne pas se fondre en lui, ne pas perdre son identité, demeurer indépendante. C'était pourtant sa nature ; alors ? Elle pensait que c'était parce qu'elle rentrait épuisée du bureau où elle devait toujours tout prévoir, tout juger, tout évaluer. Et sans se tromper. Parce que l'erreur pouvait être fatale.

Yves l'aimait autonome. Et elle l'était, d'une certaine manière. S'il s'agissait de son travail, par exemple. Oui, elle oubliait Yves quand elle était sur une affaire. Non, elle n'aurait pas sacrifié une soirée avec un indic pour souper avec son *chum*. Peut-être que son travail avait autant d'importance que son amour. Non, tout de même pas ; elle ne pensait pas qu'à son boulot quand elle sortait avec Yves. Et elle avait été atrocement malheureuse quand il l'avait quittée. Mais elle n'avait jamais perdu son travail ; comment réagirait-elle si on la virait ? Ne se sentirait-elle pas aussi démunie, aussi diminuée, aussi rejetée ? Nulle, laide, stupide, grosse, triste et bête ? Il y a des chômeurs qui finissent par se suicider.

— À quoi tu penses, Biscuit ?

— À moi. Je me fais peur. J'essaye d'imaginer que je perds ma job pour me consoler d'être toute seule. C'est drôle, non ?

— Non. Je vais te raconter quelque chose pour te changer les idées.

Grégoire débarrassa les assiettes en lui parlant des moulages qu'exécutait autrefois le Prof. Des sexes en or, en argent, en bronze.

— Il faut être prétentieux en crisse pour vouloir une copie de sa queue !

Graham hocha la tête, tentant de se figurer l'atelier du Prof où s'amoncelaient les moulages des sexes.

— Ton Prof, il n'en fait plus ? Il ne fait plus de sculpture ?

— Oui, mais pas des sexes. Il fait des choses bizarres. Des bouts de métal collés sur des grillages avec des clous ou de la corde. Il en a suspendu dans son salon. Ça ressemble à rien, mais j'aime ça ses mobiles. Je les trouve vraiment beaux. Il était content que je lui dise. C'est vrai que c'est pas n'importe qui qui doit tripper là-dessus. C'est tellement flyé. Il en fume du bon !

— Avec toi ?

Grégoire éclata d'un rire enfantin, content de sa plaisanterie :

— C'est une manière de parler. C'est un gars sérieux. Il pense la même affaire que toi de la dope. Il est très en forme, très sportif. Il s'alimente super-bien. Il doit pas boire plus qu'une bière par semaine. Je suis son seul vice...

Il souriait encore, mais les commissures des lèvres s'étaient affaissées et il défiait Graham du regard. Elle lui demanda quel âge avait son client.

— C'est dur à dire ; il s'entretient.

— Est-ce que vous avez reparlé des meurtres ?

— Oui. Il pense que le tueur va recommencer. Mais tout le monde s'y attend. C'est capoté, cette histoire-là.

Graham approuva : pour être dément, ça l'était. Au lieu de

se barricader chez eux, les gens étaient portés à se réunir. Un comité de citoyens s'était constitué pour amasser la somme d'une récompense destinée à quiconque donnerait des informations susceptibles d'entraîner l'arrestation du criminel. Des patrouilles formées d'amateurs arpentaient les rues de Québec, et curieusement, avec la peur qui étreignait les habitants, régnait une sorte d'excitation presque joyeuse. Chacun voulait participer à cette gigantesque chasse à l'homme. On discutait partout, avec n'importe qui, au supermarché, chez le coiffeur, à la Société des alcools, au dépanneur, à la pharmacie. Québec était devenue un gros village où chacun parlait à son voisin comme s'il le connaissait. On savait qu'il y avait un ver dans le fruit, mais le ver ne pouvait être ce voisin, on l'aurait deviné.

— Le Prof, il pense qu'il a peut-être vu le tueur.

— Quoi ?

— Il s'entraîne au même club que Josiane Girard.

Graham fut déçue. Elle avait espéré... Quoi, au juste ? Que Grégoire lui livre le nom du coupable sur un plateau d'argent ? Elle comptait trop sur lui. Parce qu'elle voulait lui donner de l'importance. Qu'il se sente indispensable, précieux, rare.

— Ton Prof n'a rien dit de plus précis ?

— Il pense que le tueur doit être mignon pour attirer si facilement les femmes. Il va ouvrir les yeux la prochaine fois, ça ne le fatiguera pas de regarder plus attentivement les gars ! Même s'il aime mieux les jeunes comme moi.

— Le meurtrier doit avoir autour de trente ans.

— Es-tu capable de l'imaginer ?

Graham secoua la tête, mais murmura tout de suite après qu'il devait être blond, musclé, de taille moyenne et même petit.

— Petit ? Vous avez dit le contraire au début.

— Oui, c'était à cause des traces de pas. Du 14. Mais il peut avoir changé de chaussures pour nous tromper. Il est terriblement habile : pas d'empreintes. On a trouvé des cheveux dans la voiture de Josiane Girard, mais il paraît qu'elle donnait des lifts à tous ses amis. Tu sais, on se méfie moins d'un homme de petite taille quand on est une femme. Tu as l'impression d'être à égalité, d'être aussi forte. Surtout pour une fille comme Josiane qui s'entraînait régulièrement ; elle ne craignait pas son assassin, sinon elle ne l'aurait pas suivi si aisément.

Aisément. Elle eut une pensée fugitive pour Alain Gagnon. Qu'est-ce qu'il avait fait mardi soir ? Elle l'avait croisé dans un couloir de la centrale et lui avait offert un café, mais il avait un rendez-vous. Il avait pris un ton énigmatique. Elle s'était demandé si ce rendez-vous était en rapport avec son enquête, puis elle s'était trouvée stupide. Qu'est-ce que le médecin pouvait lui cacher ? Dans quel but ? Il s'était toujours montré coopératif. Alors, où allait-il ? Avec qui ? Elle eut honte de sa curiosité.

— Qu'est-ce que tu as ? questionna Grégoire.

— Rien.

Il se renfrogna, alla chercher une bière sans en offrir à son hôtesse.

— C'est rien pour de vrai, Grégoire. C'est juste que je m'interrogeais à propos d'Alain Gagnon.

— Le légiste ?

— Tu te souviens de lui ? Tu l'as vu rien qu'une fois.

— Son nom était écrit dans le journal. Il trippe sur toi ?

Elle bafouilla que non, certainement pas, il était beaucoup plus jeune et avait des rendez-vous tous les soirs.

— Ah ? J'aurais pensé le contraire. Il te regardait d'une drôle de manière la fois que je l'ai vu avec toi.

Elle avait envie que son ami s'explique, mais elle était trop timide pour lui confier qu'elle aimait penser, même si c'était idiot, qu'un homme pouvait la désirer. Grégoire devait le deviner, car il observa un long silence avant de reparler du tueur :

— Le Prof dit qu'il doit être très intelligent.

— Ton Prof a raison. Tu le rencontres souvent ?

— Une fois par semaine. Moi, je pourrais le voir plus, c'est lui qui veut pas. Je sais pas pourquoi ; il trippe sur moi en câlice ! Et c'est pas une question d'argent. Il fait du bacon avec ses mobiles ; c'est pas tout le monde qui aime ça, mais ceux qui aiment sont prêts à payer cher. Non, on dirait qu'il est fâché de tripper sur moi. Mais je l'ai pas forcé... C'est pas de ma faute s'il peut pas me résister plus qu'une semaine. Il est fin, tu sais. Il est pas exigeant. La dernière fois, il voulait juste qu'on dorme ensemble. J'ai dit non. À cause de mon cousin.

— Pourquoi ton cousin s'est chicané avec ses parents ?

— Je sais pas trop, mais sa mère est sur les pilules, son père est insignifiant. Un médecin qui pense juste à ramasser du cash. Mais ils le battent pas et il peut manger ce qu'il veut. Puis personne l'achale pour le pogner dans un coin...

— Voudrais-tu que je parle avec une assistante sociale ? Elle pourrait rencontrer ses parents...

— Es-tu folle ?

— Il va bien falloir qu'il se passe quelque chose, non ?

— Il veut pas se séparer de moi, je suis son héros, tu comprends ?

Grégoire ne voulait pas non plus quitter Frédéric ; il aimait tant l'image que lui renvoyait l'adolescent. Il était si fier de penser qu'il l'avait sauvé.

— Où allez-vous rester cette semaine ?

— Le Prof va me prêter les clés de son atelier. Il dit qu'il a pas le temps d'y aller les prochaines semaines.

— Pourquoi ?

— À cause de la fin de la session. Il a trop d'ouvrage. Trop d'examens à corriger.

— Ton Prof, il est vraiment cool. Où est son atelier de sculpteur ?

— Je sais pas. On est censés se voir mercredi.

— Qu'est-ce qu'il veut en échange ?

Quelle importance ? Le Prof ne dépasserait jamais certaines limites, celles que Grégoire avait atteintes avec son oncle quand il avait douze ans. On ne pouvait faire pire. Il n'avait plus peur de rien maintenant. Il déglutit, ce goût amer, toujours, qui revenait quand il pensait à ses viols. Qu'est-ce qu'il avait fait pour mériter ça ? Il avait cherché si longtemps quelle faute il avait commise. Il devait être mauvais pour que sa mère le jette à la rue. Frédéric et Graham semblaient pourtant penser le contraire. Le Prof aussi. Il lui avait offert de lui montrer à dessiner.

— Ça me servira pas tellement avec mes clients, avait-il répondu.

— Tu ne te prostitueras pas toute ta vie.

— Non, bientôt je vais être trop vieux. J'ai quasiment dix-sept ans.

— Ce n'est pas ce que je voulais dire. Tu vas faire autre chose. Tu es intelligent.

Il avait ri. Confié qu'une couple de professeurs lui avaient dit la même chose à la polyvalente, mais ça n'avait pas donné de grands résultats.

— Tu verras que j'ai raison.

— Je retournerai pas aux études, te fatigue pas. Je prendrai pas des cours privés non plus !

Le Professeur avait acquiescé. Il n'avait pas l'intention de le forcer à quoi que ce soit, mais il avait le droit de le trouver intelligent.

Grégoire posa sa bouteille vide sur le comptoir, prit son écharpe :

— J'y vais, Biscuit. Mon cousin m'attend.

— Ton Prof, est-ce qu'il accepterait de me rencontrer ?

— Pourquoi ?

— Il a l'air observateur. Peut-être qu'il pourrait se souvenir d'un détail qu'il aurait perçu au club de sport et qui m'aiderait ?

— Je sais pas. Il va avoir peur de toi. À cause de moi. Je suis mineur.

— Tu es capable de lui faire comprendre que je me mêle de mes affaires, non ?

— Je peux pas dire le contraire... Mais tu sais que je disparaîtrais pour un bout de temps si tu m'achalais.

Graham eut un sourire triste; leur complicité était si fragile.

— Dis bonjour à Léo pour moi, murmura Grégoire en refermant la porte derrière lui. Je te rappelle si le Prof veut te voir.

Elle entendit ensuite un « merci pour le souper ».

Elle décida qu'elle verrait ce Prof coûte que coûte. Grégoire semblait l'estimer, mais elle n'attendrait pas qu'il vienne à elle spontanément. Elle le retrouverait à l'université ou dans un cégep. Il ne pouvait y avoir des dizaines d'enseignants marqués d'une tache de vin. Elle s'entretiendrait avec lui sur le tueur. S'il en savait plus qu'il ne l'avait dit à Grégoire ? S'il soupçonnait un des membres du club ? Oui, elle le verrait dès demain. Elle ouvrit la fenêtre pour appeler son chat, qui daigna enfin revenir. Son poil était frais, il sentait la nuit, son mystère. Graham enfouit son visage dans le ventre de Léo comme pour s'approprier son odeur fauve. Elle pensa à *La féline* et envia Nastassja Kinski de pouvoir se transformer en panthère. Les panthères ne doivent pas avoir peur très souvent.

L'angoisse la tint longtemps éveillée après qu'elle eut éteint sa lampe de chevet; comment pouvait-elle empêcher le tueur de commettre un nouveau crime ? Les notes d'enquête tourbillonnaient dans sa tête comme un manège, elle revoyait les dossiers des victimes, tous les points de comparaison qu'elle avait établis avec l'aide de Rouaix et des autres enquêteurs, tous les témoignages, des dizaines et des dizaines de feuilles, des croquis même, des plans des corps avec des coupes, des photos des auteurs de crimes sexuels qui avaient purgé les deux tiers de leur peine, les rapports d'autopsies, tout cela voltigeait dans une ronde infernale.

C'était le tueur qui menait le bal.

Elle rêva d'un mobile où tous les dossiers de l'enquête étaient piqués de tiges ensanglantées, comme si les victimes décrites dans ces dossiers y dormaient réellement et avaient été empalées. Les fils de fer qui retenaient les documents gémissaient si fort qu'elle s'éveilla.

Elle avait mal refermé sa fenêtre qui grinçait, malmenée par le vent.

* * *

Maud Graham buvait son café en regardant un passant courir derrière son chapeau. Les bourrasques étaient si violentes qu'on avait oublié la douceur des jours précédents. Une pluie froide, cinglante repoussait le printemps et attristait la ville. Les habitants parlaient avec autant d'acrimonie de ce méchant temps que de l'enquête qui ne progressait pas. Leurs propos se déversaient sur les ondes des stations de radio. Un auditeur avait proposé un slogan : « Police-Printemps, même combat : on n'arrive jamais à temps, on n'y arrive pas. »

Le café aussi était amer, mais Graham le but distraitement ; elle répétait ce qu'elle dirait à son patron. Robert Fecteau était d'une humeur si hargneuse qu'ils ne seraient pas trop de deux pour l'affronter, même si elle savait que sa colère serait dirigée contre elle. Rouaix n'avait pas commis l'erreur de faire des déclarations aux journalistes.

Elle tenta de joindre à l'université la secrétaire qui l'avait aidée quand elle cherchait le détrousseur de vieilles dames, mais Sophie Labrie n'était pas encore à son poste. Il était tout juste huit heures trente. Graham était arrivée depuis deux heures. Une télécopie de New York l'attendait. On avait découvert dans une poubelle, un an auparavant, un demi-corps : abdomen, fesses, jambes et pieds. On n'avait jamais trouvé l'autre moitié, ni l'identité de la victime de cette boucherie. On supposait, comme Graham, que l'auteur pouvait être le tueur des États qui commençait à être connu sous le nom du Collectionneur, ainsi que l'avait baptisé Paul Darveau.

Où trouverait-il la tête ?

— Il me semble qu'il ne peut pas choisir n'importe quel crâne, dit Graham à Rouaix quand il poussa la porte du bureau.

— J'y ai pensé aussi. Il faut que ce soit l'apothéose, puisqu'il aura ainsi un corps entier. Quelle tête le couronnerait ? Une blonde, évidemment. Il n'a tué que des blondes. Il y en a des milliers à Québec, même si Nicole m'a dit hier soir qu'elle était contente d'être revenue à sa couleur naturelle. Il doit y avoir d'autres femmes qui ont fait pareil.

— Sûr. Il n'y a presque plus de teintures sombres dans les pharmacies.

— Mais quelle blonde choisira-t-il ?

— Il n'y en a pas une qui aurait attiré l'attention récemment ? Une vedette ? Une sportive ?

Rouaix secoua son imperméable. Non, il ne voyait personne, mais il ne suivait pas tellement l'activité artistique.

— On devrait demander à Nicole. Elle lit parfois les petits journaux.

— Appelle-la. Il faut qu'on ait quelque chose à dire à Fecteau. Réunion dans trente minutes.

Nicole Rouaix dit qu'elle réfléchirait. Une blonde ? Non, elle ne devinait pas de qui il s'agissait.

Elle rappela cinq minutes plus tard : un mannequin devait arriver à Québec durant la fin de semaine pour faire la promotion d'un parfum. Elle était si blonde qu'on la surnommait Honey.

— Je vais téléphoner à Lizotte pour en savoir plus, fit Rouaix. Il sait être discret.

— Tu penses ?

— On va lui promettre le scoop.

Graham, elle, rejoignit Sophie Labrie, qui devina tout de suite de quel homme il s'agissait.

— Il n'est pas du tout professeur de dessin. C'est l'inverse : il prend des cours en histoire de l'art. François Berger est technicien en informatique. Il est très calé. Mais je sais qu'il est aussi sculpteur.

Elle donna ses coordonnées à Graham après que celle-ci lui eut juré qu'elle voulait simplement parler avec lui.

— Il est vraiment gentil. Et drôle. Tout le monde l'aime, il a un charme fou, malgré sa tache de vin.

Graham décida qu'elle lui rendrait visite après la réunion. Elle n'avait pas envie que Grégoire ait le temps de lui parler d'elle. Comme il se levait vers midi, elle aurait le loisir de voir le Prof juste avant.

Il habitait rue Preston et Graham regretta qu'il ne demeure pas à Orsainville ou Bernières; elle aurait aimé conduire plus longtemps. Elle était si énervée : Fecteau l'avait blâmée comme elle s'y attendait, et elle n'avait rien eu à rétorquer, car son supérieur avait raison.

Elle sonna trois fois à la porte du Prof sans obtenir de réponse. Elle hésita avant de sortir son passe-partout, mais personne ne la verrait pénétrer chez lui. Elle poussa la porte lentement, s'avança vers le salon où elle reconnut le mobile dont lui avait parlé Grégoire. Elle se rappela son cauchemar, mais elle admit que l'œuvre était puissante. Le Prof avait choisi du verre et plusieurs métaux différents, de l'aluminium, du bronze, du fer, certains brillaient, d'autres étaient oxydés. Il y avait même des morceaux de moustiquaire froissés et peints en blanc, et bien que la sculpture fût abstraite, Graham y vit un formidable insecte, prêt à s'envoler vers d'étranges galaxies. Elle fit le tour des pièces, revint vers la chambre, s'approcha du bureau. Elle ignorait ce qu'elle cherchait et se détestait d'être entrée ainsi chez un inconnu, mais elle craignait pour Grégoire. Elle avait besoin de preuves pour étayer son impression.

Impression qui se modifia rapidement quand elle consulta un carnet d'adresses; les pages étaient pleines d'une belle écriture ronde, soignée. Il y avait autant de noms féminins que masculins, une liste de restaurants à la fin, ainsi que des adresses de lieux gais de Montréal, Paris, Londres et Rome. François Berger semblait vivre naturellement son homosexualité. Elle n'eut même pas à chercher des revues pornographiques, elles traînaient dans sa bibliothèque comme si le Prof se souciait peu qu'on connaisse ses goûts pour les beaux garçons. Les photos étaient souriantes : aucune ne contenait de scène sadique. Elle sortit de la chambre, visita la cuisine, ouvrit le réfrigérateur : Grégoire avait raison, son client prenait soin de lui. Que des légumes et des fruits frais, un poulet cuit, des fromages, une quiche aux poireaux. Et plusieurs flacons de vitamines. Dans le salon, elle admira deux fusains et une sanguine hyperréalistes qui représentaient des hommes nus et s'aperçut qu'ils la troublaient. Elle se pencha pour les voir de plus près, les dessins étaient signés F. Berger. Il n'était pas professeur, mais un élève de talent.

Les murs de la pièce étaient crème, les plinthes iris et noir, les meubles de bois et de velours, et Graham ne put s'empêcher de penser qu'elle aimerait vivre dans un endroit qui respirait autant l'harmonie. François Berger n'était sûrement pas aussi riche que le croyait Grégoire, mais elle comprenait qu'il se soit trompé sur ce point : l'appartement était si douillet qu'il semblait cossu. Elle songea aux maisons de la Nouvelle-Angleterre, coquettes, agrémentées des mille petits détails qui font le vrai confort.

Elle ne se trouvait pas chez un tueur, même organisé ; ces psychopathes pouvaient donner le change en société, mais ils ne continuaient certainement pas à jouer ce rôle en privé. Aucun indice ne permettait de croire que le Prof était déséquilibré. Bien au contraire. Elle quittait l'appartement avec un sentiment de malaise, mécontente d'avoir violé l'intimité d'un étranger, quand une lueur bleutée provenant d'une des pièces du mobile attira son attention. Elle s'approcha et vit que le morceau de moustiquaire contenait des billes.

Non. Des yeux de verre. Bleu et brun et noir et vert. De la couleur exacte de ceux de Grégoire.

Son cœur cessa de battre, puis s'affola. Une décharge d'adrénaline la secoua fortement, sa main se crispa sur l'appareil téléphonique, mais elle ne bégaya pas quand elle parla à Rouaix. Elle lui expliqua ses soupçons, répéta dix fois que

Grégoire était en danger, qu'il fallait retrouver Berger au plus vite.

En regardant de nouveau les nus, elle se demanda si Grégoire avait posé pour le Prof. Il n'en avait rien dit. Mais il était si secret...

Elle se souvenait de ce soir de décembre où il avait tenté de fuir quand elle l'avait croisé rue Saint-Jean ; il ne voulait pas qu'elle voie son visage tuméfié. L'arcade sourcilière et la lèvre fendues, l'œil à demi fermé, il avait prétendu avoir déboulé l'escalier de la côte d'Abraham.

— J'ai pris une crisse de plonge !

Elle n'avait même pas demandé qui l'avait battu ; il ne dirait rien. Mais elle en avait profité pour lui démontrer les dangers de la prostitution. Grégoire l'avait rejetée.

— Je sais tout ce que j'ai à savoir ! avait-il protesté.

Vraiment ? Savait-il que bien des clients deviennent fous et agressifs ? Qu'ils se croient tout permis parce qu'ils payent ? Graham connaissait une putain qui lui avait affirmé que la moitié de ses copines étaient mortes avant d'avoir atteint quarante ans : *overdose*, sida et meurtre. Elle-même s'était fait traîner derrière une voiture pour avoir déplu à son souteneur qui n'était pas satisfait de ses performances.

— Mille clients par année au moins, pis y'est pas content !

Graham pensait que Grégoire devait rencontrer cinq cents hommes en douze mois, mais elle n'avait jamais osé le questionner sur ce point précis. Ça lui ferait mal. À elle aussi.

Elle retourna dans la chambre et entreprit une fouille en règle ; elle devait trouver l'adresse de l'atelier de François Berger.

Peut-être que Grégoire y était.

Elle cherchait toujours quand Rouaix la rejoignit.

— Ton Grégoire n'a pas téléphoné, mais un petit gars t'a appelée trois fois. Il y a peut-être un rapport. Il se nomme Dan. Voilà son téléphone. J'ai essayé de le faire parler, mais il ne veut pas dire pourquoi il t'appelle. Il répète juste que c'est pressant.

Graham courut vers le salon, composa le numéro en retenant son souffle. Frédéric répondit à la première sonnerie d'une voix anxieuse. Expliqua qu'il était un ami de Grégoire et que ce dernier n'était pas rentré dormir.

— Ça ne lui est jamais arrivé depuis que je reste avec lui. Il rentre tard, des fois à six heures du matin, même à huit, une fois, mais il rentre toujours.

— Il n'a pas laissé de message ?

— Non.

Frédéric s'efforçait d'affermir sa voix ; Graham ne devait pas se douter de son âge. Ça ne le dérangeait pas qu'elle croie qu'il était le petit ami de Grégoire. Il n'était plus certain de mépriser autant les gais depuis qu'il vivait rue Ferland. Lui, il n'accepterait jamais qu'un homme le touche, mais Grégoire avait bien le droit de faire ce qu'il voulait. L'important, c'était que son ami revienne !

— As-tu bien cherché ?

— Oui ! Je ne sais pas quoi faire. Vous êtes aussi son amie. Il me l'a dit. Vous devez le protéger !

— Je le cherche aussi. Dis-moi où il se tient. Est-ce qu'il t'a dit s'il voyait le Prof aujourd'hui ?

— Oui, pour les clés. Il est en danger, c'est ça ? Vous pouvez me le dire, je suis assez vieux.

— Oui, tu es assez vieux pour comprendre que Grégoire a une vie qui risque d'être raccourcie s'il continue à faire ce métier-là. Mais tu n'es pas assez vieux pour rester tout seul. Je sais que tu es le cousin de Grégoire. Il m'a parlé de toi. Il faut que tu viennes me retrouver.

Frédéric aimait la voix de Graham, qui lui rappelait celle de son professeur d'anglais, mais il résista :

— Je ne veux pas retourner chez mes parents. Je ne vous ai pas appelée pour moi, mais pour Grégoire !

— Dan, je peux avoir ton adresse sans problème, même si je n'ai que le numéro de téléphone.

Il rit, content de ses ruses :

— Je n'appelle pas de l'appartement quand même !

126

Maud Graham serra le combiné ; il ne fallait pas que l'enfant lui échappe.

— On se rencontre où tu veux.

— Non. Si Grégoire donne signe de vie, je vous rappelle.

Graham raccrocha en grimaçant ; elle détestait l'expression « signe de vie ». De pareilles formules, si définitives, appelaient moins la vie que la mort.

Chapitre 7

Michaël Rochon suivait François Berger depuis une heure. Il l'avait vu entrer dans un casse-croûte, en ressortir avec deux adolescents, parler au plus grand tandis que l'autre s'éloignait. Si le noir avait été plus jeune, il aurait été parfait pour lui. Mais Rochon cherchait un garçon de douze ans, pas davantage. Il le trouverait bien.

François Berger avait remis quelque chose — ce devait être de l'argent — au garçon à la veste de cuir, puis il s'était enfin décidé à revenir vers l'arrêt d'autobus. Rochon savait que sa voiture était en panne, car c'est lui qui avait trafiqué le moteur tandis que François Berger s'entraînait. Il l'avait imité peu après, afin de suer comme lui et le suivre dans les douches pour vérifier une dernière fois s'il avait raison de l'avoir choisi. Il avait souhaité qu'il n'appelle pas un taxi, mais l'arrêt d'autobus était si près du club sportif. Et il ne pleuvait plus. On pouvait même parler d'embellie.

Il klaxonna en passant devant l'arrêt du bus. François ne le reconnut pas immédiatement. C'était un phénomène courant. On identifie mal, quand ils sont ailleurs, les gens qu'on voit toujours dans le même lieu : la pharmacienne sans sa blouse au restaurant, la caissière du supermarché sans son uniforme chez le fleuriste ou le chauffeur d'autobus dans une boutique de vêtements. Michaël Rochon profitait toujours de la gêne que créait la méprise ; en se penchant vers la portière, François Berger, comme les autres, s'excusa de ne pas l'avoir reconnu. Il affirma avec véhémence qu'il était distrait. Son interlocuteur plaisanta, dit que lui-même avait peine certains matins à se reconnaître dans la glace.

Puis il lui offrit de monter dans sa voiture ; pouvait-il le déposer quelque part ?

— Je passe par le boulevard Champlain, à cause de la vue, mentit Rochon.

Il avait entendu Berger, au gymnase, parler de son atelier situé sur le chemin du Foulon.

— C'est drôle, dit sa proie, j'ai un atelier dans ce coin-là.

— Ah oui ?

— Oui. Chemin du Foulon.

— J'ai des amis qui restent là. À quelle adresse es-tu ?

François Berger donna son adresse, puis ils parlèrent de tout et de rien, de cinéma, de Sport 2000, des nouveaux restaurants, des bars. Des bars gais. Michaël Rochon dit qu'il avait rencontré un magnifique garçon la semaine précédente. Des cheveux noirs, un perfecto et un chandail rouge.

— Il y avait des étoiles sur son chandail, mais même si elles brillaient, j'étais plus porté à regarder autre chose.

Le tueur avait vu tout de suite que le petit jeune à la veste de cuir intéressait François Berger. Celui-ci demanda s'il l'avait revu. Non, le gars ne voulait pas de lui. Il ne lui avait même pas dit son nom. Mais il avait accepté d'être pris en photo.

— Je suis assez fier du résultat, ajouta-t-il. Mais c'est vrai que le modèle était si beau.

— Je pense que je le connais, dit François Berger. J'en suis même sûr. Je trouverais ça drôle d'avoir une photo de lui. Est-ce que... ?

— Je peux t'en donner une, j'en ai un paquet. Je ne sais pas ce que j'avais cet après-midi-là, mais mes photos sont presque toutes bonnes. Ce n'est pourtant pas facile dans un bar, même avec le flash. Je vais te reconduire chez toi, tu me donneras ton téléphone et je viendrai te les porter. On est voisins.

Il craignait que Berger ne flaire le piège, mais non, celui-ci protesta mollement, disant qu'il pouvait aussi venir chercher les photos. Rochon lui rappela que sa voiture était en panne. Il insista : ça ne le dérangeait pas. Il viendrait à l'atelier dans la soirée.

Il l'assomma dès qu'il sortit de la voiture, puis il l'assit dans la voiture tandis qu'il fouillait dans son portefeuille. Il chercha l'adresse exacte de l'atelier. Il avait l'intention de le tuer là. Il ne voulait pas être embarrassé du corps après avoir prélevé les parties qui l'intéressaient.

Que dirait l'inspectrice quand elle trouverait le cadavre de François Berger dans son atelier ?

Il avait même pensé à apporter un cadeau à l'inspectrice. Il l'avait suivie chez elle deux fois déjà et avait difficilement résisté à l'envie de lui laisser un mot, un souvenir. Comme elle aimait bien les insectes, il lui donnerait un scarabée. Elle s'imaginerait immédiatement qu'il collectionnait les insectes et entreprendrait des recherches dans ce sens. Et lui s'amuserait de la voir patauger, piétiner sans obtenir le moindre résultat. Elle n'avait aucune chance.

François Berger gémit, mais ne s'éveilla pas quand le Collectionneur retira les clés de ses poches. Ce dernier sourit ; il n'y aurait peut-être pas trop de monde sur le chemin du Foulon à cette heure. Et même encore, il avait des lunettes fumées, et si quelqu'un le voyait transporter Berger, il expliquerait que son ami avait un problème de drogue, qu'il l'emmenait chez lui, d'où il appellerait un médecin. Mais il n'y aurait personne, il le sentait, c'était une bonne journée pour lui.

Il passa deux fois devant l'atelier. Il avait raison, c'était une excellente journée : aucune voiture chez les voisins, aucune lumière. Le calme idéal. Il laissa sa victime dans la voiture pour aller ouvrir la porte de l'atelier. Il dut essayer toutes les clés du trousseau avant de trouver la bonne. Il suait malgré un vent frais. Il voyait déjà le corps émasculé de François Berger. Il se demandait s'il pourrait rendre la courbe de son sexe quand il l'empaillerait. Pourquoi pas ? Il était de plus en plus habile dans son art. Si jamais il se lassait de réparer des appareils sophistiqués, il pourrait devenir taxidermiste ; il était aussi doué que M. Hamel, son fournisseur. Ce dernier se vantait de son orignal, mais s'il avait vu ce que son client réussissait ! Quand il s'était arrêté à sa boutique dans la matinée, le vieillard lui avait dit qu'il aimerait voir ses pièces ; n'avait-il pas des photos de ses œuvres ?

Si, il en avait. Il avait des photos de toutes les étapes de son travail. Il avait même des images de Diane Péloquin quand elle vivait encore. Dans les manuels de taxidermie, on disait qu'il fallait observer attentivement son sujet dans la nature afin de le rendre avec plus de réalisme le moment venu. On parlait de la couleur des yeux. Il avait déploré de ne pas avoir de photos plus précises de sa mère. On aurait dit que les yeux n'étaient jamais du même bleu, malgré le fait qu'il possédait des centaines de photos. Francine Rochon adorait se faire photographier. Elle adoptait la même pose que sur la photo du concours de beauté, la jambe droite s'avançant légèrement devant la gauche, une main sur la hanche, l'autre derrière le dos, le torse bien droit faisant ressortir sa poitrine.

Chaque fois que sa mère était fâchée contre lui, il parvenait à obtenir son pardon en lui demandant de la photographier, en lui répétant comme elle était belle. Elle oubliait alors les déceptions qu'il lui causait en ressemblant trop à son père, et elle souriait à l'objectif après s'être remaquillée.

Il se dit qu'il aurait dû acheter plus de poudre de borax chez M. Hamel. Mais il en avait déjà plein les bras : de la colle à bois, de la poudre de finition, de l'alun, du feutre à rembourrer, de nouvelles brucelles de quatre pouces et du plâtre de Paris. Heureusement, M. Hamel lui avait donné une carte de fidélité. Il avait acheté des dizaines d'outils dans sa boutique. Il n'aimait plus ceux qu'il avait rapportés de la Floride. Il avait préféré s'équiper de neuf en arrivant à Québec, car il avait eu l'impression que ses cisailles étaient moins malléables quand il avait coupé le pied de Muriel

Danais. Pour son sein, bien sûr, ç'avait été plus facile. N'empêche, un artiste mérite d'avoir des outils à la mesure de son talent. Les concertistes jouent sur des Steinway.

Il poussa la porte et s'immobilisa ; une odeur de cigarette flottait dans l'air.

— François ? C'est toi ? cria Grégoire de la salle de bains.

Michaël Rochon jura, puis s'enfuit à toute vitesse, tandis que l'adolescent ouvrait la porte des toilettes. Il entendit Grégoire qui répétait : « Eh ! C'est qui ? Vous êtes qui ? », mais il eut le temps de remonter dans sa voiture et de démarrer avant que le prostitué ne puisse le voir.

Il tuerait Berger à son appartement de Sillery.

* * *

— On va trouver son adresse, Graham, ne t'inquiète pas.

Rouaix voulait rassurer sa coéquipière, mais il manquait de conviction même s'il répétait que Berger, si c'était bien le tueur, n'assassinait que des femmes. Graham s'efforçait de le croire quand le téléphone sonna.

— Grégoire ! Où es-tu ?

— Chez le Prof !

— On en vient !

— Quoi ?

— Je te cherchais. Es-tu correct ?

Grégoire décela une tension inhabituelle dans la voix de son amie, une tension qui augmenta sa propre angoisse.

— Je suis à l'atelier depuis une heure.

— Où ?

— Le Prof m'a donné ses clés. Je sortais de la salle de bains quand quelqu'un est entré dans l'atelier. J'ai crié, mais le gars est parti en courant. Sur le coup, j'ai pensé que c'était quelqu'un qui voulait voler.

Il marqua une pause. Graham griffonna un mot pour Rouaix, puis reprit :

133

— Cet homme, ce n'était pas le Prof ? Tu en es sûr ?

— Évidemment. Il s'est sauvé en m'apercevant. Le Prof, c'est plutôt le contraire ! Je viens juste de me rappeler la Chevrolet Oldsmobile 91.

— La Chevrolet Oldsmobile ?

— C'était ça qu'il conduisait, mais j'ai pas été capable de lire la plaque. Penses-tu que c'est le Collectionneur ? Qu'est-ce qu'il faisait ici ?

Et François Berger, qui était-il ? Elle ne comprenait plus rien.

— Oui. Appelle Dan.

— Dan ?

— Ton cousin avait peur qu'il te soit arrivé quelque chose, dit Graham en notant de l'étonnement chez Grégoire. Où étais-tu ?

— Ailleurs.

Ailleurs ? Il devait planer. Qu'avait-il pris ? Quelle dose ? Depuis combien de temps ?

— Eh ! Graham ? Le Prof conduit une petite Renault d'habitude. Il déteste les grosses voitures. Qu'est-ce que tu faisais chez lui ? Il n'était pas là ?

— Tu m'as dit qu'il avait peut-être vu le tueur au club sportif. Je voulais lui demander d'ouvrir l'œil. De nous aider.

— Je vais essayer de le trouver de mon...

— Non, l'interrompit Graham. Tu viens me rejoindre ici ! C'est trop dangereux !

— Dangereux ?

— Viens ici ! Avec Dan !

— Il peut pas ; il passe des circulaires. Je te retrouve tantôt à la terrasse Dufferin. À l'heure du souper. Je vais chercher le Prof.

— C'est peut-être lui, l'assassin ! On a trouvé un indice chez lui. Grégoire ? Es-tu là ?

Le silence se prolongeait désagréablement quand Grégoire chuchota qu'elle était folle pour s'imaginer que le Prof pouvait tuer.

— Ne te mêle pas de ça, Grégoire.

— Où est-ce que vous irez ? Vous allez en profiter pour faire des descentes dans les bars gais ? À tantôt.

— Grégoire !

Il avait raccroché. Graham se tourna vers Rouaix, anxieuse :

— Alors ?

Il lui tendit son imperméable ; on avait réussi à retracer l'appel. Graham demanda à Rouaix de rester dans la voiture quand ils arrivèrent à l'atelier. Grégoire serait furieux de la voir. Elle ne voulait pas qu'il se sente humilié devant un tiers.

— Il faut toujours bien qu'il comprenne qu'on ne joue pas ! bougonna Rouaix.

— Il ne joue pas non plus, protesta Graham. Il n'a jamais joué. De sa vie.

Rouaix se tassa contre la portière, prévint Graham qu'il l'attendrait dix minutes, pas une de plus. Il avait promis à Nicole d'aller magasiner avec elle.

— Je peux revenir après, mais j'ai juré d'être là à sept heures. Elle dit que ça me prend un nouveau trench. C'est vrai qu'il va sûrement pleuvoir encore.

Graham hocha la tête, regarda le fleuve au loin qui charriait des eaux tumultueuses, encolérées par l'orage. Ciel et mer se confondaient, se noyaient dans une tourmente grise et glacée. Graham songea qu'on serait bientôt à la fin d'avril ; qu'est-ce qui se passait avec le climat ? Était-il devenu fou ? Lui aussi ? Était-ce sa faute si les gens étaient de plus en plus violents et défaitistes ? Étaient-ils las du temps au point de faire des bêtises ? Non, il y avait bien plus de crimes en Floride où le climat était très agréable.

Le vent souleva son sac à main. Elle eut envie qu'il le lui arrache et l'emporte, lui vole son insigne. Plus de cartes, plus d'argent, plus rien pour l'identifier. Elle partirait pour une destination lointaine où elle prendrait des cours de peinture. Elle avait envié les dons du Prof en admirant ses dessins, et elle avait un pincement au cœur chaque fois qu'elle voyait

Pierre Beauchemin crayonner le visage d'un suspect. Elle aurait aimé avoir cette dextérité, mais est-ce que des années de cours aux Beaux-Arts lui permettraient de rendre l'émotion que suscitait le fleuve ? Elle en doutait, même si certaines marines de Wilson Morrice la touchaient profondément. Elle regrettait seulement qu'il n'en ait pas peint qui soient moins calmes. Si elle aimait le fleuve étale, elle prisait tout autant sa fureur. Elle goûtait le sentiment apocalyptique des toiles de Géricault.

Devrait-elle prendre des cours en septembre ?

Grégoire l'accueillit froidement, mais elle savait qu'il était heureux qu'elle ait décidé de le retrouver, qu'elle s'inquiète réellement pour lui. Il répéta que le Prof était doux et n'avait jamais parlé des femmes avec mépris.

— Il aime les gars, O.K., mais il a plusieurs amies. Il dit même en farce qu'y'est pas chanceux, qu'il pogne plus avec elles qu'avec les hommes. Mais que ça fait des bonnes chums quand elles savent qu'y'a rien à espérer de lui.

— Parle-moi de lui.

— Qu'est-ce que tu veux que je te dise ? Je l'ai pas vu si souvent. Pourquoi vous pensez que c'est lui ? Il est super-fin, tu sais. Ben correct.

— Mais il n'est pas borgne !

Grégoire s'étonna ; borgne ? Non. Il avait une tache de vin, c'est tout.

— On a trouvé un œil de verre dans la voiture de Josiane Girard. Et il y a des yeux dans la sculpture de François Berger, dans un bout de moustiquaire froissé. Tu ne les as pas vus, mais...

— C'est une coïncidence !

— Je ne sais pas. Il devra me donner de bonnes explications. Je me demande aussi pourquoi il t'a menti. Il n'est pas prof.

— Je suppose qu'il voulait l'être. Et faire mon portrait.

— Grégoire, on n'a pas d'autre suspect, comprends-tu ?

Il leur fallait progresser, apporter des éléments nouveaux

à l'enquête. Maintenant que Grégoire était bien vivant devant elle, Graham doutait un peu de la culpabilité de Berger malgré l'œil de verre, car elle se souvenait comme elle avait apprécié la sérénité qui se dégageait de son appartement. Mais elle ne pouvait négliger cette seule piste. Elle espérait parler rapidement à Berger.

— Où est-ce qu'il se tient ? On va enquêter discrètement.

— Tu devrais rappeler chez lui, il doit être rentré. Il était fatigué quand je l'ai vu, il venait de s'entraîner, il m'a dit qu'il louerait un film dans la soirée. Qu'il ne sortait pas. Il a peut-être pris un verre dans un bar, mais ça m'étonnerait. Il voulait rentrer chez lui avec son film. Envoye, appelle-le.

Graham rougit en révélant qu'un policier était resté à l'appartement de François Berger.

— Je vais être avertie dès son retour.

— Il y a un gars qui l'attend chez lui ?

— On ne peut pas faire autrement. On soupe toujours ensemble ?

* * *

Non, finalement, ce n'était pas une bonne journée. Michaël Rochon s'était rendu jusqu'à l'appartement de François Berger pour rien. Il y avait une voiture banalisée à quelques mètres du domicile de sa victime. Au moment où lui-même cherchait à garer sa Chevrolet, il avait vu un jeune policier descendre de la voiture et saluer le conducteur avant de s'engouffrer dans le portique de l'immeuble où habitait François Berger. Comment avaient-ils su qu'il voulait le tuer ?

Graham était-elle plus intelligente qu'il ne le pensait ?

Il démarra doucement, soucieux de ne pas attirer l'attention. Comment cette femme avait-elle deviné ses intentions ? Il avait beau se remémorer tout ce qu'il avait lu dans des revues sur les techniques policières, il ne parvenait pas à comprendre son cheminement. Graham l'indisposait vraiment et il songea un instant à la punir. Elle n'avait pas le droit de le contrarier ainsi.

François Berger remua, ouvrit les yeux et le dévisagea avec incrédulité, puis avec une terreur grandissante. Il lui sembla qu'il blêmissait. La couleur de sa peau lui rappela celle de Diane Péloquin quand elle avait su ce qui l'attendait. Berger vit ses poignets menottés à la ceinture de sécurité. Il tenta de se défaire de celle-ci. C'était drôle ! Il mit du temps à constater qu'elle était trafiquée, verrouillée et qu'il ne pourrait pas s'en débarrasser. Il battait des jambes, mais trop mollement pour l'atteindre, il plissait les yeux, fronçait les sourcils, voyait double ou triple probablement.

— C'est du bon stock, hein ?

Berger l'avait supplié de le laisser. Qu'est-ce qu'il lui voulait ? Il ne comprenait pas. Ceux qui désirent tabasser les gais les attendent dans des ruelles ou dans des parcs, en bande organisée, et leur sautent dessus tout simplement, sans craindre réellement d'être arrêtés. Pourquoi Michaël Rochon l'avait-il enlevé ?

— J'ai besoin de toi.

Berger avait alors adopté une voix hyper-douce pour tenter de lui faire croire qu'il voulait l'aider, qu'il était avec lui. Une voix pareille à celle du psy de l'armée ; le prenait-il pour un imbécile ? Personne ne le réformerait une seconde fois ! C'était plutôt lui qui décidait de déformer.

Berger recommença à le supplier, à gémir qu'il le paierait, qu'il ne dirait jamais rien de cet incident à personne, qu'il coucherait avec lui si c'était ce qu'il souhaitait. Même s'il ne comprenait pas qu'on enlève un type de quarante et un ans, marqué d'une tache de vin. Il pleurait, et chaque sanglot résonnait en lui, accentuait son plaisir. Il avait pris soin de brancher le magnétophone et il pourrait réécouter ses cris après sa mort. Il avait envie à la fois de retarder son exécution et de le poignarder immédiatement. Non, il ne pouvait plus attendre, il tremblait d'excitation.

Il réfléchissait à l'endroit où il pourrait le tuer. Et la nuit qui tardait à venir ! Il roula durant une heure, incapable de se décider, repoussant les lieux l'un après l'autre : trop de monde partout. Il ne pouvait tout de même pas ramener Berger chez lui. Que ferait-il du corps ? Bien sûr, il pouvait le découper en morceaux et se défaire de ceux qui ne lui convenaient pas. Il préférait cependant le tuer ailleurs ; il aimait poignarder, et surtout piquer, mais dépecer était assez fatigant. Il tâta le marteau à panne fendue, sur le tableau de bord, et s'exalta en songeant au bruit sur le crâne de Berger. Celui-ci pleurait toujours, mais ne criait plus. Puis il déféqua ! Sur le siège de sa voiture !

Michaël Rochon se gara derrière une des grosses citernes du boulevard Champlain. En fin de compte, il tuerait Berger tout près de l'endroit où il avait assassiné Josiane Girard. Il le bâillonna, l'attacha avec de la corde d'alpiniste avant de le sortir de la voiture. Berger tentait de se débattre et il était assez fort, mais pas autant que lui. Il ne s'entraînait pas depuis toujours pour ne pas ressembler à son père. Il le souleva et le transporta dans un coin, derrière le garage attenant à la citerne. Il le piqua une douzaine de fois avec son stylet, se releva pour mieux le voir se tortiller, puis s'agenouilla pour le poignarder à plusieurs reprises. Il avait enlevé son blouson pour ne pas le tacher, mais il ne pouvait ôter aussi son jean, au cas où il serait surpris et devrait fuir. Il brûlerait son pantalon ; les taches de sang ne se nettoient jamais parfaitement. Les flics avaient maintenant des méthodes très sophistiquées qui permettaient de révéler l'invisible. Il avait entendu parler d'une poudre ou d'un liquide qui, pulvérisé sur la scène du crime, révélait les taches de sang, même si on les avait effacées avec un savon très fort.

Rochon avait pensé à déshabiller complètement sa victime afin de retarder son identification, mais à quoi bon, puisque Graham surveillait déjà François Berger.

Il trancha le sexe avec une facilité déconcertante et, tout en éprouvant cette formidable sensation de puissance qu'il aimait tant, il regretta que Berger n'ait pas eu d'érection au moment de sa mort. Réussirait-il à empailler correctement cette queue ratatinée ?

Songeant que Graham n'aurait pas le droit de conserver le scarabée monté en broche, puisque ce serait une pièce à conviction, il renonça à l'épingler au chandail de sa victime. Bah ! c'est l'intention qui compte.

* * *

Maud Graham était surexcitée en sortant du bureau de Robert Fecteau, mais seul Rouaix pouvait le déceler tant elle paraissait calme. Il connaissait ces signes de jubilation intérieure quand elle avait l'impression qu'ils s'approchaient du but. Elle parlait plus lentement, était distraite, entièrement tournée vers la solution. Pourtant, la réunion avait mal commencé, car Graham avait dû insister lourdement pour faire comprendre à certains policiers qu'une descente dans les bars gais n'était pas la réponse idéale. Il fallait enquêter discrètement. Si François Berger était le Collectionneur, il ne devait se douter de rien. On n'avait trouvé qu'un indice chez lui : ce n'était pas suffisant pour l'envoyer en prison. La fouille de son atelier n'avait rien donné non plus ; ni traces de sang, ni liens, ni armes.

— Ni trophées ? avait demandé un jeune policier.

Graham avait secoué la tête ; il n'y avait pas de bijoux, de vêtements ou de cartes d'identité ayant appartenu aux victimes chez Berger. Aucun de ces fétiches destinés à augmenter la jouissance du tueur quand il repensait à ses crimes. On n'avait pas trouvé non plus de revues policières. Considérées comme une mine d'informations pour les professionnels, ces revues revêtaient un caractère fantasmatique pour les tueurs en série qui savouraient les récits d'enquêtes portant sur des viols et des meurtres sordides.

— Mais cet œil de verre n'est pas tombé dans la voiture de Josiane Girard par miracle ! À moins que le tueur ne soit assez rusé pour faire porter ainsi les soupçons sur quelqu'un d'autre...

— Nous le savons, avait dit Rouaix. Nous devons pourtant continuer à chercher un borgne.

— Tous les spécialistes qui peuvent les avoir soignés.

— Et celui qui vend ces yeux ! avait ajouté Robert Fecteau.

— Et les taxidermistes ! avait crié Graham.

On avait applaudi ; il ne devait pas y avoir des dizaines de taxidermistes à Québec, ni même à Montréal. Et les amateurs ne se comptaient sûrement pas par milliers.

L'entonnoir, enfin, s'était dit la détective. Ce moment magique où elle sentait que les recherches s'orientaient vers une seule direction et qu'en procédant par élimination il ne resterait que le coupable.

Elle doutait de plus en plus que ce soit Berger, mais elle avait proposé de continuer le soir même à suivre cette piste ; elle retournerait au club sportif où Berger s'entraînait avant d'aller dans les bars. Elle y découvrirait sûrement des éléments intéressants, elle en apprendrait peut-être encore sur Josiane Girard. Ses collègues se chargeraient de la nouvelle piste des taxidermistes. Elle éviterait ainsi les descentes tant redoutées.

— Tu es contente, hein, Graham ? dit André Rouaix.

Elle sourit et il pensa que ce sourire la rajeunissait de dix ans.

— Va retrouver ta femme, dit-elle d'un ton amène. Je vais travailler avec les deux petits nouveaux.

— Il faudrait que tu t'arrêtes, toi aussi. Tu n'es pas une machine.

— Je vais souper tranquillement avec Grégoire, puis je reviendrai ici.

Elle gara sa voiture rue Sainte-Geneviève et descendit lentement vers la terrasse. Une lumière vermeille courtisait maintenant toute la façade du château Frontenac, accentuant sa majesté, et la terrasse Dufferin semblait s'étirer jusqu'à l'île d'Orléans. Le soleil voulait se faire pardonner son inconstance ; il enluminait le Saint-Laurent, offrait son royal coucher aux touristes et à ces Québécois qui, comme Graham, n'imaginaient pas se priver du panorama une seule journée.

Elle fut déçue de constater que Grégoire n'était pas accompagné. Aurait-elle bientôt l'occasion de rencontrer Dan et de le convaincre de retourner chez ses parents ? Ou d'en discuter, au moins ? Elle expliquerait à Grégoire qu'il devait lui emmener son protégé. Dan était si jeune ! Elle regardait régulièrement les avis de recherche concernant des enfants disparus en se demandant quand ils réapparaîtraient : Alexis, Jaïa, Sébastien, Frédéric, François, Stephen, Émilie, Marie-Ève, Matthew, Anthony. Où étaient-ils ? Avec qui ? Dan n'était pas en sûreté avec Grégoire, malgré tous les efforts de ce dernier.

— Dan n'a pas voulu venir avec toi ?

— Dan ?

Il hésita une seconde de trop avant de répondre que son cousin n'avait pu venir avec lui.

— Il n'a pas voulu. Et il ne s'appelle pas Dan, non ?

Grégoire éluda la question en confiant qu'il avait bien réfléchi : le Prof ne pouvait être coupable. Ils étaient ensemble le soir où Josiane avait été assassinée.

— C'est sûr que mon témoignage vaudrait rien en Cour, mais c'est la vérité. Je suis même passé chez toi après l'avoir vu. Je suis resté avec jusqu'à minuit, certain.

Graham avoua que Josiane avait été tuée plus tôt.

— Mais ton Prof n'a pas réapparu depuis que j'ai vu les billes chez lui. Comme s'il savait qu'on le soupçonne. Je vais faire les bars ce soir.

— Tu le trouveras pas. Il aime juste la musique plate. Pour lui, c'est juste du bruit dans les bars. Comme toi. Faut dire que vous êtes à peu près du même âge !

— Il t'a quand même rencontré dans un bar ?

— Oui, mais ça faisait des mois qu'il était pas sorti. Je pense qu'il avait un ami avant. Je sais pas s'ils ont cassé ou s'il est mort, mais il était pas tout seul.

Il se tut, regarda le fleuve durant un long moment, puis suggéra à Graham de se calmer :

— Le Prof doit être allé souper chez des amis ou au restaurant. Il a changé ses plans, c'est tout. Tu vas y parler demain matin.

— Tu continues à l'appeler le Prof.

— Oui. Où est-ce qu'on mange ?

— Où tu veux. Pizza ?

Grégoire lui sourit ; Graham était la seule personne au monde qui devait aimer la pizza autant que lui.

— On devrait peut-être changer, pour une fois ?

Elle fit une moue :

— Comme quoi ?

— Je sais pas.

Ils allèrent à la Piazzetta. Ils avaient essayé toutes les pizzerias de Québec et ne parvenaient pas à savoir encore laquelle ils préféraient. Ils continuaient donc à tester leur mets préféré en retournant plusieurs fois aux mêmes endroits.

Entre deux bouchées, Graham demanda à Grégoire où il comptait dormir :

— Tu ne peux pas aller à l'atelier. On le surveille, comme l'appartement.

— Il va avoir l'air bête, le Prof, quand il va rentrer chez lui et trouver un flic.

— C'est vrai, mais on n'a pas le choix, je te l'ai dit. Où allez-vous coucher, toi et ton... Dan ?

— Te tracasse pas pour nous autres. Je sais me débrouiller.

— Vous pouvez venir chez nous, mais je devrai...

— Signaler Dan. Non merci, il veut rien savoir.

— Ça ne pourra pas durer éternellement !

— Je le sais. Arrête, tu me coupes l'appétit. Parle-moi donc du Collectionneur, à la place.

— On n'a pas tellement d'indices.

Grégoire dévisagea Graham qui mâchait sa dernière bouchée. Elle était trop quiète pour être honnête.

143

— T'as pas l'air trop découragée pourtant ?

Elle but une gorgée d'eau minérale avant d'avouer qu'elle était plus confiante que les jours précédents. Mais ce n'était qu'une intuition. Elle n'avait pas la moindre preuve pour étayer cette nouvelle foi, cette conviction qu'elle aurait bientôt des éléments qui la conduiraient au tueur.

— Penses-tu qu'il va avoir le temps de tuer avant que tu l'arrêtes ?

Elle confessa son angoisse sur ce point précis : le Collectionneur avait rapproché ses crimes dans le temps et montré une plus grande violence d'une fois à l'autre. Sa prochaine victime devait être déjà choisie.

— Ce n'est pas par hasard s'il tombe sur une fille ou une autre ?

— Les tueurs organisés élisent leur proie. Presque toujours.

— Je me demande bien ce qu'il trouve à ces femmes-là. Elles n'avaient rien de spécial dans les photos des journaux.

— Pour nous, non. Mais pour lui...

Elle murmura qu'elle n'avait jamais enquêté sur une affaire aussi complexe. Elle se retenait pour ne pas en parler davantage avec Grégoire, considérant qu'il vivait déjà suffisamment dans un climat de violence, mais elle savait qu'elle se privait d'observations judicieuses.

— Ton cousin, je suppose qu'il ne va pas régulièrement à l'école depuis qu'il vit avec toi. Il va rater son année scolaire.

— Je lui ai dit.

— Vous devez vous ressembler.

Grégoire la dévisagea : comment l'avait-elle su ?

— Ma crisse ! Tu m'as suivi ! dit-il en prenant sa veste de cuir.

Ses yeux fonçaient sous l'effet de la colère. Et de la déception. Comment Biscuit s'était-elle permis ça ?

Elle se leva brusquement, renversant sa bière, mais put l'attraper par une manche.

— Lâche-moi, câlice !

— Je te jure que non, Grégoire. Je te le jure.

Il la jaugea, puis finit par se rasseoir juste sur une fesse, tout au bord de la chaise, prêt à repartir aussi vite.

— J'ai dit ça comme ça, expliqua-t-elle en épongeant la table avec une serviette de papier. Parce que j'ai supposé que, pour que tu t'entendes avec Dan, vous deviez avoir des points communs.

Il se détendit :

— Je pensais que tu parlais de notre physique. Moi, je m'en suis pas rendu compte tout de suite. Mais on est allés ensemble dans un magasin et le vendeur a dit qu'on se ressemblait en maudit, sauf que... Dan est blond. Mais c'est vrai. C'est comme moi en plus petit. En pas mal plus petit.

Il soupira :

— Je sais plus quoi faire avec, mais je veux pas stooler. Tu comprends, Biscuit ?

— Qu'est-ce que tu veux qu'on fasse ?

— Je sais pas. On réglera pas ça ce soir.

Ils préférèrent se quitter devant le restaurant. Graham aurait pu déposer Grégoire, mais elle n'avait pas envie de le laisser au centre commercial ou dans une des rues où il tapinait. Elle savait tout, mais jouait du mieux qu'elle pouvait à l'autruche. Elle n'était pas tellement douée et le regarda avec amertume s'éloigner.

Chapitre 8

Quand Jean Casgrain vit Maud Graham en survêtement, il comprit qu'elle resterait une bonne partie de la soirée au club. Il lui fut d'abord reconnaissant d'avoir opté pour cette tenue qui lui permettrait d'aller et venir dans le club sans se faire remarquer, puis il songea qu'elle éveillerait inévitablement les soupçons en questionnant les abonnés.

Au téléphone, quand elle l'avait prévenu de sa visite, elle lui avait dit qu'elle recherchait un des habitués de Sport 2000, qu'elle devait continuer à enquêter sur son club sportif. Il l'avait assurée de son concours. Elle avait promis de lui en dire davantage lorsqu'elle le verrait.

Casgrain s'était alors avisé que l'inspectrice avait dû se renseigner à son sujet. Il avait eu une bouffée de chaleur : et si elle avait découvert qu'il avait fraudé l'impôt ? Non, c'était impossible, elle n'avait ni désiré voir les livres comptables ni consulté les ordinateurs. De toute manière, il avait à peine trafiqué les chiffres. Il avait seulement omis de déclarer la vente des anciens appareils de gymnastique. Qui pouvait vérifier ces gains ridicules ? Il aurait tout aussi bien pu offrir ces appareils à un ami. Non, il n'avait pas à se tracasser pour ces broutilles, personne ne lui demanderait avec quel argent il avait acheté sa nouvelle voiture. Il suffisait d'être naturel et de coopérer. Il ressortit la liste de tous les membres du club et tenta de deviner qui avait attiré l'attention des policiers.

Savaient-ils que Mario Jasmin et André Brulotte prenaient des stéroïdes ? Oui, probablement. Ils devaient avoir donné la liste à un ordinateur qui avait craché les informations qu'il possédait sur tous les clients du club. Jean Casgrain était persuadé que les policiers avaient accès à tous les dossiers d'un individu : médical, social, financier. Il ne croyait pas au secret professionnel et pensait qu'un médecin, comme un patron, remettait tel ou tel document aux policiers quand ils le leur demandaient.

Mais Brulotte et Jasmin lui semblaient bien normaux. Certes, ils avaient la force physique pour étrangler une femme en toute facilité mais, d'après les journaux, le Collectionneur préméditait ses meurtres. Là-dessus, les deux athlètes n'avaient qu'une idée en tête, participer à des concours et des championnats sans être disqualifiés pour dopage. Ils ne regardaient jamais les femmes qui suaient à côté d'eux. Même de jolies poupées comme Vanessa Dubois !

Jean Casgrain salua discrètement Graham, qui lui répondit d'un petit geste de la main avant d'enfourcher une des bicyclettes d'exercice. Elle lui tourna le dos et commença à pédaler. Bon, très bien, elle lui parlerait quand elle le déciderait. Faisait-elle exprès de l'énerver ?

Michaël Rochon faillit échapper son tournevis numéro 7 quand il aperçut Maud Graham. Avait-elle déjà trouvé le corps pour revenir enquêter si rapidement au club sportif ? Même si Jean Casgrain était derrière lui, il devina que celui-ci avait remarqué son trouble. Il se décida à le rejoindre :

— Est-ce que c'est la détective dont on parlait l'autre jour dans le journal ? chuchota-t-il.

Jean Casgrain se plaignit : il n'aurait pas choisi d'être propriétaire d'un club sportif s'il avait envisagé qu'il aurait tant d'ennuis. Ses clients iraient s'entraîner ailleurs quand ils sauraient qu'on les espionnait. Pas tous, bien sûr ; certains goûteraient un frisson de peur quand ils pousseraient la porte du gymnase. Ils le savoureraient, puis ils se vanteraient de leur désinvolture à leur bureau.

— Elle ne se ressemble pas tellement, dit Rochon. Je l'ai reconnue parce que... Mon amie l'admire beaucoup et m'en parle sans arrêt! Elle veut devenir comme elle.

— Ah oui?

— Moi, je ne suis pas trop pour ça. Une femme dans la police. Les femmes ne sont pas faites pour ce genre de job. Elles sont faites pour être jolies et gagner des concours de beauté.

Casgrain approuva avec fougue:

— Regarde-la. Elle n'a pas pédalé plus de cinq minutes. Personne ne va croire qu'elle s'entraîne pour de vrai! Je me demande pourquoi elle essaye tous lés appareils... C'est une visite gratuite pour elle, ça doit être ça. Elle est bizarre.

— Je me demande ce que les journalistes lui trouvent pour en parler si souvent.

— Ils ne savent plus quoi inventer. Attends de la voir soulever des poids, on va rire. Je pense que je vais lui proposer de l'aider à s'entraîner. Je vais jouer au coach!

— Je ne verrai pas ça, il faut que je rentre.

— Tu viens d'arriver, Mike, protesta Casgrain. T'as pas déjà réparé ma machine?

— Non, je pensais que je pourrais faire ça vite, mais il manque une pièce. Je vais aller au centre d'électronique avant qu'il ferme. Peut-être que je pourrai la changer demain.

Michaël Rochon avait rangé son matériel très calmement, mais Jean Casgrain n'avait pu s'empêcher de s'inquiéter de sa pâleur subite.

— Ça va? T'es devenu tout rouge, pis là, t'es blanc comme un drap.

— Je pense que mon amie n'est pas très douée pour la cuisine, dit-il avec un sourire contraint.

Casgrain éclata de rire et répliqua qu'elle ne pouvait être pire que sa première femme:

— Même le chien ne voulait pas manger de sa bouffe! Elle a bien failli m'empoisonner. Dans le fond, elle devait y penser.

Le Collectionneur s'efforça de rire et sortit du gymnase sans regarder Maud Graham malgré l'envie qui le tenaillait. Il avait l'impression qu'elle ne le verrait pas s'il ne lui prêtait pas attention. Il atteignit la porte dans un état second. Dehors, il respira à pleins poumons avant de se diriger vers la voiture qu'il venait de louer. Jusqu'au meurtre de François Berger, il avait conservé la Chevrolet sans s'inquiéter ; il avait acheté sa voiture aux États-Unis trois ans auparavant et avait pensé à se procurer des plaques volées dès le meurtre de Mathilde Choquette. Cependant, après qu'on eut manqué le surprendre à l'atelier de Berger et que ce dernier eut souillé le véhicule, il avait dû en changer. Il enfonça la clé, mais ne démarra pas immédiatement, cherchant la voiture de Graham. Voilà, c'était la petite Fiat. Il l'avait déjà repérée dans le stationnement du parc Victoria. Il l'avait vue aussi en face de l'appartement de Josiane Girard.

Il fut tenté de se garer non loin du club et d'attendre le départ de Graham pour la suivre, mais c'était trop périlleux. Il y avait peut-être des voitures banalisées aux alentours. Et elle pouvait s'apercevoir qu'on la filait. Bien sûr, il changerait de voiture et même d'agence de location quand il rôderait près de la scène du crime. Il se mêlait toujours aux badauds avec un plaisir intense, se retenant pour ne pas clamer la vérité à ces curieux délicieusement horrifiés. Ils étaient si curieux qu'ils auraient été ravis d'apprendre comment il avait procédé pour amener sa victime à le suivre. Ils l'auraient admiré secrètement. Ils l'admiraient ! Ils poussaient des cris dégoûtés en lisant les journaux, mais ils se précipitaient sur la dernière édition, regardaient la télévision avec avidité et se disaient que le Collectionneur, lui, avait le courage d'aller au bout de ses désirs. S'ils réprouvaient tant la violence, pourquoi étaient-ils si nombreux à venir renifler l'odeur du sang ? Ils l'enviaient.

Ils ne l'égaleraient jamais. Il était si fort !

* * *

Graham avait discuté avec une douzaine de membres du club sportif et avec deux fois plus d'hommes dans les bars gais sans apprendre quoi que ce soit d'intéressant. Jean Casgrain, à qui elle avait parlé de François Berger, avait répété trois fois que ce dernier et Josiane Girard ne s'entraînaient pas aux mêmes heures. À moins d'un hasard formidable, ils ne s'étaient jamais rencontrés. De toute façon, Berger ne regardait pas trop les filles. Casgrain supposait qu'il était homo.

Déçue de sa soirée, Maud Graham ouvrit une boîte de thon pour Léo qui lui frôlait les jambes. Il ronronnait et miaulait à la fois en entendant le bruit de l'ouvre-boîte qui perçait le métal.

— On dirait que tu roucoules, Léo. Comme un gros pigeon! Ça vient, ça vient.

Elle sourit en voyant son chat frémir de contentement devant l'assiette de poisson, rangea la boîte à demi vide dans le réfrigérateur, hésita puis s'empara d'une Molson Dry. Elle ne put résister à l'envie d'appeler Rouaix. Il avait l'air plus fatigué qu'elle. Elle le lui dit.

— Évidemment! gémit-il. Va magasiner avec Nicole, puis tu m'en donneras des nouvelles. J'ai parlé à Fecteau de Julia West, celle qu'on appelle Honey. On a envoyé une équipe pour la surveiller discrètement à son arrivée à l'aéroport, à l'hôtel, à la radio. Elle ne reste que deux jours à Québec; le tueur va être obligé de se surpasser s'il veut ajouter sa tête à sa collection. Et toi?

— François Berger s'est volatilisé. J'ai passé une partie de la soirée à Sport 2000 et dans les bars gais. Personne ne l'a vu depuis hier. Ou plutôt, personne ne l'a remarqué; «c'est un genre tranquille», m'a-t-on dit un peu partout. J'ai appelé au poste; ils vérifient la liste des clients dressée par les taxidermistes. Penses-tu que ça va apporter des résultats?

— Graham! Tu avais l'air contente tantôt, tu n'es pas déjà découragée?

— Non, je suis un peu impatiente, c'est tout.

— Un peu... Quoi ?

Graham l'entendit parler à Nicole, lui revenir :

— Veux-tu prendre un verre à la maison ? On vient d'ouvrir une bouteille de Pessac-Léognan. Je l'ai bien méritée !

Graham s'imagina Rouaix, humant le vin avec recueillement, le goûtant, le faisant rouler sous sa langue avec un plaisir évident, fermant les yeux, rêvant aux coteaux ensoleillés où avait mûri la vigne. Même s'il n'y était allé que deux fois dans sa vie, la France lui manquait ; il aurait aimé connaître mieux le pays où étaient nés ses parents. Quand il dégustait du vin, il avait l'impression de retrouver ses origines.

— Je suis trop fatiguée, merci. Je vais regarder la télé et m'endormir. À demain.

Graham s'affala sur le canapé, laissa tomber ses espadrilles au sol sans les délacer, croisa les jambes, attrapa la télécommande et espéra qu'il y avait un bon film pour la distraire.

Elle écoutait les « chabadabada » d'*Un homme et une femme* quand la sonnerie du téléphone l'empêcha de jouir des retrouvailles de Trintignant et d'Anouk Aimée. Vingt-trois heures douze. En décrochant l'appareil, elle pensa qu'elle aurait aimé ressembler à Anouk Aimée ou à Françoise Fabian et qu'on l'appelait pour lui annoncer qu'on avait retrouvé Berger ou un autre cadavre.

On lui apprit qu'on avait découvert un corps mutilé près de la marina. Un corps d'homme. Non, on ne l'avait pas décapité. On l'avait émasculé.

Il s'appelait François Berger.

Graham reposa l'écouteur comme s'il lui brûlait la main. François Berger ! Grégoire devait avoir raison quand il disait que le Prof avait peut-être vu le tueur au club sportif. La liste ; il faudrait revérifier toutes les informations concernant les clients de Sport 2000. Le Collectionneur fréquentait sûrement ce club et il fallait qu'elle l'identifie avant qu'il n'y élise une autre victime. Mais avait-il vraiment choisi Berger ou ce dernier avait-il été supprimé parce qu'il aurait été un témoin gênant ? Pourquoi n'était-il pas venu lui parler ? Peut-être que Grégoire se souviendrait d'un détail.

Casgrain avait répété vingt fois qu'aucun des habitués n'était inquiétant, ni même bizarre. La plupart pensaient à gagner du muscle ou à perdre de la graisse. Ils se pesaient souvent et draguaient peu. Leurs invités, peut-être ? Il lui avait fourni la liste des clients qui étaient venus récemment avec un invité ; le Collectionneur devait se trouver parmi eux. Graham avait remercié Casgrain même si elle croyait que le meurtrier était un abonné du club qui repérait ses proies en toute tranquillité. Il fallait trouver qui s'était entraîné en même temps que François Berger et Josiane Girard.

« Chabadabada ». Est-ce qu'un homme découvrirait bientôt qu'il l'aimait à la folie ? Graham entendait la musique de Francis Lai en mettant ses espadrilles et elle se demandait comment elle pouvait penser à l'amour après l'annonce d'un nouveau meurtre. Et pourquoi on acceptait l'expression « aimer à la folie ». Est-ce que la folie n'était pas plus inquiétante qu'heureuse ? Le tueur était fou, non ? Elle croisait des tas de gens dérangés chaque semaine et jamais, jamais elle ne pouvait croire que leur démence était aimable. Elle prit sa veste de cuir et s'assit dans sa voiture en songeant qu'elle-même délirait. Elle espérait pouvoir dormir durant la fin de semaine, mais elle en doutait. Avec ce nouveau meurtre, tout le monde ferait des heures supplémentaires. Elle pensait aussi à Grégoire.

Boulevard Champlain, les gyrophares avaient attiré les curieux ; n'importe quelle lumière fascine n'importe quelle mouche, elle l'avait souvent constaté. Paul Darveau devait être arrivé le premier.

Rouaix n'était pas encore là. Un jeune policier lui dit qu'Alain Gagnon ne tarderait pas. Il était chez sa sœur à Lévis, mais il prendrait le prochain traversier. Il ajouta que les adolescents qui avaient trouvé le cadavre étaient assez secoués.

— C'est un petit couple. Ils voulaient baiser, je suppose. Ils cherchaient un coin calme. Si vous pouviez les interroger tout de suite, j'ai l'impression qu'il faudrait qu'ils rentrent chez eux au plus sacrant. Elle, elle se met à crier chaque fois qu'elle se tourne en direction du corps, même si elle est trop loin pour le voir de la voiture, et lui, il a de la difficulté à respirer. Il a l'air terrorisé. Faut dire que je le comprends un peu. Se faire couper...

Le policier grimaça, comme s'il ressentait intimement l'effet de la lame sur son sexe. Graham songea que tous les hommes de Québec l'imiteraient quand ils connaîtraient la nature de l'amputation. Ils auraient aussi peur que les femmes. Non, mais non, qu'elle était sotte ! Seuls les gais auraient vraiment peur. Les hétéros ne se croiraient pas menacés. Les journalistes apprendraient vite à la population que François Berger était homosexuel. Plusieurs concluraient aussitôt que Berger était assez efféminé pour plaire au Collectionneur.

— Prévenez les témoins que j'arrive. Je veux voir le corps avant.

Elle s'avança très lentement vers le cadavre, comme si elle devait s'habituer à la blessure qui trouait son bas-ventre. Les nombreuses piqûres trahissaient le Collectionneur, mais il y avait tant de sang que seul Alain Gagnon saurait lui dire si le meurtrier avait procédé à l'amputation avec autant de dextérité qu'il l'avait fait pour Josiane Girard. François Berger était blond, comme les autres. Et célibataire. C'était la seule chose qu'elle aurait pu prédire. Elle avait pensé qu'on décapiterait une femme. On poignardait et on châtrait un homme.

Rouaix et quelques journalistes avaient cru comme elle que le Collectionneur tentait de recréer un corps. Ils s'étaient trompés.

Et si l'assassin voulait reconstituer deux corps ? Était-il travesti ou transsexuel ? Qu'est-ce que les psychiatres diraient de ce nouveau crime ?

Elle remarqua la tache de vin dont lui avait parlé Grégoire ; elle souhaitait pouvoir lui annoncer elle-même la nouvelle. C'était un client, certes, mais François Berger avait été gentil avec lui. Il lui était attaché.

— On relève les traces des pneus, dit un de ses collègues. Les deux nouveaux essaient d'empêcher le monde de tout piétiner. Ils doivent regretter d'être entrés dans la police ce soir ! On a fait venir d'autres gars. Ça va être tout un cirque. Le boss va gueuler.

Turcotte avait raison ; Robert Fecteau gueulerait. Avant une heure, le maire et une demi-douzaine de gros bonnets l'auraient appelé afin d'apprendre ce qu'il comptait faire pour arrêter le massacre. Il devrait également répondre aux journalistes. On lui demanderait si le sergent-détective Graham lui avait obéi quand elle avait provoqué le Collectionneur. Il répondrait que le criminel aurait tué de toute manière et que c'était donner beaucoup d'importance à la détective Graham que d'imaginer que le meurtrier tuait pour relever ses pseudo-défis. Même s'il avait envie, sûrement, de la jeter en pâture aux journalistes, Fecteau la soutiendrait. Elle faisait partie de son équipe, que cela leur plaise ou non.

Graham s'attendait pourtant à être désignée comme responsable. Darveau, déjà, s'approchait d'elle.

— Alors ? Est-ce que c'est votre tueur ?

Graham haussa les épaules, répondit froidement qu'elle attendait le légiste.

— Allez-vous le combattre avec autant d'énergie s'il s'occupe maintenant des hommes ?

Elle faillit répondre qu'elle était féministe, oui, mais elle n'avait jamais eu pour autant envie de castrer les hommes et elle tenterait de les protéger de la même manière qu'elle protégeait les femmes. Puis elle regarda le cadavre de Berger et trouva inconvenant de discuter ainsi devant ce mort. Elle se dirigea vers la voiture où un policier tentait de réconforter les témoins. Il parut soulagé en reconnaissant Graham.

— Jean-Philippe et Stéphanie se promenaient quand ils sont tombés sur le corps, résuma-t-il en désignant les témoins.

Graham promit aux adolescents qu'on les ramènerait bien vite chez eux.

— Vos parents doivent s'inquiéter.

Stéphanie poussa un petit cri. Jean-Philippe expliqua que les parents de sa blonde ne voulaient pas qu'elle le fréquente. Elle avait dit qu'elle était chez une amie et devait rentrer à minuit et demi.

— Ma mère va me tuer, madame ! bredouilla l'adolescente en jouant avec la boucle qui parait son nez. S'il faut qu'elle apprenne que j'étais ici !

— Ce n'est pas la première fois que vous venez, non ?

— Oui. Non, on est déjà venus dans le jour.

— Mais il faisait un peu trop clair, c'est ça ?

Jean-Philippe hocha la tête, puis déclara qu'ils avaient le droit de s'aimer, que personne ne pouvait les en empêcher.

— Ce n'est pas ce que je désire. J'espère seulement que vous utilisez des préservatifs.

Il y eut un silence éloquent, puis Jean-Philippe protesta. Ce n'était pas de ses affaires ; avait-elle le droit de les interroger sur leur vie privée ? Elle leur promit qu'on les reconduirait chez leurs parents en disant qu'ils avaient été simplement témoins d'un accident de la route.

Soulagés, ils contèrent leur découverte : ils étaient venus vers midi pour repérer un endroit désert. Ils étaient allés à un *party* puis s'étaient éclipsés.

— On a garé la voiture, dit Stéphanie, car je voulais marcher un peu pour regarder le fleuve.

Et amener ton *chum* à plus de romantisme, traduisit Graham.

— On n'a pas regardé le fleuve longtemps, continua Jean-Philippe. La lune est super-brillante ce soir. On l'a vu tout de suite ! Au début, je me suis dit que je me trompais. Mais on s'est approchés.

Stéphanie déglutit, respira longuement par la vitre baissée :

— On n'a rien touché. Je n'aurais pas pu, de toute manière. Elle se mit à pleurer.

— Pauvre lui... Ma mère va le savoir. Elle devine tout le temps tout. Je ne pourrai pas dormir ce soir.

— Tu diras que c'était un super-gros accident ! protesta Jean-Philippe. Tu diras que les chars ont capoté !

— Elle va lire dans le journal que ce n'était pas vrai ! Et qu'on a trouvé un autre cadavre. Elle va deviner qu'on était dans le coin. Pensez-vous qu'il l'a tué avant de... madame ?

L'adolescente voulait qu'on lui dise que Berger avait été tué avant d'être torturé. Graham aurait bien aimé la rassurer, mais elle détestait mentir.

— Je ne le sais vraiment pas. C'est le médecin qui va me l'apprendre. Mais je pense que vous êtes mieux de rentrer chez vous plutôt que de l'attendre.

— Il faut prendre mon auto, dit Jean-Philippe. Je peux conduire.

— Ce serait mieux autrement. Quelqu'un va la ramener chez toi. Si vous sortez maintenant de cette voiture, les journalistes vont vouloir vous parler.

Jean-Philippe rêva peut-être un instant d'avoir son visage à la une des journaux, mais la détresse de Stéphanie le fit chevaleresque. Il protégerait leur anonymat.

* * *

Frédéric avait failli se mettre à pleurer en lisant les titres des quotidiens quand il était allé acheter un litre de lait au chocolat chez le dépanneur. Il avait rapporté le journal chez Lionel — enfin, dans l'immeuble désaffecté que squattait Lionel — et avait attendu au moins une heure avant de réveiller son ami pour lui annoncer la nouvelle. Il était triste et apeuré ; il commençait à penser qu'il devrait rentrer à Montréal. Et persuader Grégoire de le suivre. Après tout, il pouvait travailler dans n'importe quelle ville. La métropole semblait moins dangereuse que la capitale. Si le Collectionneur se mettait à tuer aussi des hommes, ils n'étaient plus en sûreté à Québec. Et si le tueur avait vu Grégoire parler avec François Berger ? S'il pouvait le reconnaître ? Ils devaient sacrer leur camp, certain ! Frédéric ne voulait pas se séparer de lui, même s'il détestait être à sa charge. Il gagnait un peu d'argent en distribuant ses circulaires à la fin de l'après-midi, mais c'était insuffisant. Heureusement que Grégoire avait rencontré Lionel ! Sinon ils seraient à la rue.

Frédéric ne savait pas trop s'il aimait Lionel. Celui-ci les hébergeait, bien sûr, mais il prenait beaucoup de coke. Et Grégoire acceptait une ligne sur deux. Il devrait fumer au lieu de sniffer. De la coke, c'était chimique ; c'était sûrement pire que du hasch.

Anouk avait déjà fumé, elle le lui avait dit. Elle n'avait pas tellement aimé ça, elle s'était étouffée. Elle avait essayé pour faire plaisir à son *chum*. Il s'ennuyait d'elle. Et un peu de sa mère, aussi. Son père, ça ne changeait rien, il ne l'apercevait que dans la cuisine, le matin.

Il se souvint de l'odeur du chocolat chaud qu'aimait Anouk. Et des toasts. Il n'y avait pas de grille-pain rue Ferland, et encore moins chez Lionel. Grégoire mangeait des céréales quand il se levait. S'il avait faim. Mais la plupart du temps, il buvait du jus de pomme ou du Ginger ale. C'était surprenant qu'il n'ait pas de boutons, car il mangeait aussi beaucoup de chips barbecue. Quand il retournerait à Montréal, il se ferait un super-déjeuner avec des toasts au beurre de pinottes et des pommes vertes.

À condition qu'on ne l'envoie pas dans une maison de redressement.

Il avait essayé deux fois de téléphoner à Dan et à Sébas, mais c'était toujours leurs mères qui répondaient. Il tenterait de les joindre dans la soirée ; peut-être qu'eux en savaient plus sur l'attitude de ses parents. Il devait tâter le terrain avant de rentrer.

Il était midi et demi quand il se décida à réveiller Grégoire.

Il ne savait pas comment lui annoncer la nouvelle. Il l'appela, par trois fois, puis il vit une boîte de comprimés à côté du lit. Des Valium. Comme sa mère. Il lui secoua l'épaule, tendit le verre de jus de pomme.

— Quoi ? Qu'est-ce qu'il y a ?

— Il est passé midi.

Grégoire se frotta le visage, se gratta le nez, plissa les yeux, les referma. Il avait mal à la tête, la gorge sèche, ses mains tremblaient un peu. Il pensa qu'il avait pris trop de coke. Et que les Valium n'avaient rien arrangé.

— On serait mieux de s'en aller à Montréal, Grégoire.

— Qu'est-ce que tu me racontes ?

Frédéric posa une main sur l'épaule droite de Grégoire, celle qui était ornée d'un tatouage.

— C'est le Collectionneur. Maintenant, il tue des hommes.

— Quoi ?

— Tu connais celui qu'il a tué hier soir.

Grégoire se redressa brusquement ; qu'est-ce que Frédéric disait ? L'adolescent lui tendit le journal. Il comprit avant de lire l'article. Il devait même avoir compris la veille quand il avait tenté de retrouver François dans les bars, quand il avait appelé chez lui et n'avait réussi qu'à parler au flic de service.

— Câlice de crisse ! hurla-t-il en lançant le journal loin du lit.

Les feuilles voletèrent en tous sens et retombèrent dans un chuchotement de papier froissé.

— Le tueur t'a peut-être vu avec ton client ? Il pourrait vouloir te tuer aussi ! Viens-t'en à Montréal avec moi !

— Es-tu malade ? Ciboire ! Pourquoi il l'a tué ?

Il se leva, ramassa les pages consacrées au meurtre, s'assit sur le bord du lit et lut la prose de Paul Darveau. Le corps était mutilé, mais les policiers n'avaient pas voulu révéler la nature des blessures. Maud Graham avait provoqué la colère du Collectionneur. Elle n'avait pas voulu donner son opinion sur ce nouveau crime, mais on pouvait se demander si elle mettrait autant de diligence à arrêter le coupable s'il cessait de s'en prendre aux femmes, ses protégées depuis toujours.

— Maudit Darveau ! Biscuit va être bleue !

— C'est un épais, surenchérit Frédéric.

Il était soulagé que son ami manifeste sa peine par la colère. Il redoutait de le voir pleurer, car il n'aurait pu retenir ses propres larmes.

Grégoire lut l'article d'un bout à l'autre et se laissa retomber sur les oreillers ; il avait envie de se rendormir pendant des jours et des jours et de tout oublier. Il revoyait François Berger, sa manière de le dévisager avec un désir intense, fait de douceur et d'étonnement. Il se rappelait son mobile, son enthousiasme quand il expliquait comment il l'avait conçu. Il regrettait de l'avoir rabroué quand il lui avait offert de lui montrer à dessiner.

Il téléphona au bureau de Graham, mais elle était absente. Le répartiteur se souvint que sa collègue lui avait parlé d'un Grégoire qui l'appellerait peut-être et se montra amical, répétant qu'il n'oublierait pas de faire le message. Mais si c'était urgent, il pouvait lui donner le numéro du téléphone cellulaire. Grégoire le prit en note, mais glissa le papier dans sa poche sans composer le numéro. Il ne se sentait plus la force de parler de François Berger. Plus tard.

Lionel offrit de la coke à Grégoire quand il apprit la nouvelle, mais au grand soulagement de Frédéric, son ami refusa. Frédéric devina alors qu'il voulait être plus net quand il verrait Maud Graham. Il pourrait peut-être parler à cette femme, tout compte fait ? Grégoire ne la respectait pas sans raison. Super-correcte, avait-il affirmé. Presque *cool*. Elle n'avait même pas l'air vieille.

Ils sortirent ensemble tous les trois pour aller manger un club sandwich. Lionel habitait tout près de la côte d'Abraham. Ils faillirent aller chez Valentine, mais Grégoire trouvait que le restaurant sentait trop la friture et qu'il était inutile de marcher jusque-là. Ils n'avaient qu'à s'arrêter au Laurentien.

Ils picorèrent plus qu'ils ne mangèrent. Lionel manquait

d'appétit à cause de la drogue, Grégoire avait du chagrin, Frédéric avait peur. Il ne toucha même pas à ses frites. Il s'était déjà forcé pour avaler son sandwich, car il n'aimait pas gaspiller depuis qu'il avait fugué, mais il serait malade s'il continuait à manger. D'ailleurs, Grégoire ne remarquerait même pas qu'il laissait la moitié de son assiette. Il regardait droit devant lui comme s'il voyait le fantôme de François Berger, et Lionel, après avoir tenté deux ou trois fois de le distraire, abandonna et se tut.

Grégoire paya et ils quittèrent le restaurant pour remonter la rue Saint-Jean. Ils iraient jouer au billard.

— T'es trop petit pour venir avec nous, dit Lionel à Frédéric.

— Non, laisse faire, il vient, protesta Grégoire.

— Je sais jouer, affirma Frédéric.

— C'est pas de ça qu'on parle !

Frédéric regarda ses pieds un long moment, attendant la décision finale. Il en avait assez d'être trop jeune. Pourquoi est-ce que ça prenait autant de temps pour vieillir ? Une bourrade dans les côtes lui indiqua qu'il avait le droit de suivre Grégoire et Lionel.

Il le regretta rapidement tant la salle de billard était enfumée. Ce n'est pas lui qui dépenserait son argent pour des cigarettes ! Il l'avait dit à Grégoire, qui avait répondu qu'il ne vivrait pas assez vieux pour mourir du cancer. Grégoire disait parfois des choses si épouvantables qu'il ne trouvait rien à répondre. Les fous rires partagés avec Dan et Sébas lui manquaient alors cruellement.

Grégoire était très habile au billard, mais il ne semblait pas en tirer vanité ; il jouait mécaniquement, sans s'amuser même s'il gagnait. Frédéric n'avait pas dit un mot depuis qu'ils avaient poussé la porte de la salle. Il se tenait derrière Grégoire, l'observait, le comparait à Lionel, espérait qu'il continuerait à gagner et qu'ils quitteraient les lieux.

Il finit par s'asseoir dans un coin de la pièce avec un vieux *Rock star* du mois de janvier qu'on avait oublié là. Il y avait un article sur le batteur du groupe Metallica. Il le lut en se demandant si Dan deviendrait batteur comme il le souhaitait. Grégoire gagna une autre partie ; il devrait être joueur professionnel s'il était aussi bon. Ce serait mieux que de se prostituer. Pourquoi n'y avait-il jamais pensé ?

Frédéric leva machinalement la tête en entendant la porte s'ouvrir ; un homme âgé d'une trentaine d'années jeta un coup d'œil aux joueurs avant de faire le tour de la salle. Il était plus âgé que la plupart des habitués. Frédéric, qui ne l'avait jamais vu, se replongea dans sa lecture quand il sentit le regard de l'homme s'attarder sur lui ; il ne fallait pas qu'il croie qu'il était à vendre.

Frédéric ignorait que Michaël Rochon n'avait pas l'habitude de payer pour ce qu'il désirait.

Il ignorait également que le Collectionneur cherchait un enfant qui lui ressemblait en tous points.

* * *

Alain Gagnon proposa un café à Maud Graham quand elle vint le rejoindre à l'hôpital, mais elle refusa : elle en avait déjà pris quatre depuis le début de la journée. Elle s'était couchée à trois heures du matin pour se relever à six heures trente. Elle avait l'impression d'être dédoublée, d'avoir ordonné à une autre femme de s'habiller, de s'asseoir, de conduire la Fiat, d'achever le rapport de la nuit, de relire les notes envoyées par la CUM, de parler au frère de François Berger, de reprendre la voiture, de la garer derrière l'hôpital, de marcher dans d'interminables corridors, de penser que le vert qu'on trouve dans les établissements de ce type n'est pas une couleur calmante mais déprimante, de reconnaître l'odeur glacée de l'éther, de serrer la main d'Alain Gagnon. De refuser son café. De remarquer, curieusement, qu'il semblait déçu.

— C'est le Collectionneur, je peux le jurer. Même manière de procéder.

— Ce n'est pas un imitateur ? Qui voudrait faire porter le chapeau au Collectionneur ?

— Non. Il y a les piqûres avec une aiguille à tricoter ou une tige métallique, puis la manière de faire les incisions. On ne pouvait rien voir hier soir à cause du sang, mais les chairs sont coupées net.

Lui aussi grimaça, lui aussi ne pouvait s'empêcher d'imaginer sa douleur et sa terreur si on lui coupait le sexe. Et l'incommensurable sentiment de perte qu'il éprouverait. Il n'avait pourtant pas l'impression de penser avec sa queue comme certains de ses collègues qui ne parlaient que des fesses ou des seins de telle infirmière, telle patiente. Il n'était pas obsédé par l'acte sexuel. Il aimait même assez faire l'amour pour s'en priver plutôt que de se contenter d'un n'importe comment, avec une n'importe qui. Mais s'en abstenir en espérant rencontrer une femme qui serait une complice était bien différent que d'en être privé par un fou armé d'un scalpel.

— Crois-tu que ça puisse être un taxidermiste ?

Alain Gagnon hocha la tête :

— Oui, c'est une bonne hypothèse. Avez-vous déjà trouvé quelque chose dans ce sens-là ?

— Pas encore. Il l'avait tué depuis longtemps quand les jeunes l'ont découvert ?

— Je dirais cinq, six heures. Berger n'avait pas soupé. Il avait grignoté des frites dans l'après-midi, mais rien ensuite. Le tueur l'a assommé, puis il l'a piqué avant de le tuer. Ensuite, il l'a châtré.

— Violences sexuelles ?

Gagnon dévisagea Graham, ne put se retenir de plaisanter :

— Tu ne trouves pas que c'est assez ?

Devant son mutisme, il capitula, déplora qu'elle soit toujours aussi grave. Pour faire leurs métiers, il fallait rire pour se libérer de l'horreur. Il reprit son sérieux pour dire qu'il pensait qu'on avait tenté de violer François Berger.

— Son anus est meurtri, mais il n'y a aucune trace de

163

sperme. Je crois que le Collectionneur a commencé à le pénétrer, mais s'est arrêté. Il faudrait trouver avec qui Berger a couché avant de s'allonger définitivement.

Maud Graham regarda les cheveux de Berger qui brillaient sous les néons ; ils étaient de la même couleur que l'argent du mobile. Qui hériterait de sa sculpture ? Son frère, probablement. Graham l'avait vu avant de passer à l'hôpital ; il répétait que la mort de François Berger était prévisible, vu la manière dont il vivait.

Est-ce qu'elle ne pourrait pas obtenir le mobile en prétendant que c'était une pièce à conviction ? Elle parlerait des yeux de verre. Si Robert Berger ne tenait pas à la sculpture, elle pourrait la conserver. Grégoire serait heureux de la revoir quand il la visiterait.

Grégoire. Où était-il ? Savait-il déjà la nouvelle ? Elle avait beau se répéter que le Collectionneur ne l'avait pas vu, puisqu'il s'était enfui de l'atelier dès que Grégoire l'avait interpellé, elle n'aimait pas que le prostitué soit lié à ce meurtre, même de très loin. Sa vie était assez dangereuse comme ça, merci.

— Où en êtes-vous ?

— Les taxidermistes interrogés ne semblent pas suspects ; ils ont tous des alibis. Ils sont tous sédentaires. Il y en a même qui ne sont jamais allés aux États-Unis.

— Vous cherchez parmi leurs clients, déduisit Gagnon.

— Oui. Ils nous ont tous remis une liste. On l'épluche. On a aussi une liste des embaumeurs ; leurs métiers se ressemblent un peu même si les embaumeurs ne vendent pas d'yeux de verre. On la compare avec la liste du club sportif. Pour l'instant, il n'y a aucun nom commun entre elles.

— Pour l'instant... Vous approchez du but, je le sens. Votre homme est aussi près de son but ; il va craquer.

Graham fronça les sourcils : sur quoi basait-il cette impression ?

— Ce n'est pas une impression ; les piqûres sont plus nombreuses, plus profondes et il n'a pris aucun membre à part le sexe. Comme s'il avait déjà tout ce qu'il lui faut du côté des jambes et des bras. Il ne se serait pas gêné s'il lui manquait un élément.

— On pensait qu'il voulait reconstituer un corps... Mais là, il faudrait que ce soit un transsexuel, qui veut un mannequin qui a les deux sexes.

— On a vu plus fou. Enfin, peut-être pas, mais c'est possible. Je peux essayer d'obtenir une liste des hommes ou des femmes qui se sont fait opérer ou qui souhaitent changer de sexe dans la région de Québec. Mais pour Montréal...

— Le Collectionneur habite sûrement à Québec ou en banlieue. Depuis au moins six mois. Depuis le meurtre de Mathilde Choquette. S'il est transsexuel, il lui faut des comprimés, des hormones. On comparera ta liste avec les autres dès que nous l'aurons.

— Je ferai diligence.

Graham remercia Alain Gagnon, songea qu'elle aimait décidément sa manière de s'exprimer, toujours juste. Et qu'il avait de belles mains.

— D'après les études, les tueurs en série tuent de plus en plus loin de leur domicile à chaque meurtre.

— Autrement dit, ton assassin ne vient pas de Québec?

— Je le suppose; pourquoi aurait-il commencé à tuer aux États-Unis? En général, les premiers meurtres sont commis près du domicile. Comme si l'assassin, connaissant les lieux, savait où cacher les cadavres. Mais ensuite, il les dissimule plus loin de chez lui pour écarter les soupçons.

— Mais le Collectionneur a l'air de s'être installé ici. Et il prend peu de précautions. Il n'enterre pas ses victimes, il se contente de les cacher aux passants.

— Il n'a peut-être pas le temps de dissimuler les corps quand il a fini son travail. C'est long, je pense, toutes ces mutilations. Ou il nous méprise. Il devait les enterrer au début. Maintenant, il n'a plus peur de nous.

Alain Gagnon l'approuva, ajouta qu'il continuait ses recherches; il espérait obtenir quelque chose des analyses.

— On a trouvé des fibres et de la terre sous les ongles de Berger ; on va essayer de savoir d'où ça vient. Mais je ne te promets rien. Tu vas y arriver quand même.

— On cherche un transsexuel taxidermiste fréquentant les clubs de sport ! Ce n'est pourtant pas courant...

Elle semblait épuisée ; le regard était pâle derrière les lunettes. Les verres étaient sales comme toujours. Il ne put résister à l'envie de les laver pour mieux voir ses grands yeux pers. Elle protesta mollement. Elle était contente qu'on s'occupe d'elle. Quand elle remit ses lunettes, il lui sembla que François Berger était encore plus blond. Platine, non pas argent.

— Je retourne au bureau. Appelle-moi s'il y a du nouveau. Moi, je vais affronter Fecteau.

— Comment il est ?

— Comme un homme qui se demande comment il pourrait se débarrasser d'une femme sans la tuer malgré une envie grandissante.

— Tu exagères ; il ne peut pas t'en vouloir autant. Ce n'est pas de ta faute si Dracula hante Québec !

Elle s'éloignait déjà et il n'avait pas osé l'inviter à aller voir une exposition de chats. Il aimait les chats, sans plus, mais Graham, elle, était félinophile ; elle aurait sûrement accepté. Il maudit sa timidité en entendant ses pas décroître, puis il se jura de lui téléphoner. Au pire, elle dirait non. Il se demanda s'il ne devrait pas porter des lunettes pour avoir l'air plus vieux. Il regrettait presque de ne pas perdre ses cheveux. Elle le prendrait peut-être au sérieux. Encore heureux qu'il ait toujours réussi à l'impressionner par son travail !

Il regretta la pudeur qui l'empêchait de rechercher Grégoire pour lui parler de Graham. Il l'enviait d'être si près d'elle, de partager des pizzas avec elle, de dormir chez elle. Il jalousait même son chat Léo.

Chapitre 9

Il avait hésité. Trop. S'il s'était décidé plus tôt, il n'aurait pas perdu le trio. Il avait quitté la salle de billard bien avant Grégoire, Lionel et le beau Frédéric. Dès qu'il avait su leurs noms. Il les avait attendus dans sa nouvelle voiture durant près d'une heure. Il avait chaud même s'il avait baissé toutes les vitres. Extrêmement chaud quand il pensait à Frédéric. Il lui ressemblait tant ! Mêmes cheveux blonds, même front, même menton, même nez. Il n'avait pas pu voir la couleur de ses yeux, mais c'était sans importance, puisqu'il les changerait. Il avait un si bel assortiment d'iris qu'il aurait du mal à choisir.

L'enfant était parfait.

Il n'y avait plus qu'à savoir où il habitait. Il se demandait ce que Frédéric faisait avec les deux putes ; il avait bien compris qu'il était pur. Ni sexe, ni drogue, ni alcool. Oh, ils se ressemblaient tant. Il l'arracherait à ce milieu malsain et l'élèverait. Si haut. Si haut. Comme un ange. Un ange éblouissant de santé et d'énergie. Un ange que rien ne pourrait plus atteindre.

Ils se dirigeaient vers le carré d'Youville, Grégoire devançant Lionel et Frédéric, comme s'il était fâché. Sa démarche était souple et rapide ; Frédéric courait presque derrière lui. Lionel, bon dernier, se frottait le nez ; il prenait sûrement de la cocaïne. Mais c'était bientôt fini pour Frédéric, il n'aurait plus à vivre avec de tels déchets. Ils avaient traversé le boulevard Dufferin. Il les suivait en voiture, car il redoutait que Frédéric le remarque ; il avait vu comment l'enfant l'avait dévisagé quand il était entré à la salle de billard. Et puis là, la tapette aux cheveux noirs avait décidé de revenir sur ses pas ! Et Lionel et Frédéric lui avaient emboîté le pas.

C'est à ce moment qu'il avait hésité ; il ne pouvait abandonner son véhicule en plein milieu de la rue. Le temps qu'il adopte pourtant cette solution, il était trop tard ; il avait perdu le trio. Il ne pouvait revenir rapidement dans la rue Saint-Jean, puisqu'elle était à sens unique. Il vit un autobus boulevard Dufferin ; peut-être y étaient-ils montés ?

Le 8. Il connaissait bien le parcours ; il pourrait le rattraper avant qu'il n'atteigne la rue Cartier. Il s'arrêterait dès qu'il verrait les garçons descendre. Il s'arrêterait n'importe où, tant pis, la voiture était louée au nom de Michel Richer. On ne pouvait pas remonter jusqu'à Michaël Rochon. Il n'avait même pas enlevé ses gants en conduisant. Il aurait dû se décider plus tôt !

Il suivit l'autobus jusqu'à l'université. Sa rage augmentait à chaque arrêt, à chaque déception ; le trio s'était volatilisé avant, rue Saint-Jean. Comment les retrouverait-il ? Devrait-il passer ses journées à la salle de billard ? Y gagner la confiance de Frédéric ? Il ne pourrait jamais attendre si longtemps.

Il s'arrêta à Sport 2000 pour savoir si Maud Graham était revenue. Il dut d'abord expliquer à Casgrain qu'il n'avait toujours pas la pièce pour réparer le rameur, puis il l'interrogea subtilement. Il apprit que l'inspectrice était partie avec une liste des clients du club. Casgrain espérait de tout cœur qu'elle l'oublierait.

Michaël Rochon en doutait ; elle semblait assez tenace. Il avait eu envie de lui téléphoner pour la provoquer, mais il avait renoncé. Les téléphones devaient être sur écoute ; le meurtre de François Berger avait bouleversé la population de Québec. Les policiers étaient sur les dents ; ce n'était pas le moment de les taquiner. Quoique... Ils ne pourraient rien contre lui s'il appelait d'une cabine publique. Le temps qu'ils le retracent, il aurait sauté dans sa voiture et aurait filé.

Oui, il téléphonerait peut-être quand il atteindrait la frontière. Il ne retournerait pas, de toute manière, à la salle de billard, car il supposait que le trio n'y passait pas toutes ses journées. Les deux tapettes devaient tapiner. Que devenait Frédéric pendant ce temps ? Il fallait le retrouver rapidement. Avant qu'on ne l'incite au vice.

Il acheta de la glace dans une station-service Esso quand il fit le plein d'essence, même s'il était persuadé d'en avoir mis assez dans la petite glacière ; il n'avait qu'un bout de chair à conserver jusqu'à son refuge. Il atteindrait le Maine avant le souper. Il s'arrêterait au Howard Johnson pour manger un club sandwich ; en général, les tomates étaient tranchées assez mince. Il détestait les restaurants où l'on mettait d'énormes tranches qui dégoulinaient et trempaient le pain ; ce n'était tout de même pas difficile de couper finement un légume. Il réussissait bien, lui, à faire un travail propre. Même Maud Graham, dans un premier temps, n'avait pas dû trouver qu'il avait bien fait son boulot avec François Berger. Il y avait tellement de sang. Heureusement, quand on l'avait nettoyé, elle avait dû voir qu'il avait toujours la main sûre pour les incisions. Ce n'était pas encore aussi bien qu'il le souhaitait, aussi beau que dans son fantasme, mais il y parviendrait ! Il fallait qu'il aiguise les tiges métalliques numéro 16 ; s'il n'avait pas été aussi costaud, il aurait éprouvé certaines difficultés à piquer Berger.

Il avait entendu parler de sa victime toute la journée, où qu'il allât. Il y avait de plus en plus de journalistes étrangers à Québec. Il en arriverait encore d'ici la fin de la journée. Toutes les unes lui étaient consacrées. La ville tremblait. Il ébranlait ses fondations ; il était le plus fort. Plus tôt, autour des tables de billard, les jeunes discutaient du meurtre. Il y en avait même un qui avait déclaré son admiration pour l'homme qui narguait les bœufs. Grégoire lui avait demandé s'il aimerait qu'on la lui coupe. Il avait ajouté que c'était

169

plutôt la langue qu'on devrait lui hacher afin qu'il cesse de dire des conneries. Lionel s'était interposé. Se battre ne ressusciterait pas Berger.

À la station-service, l'employé lui parla aussi de son crime quand il paya l'essence. Il devait se retenir pour ne pas rire en écoutant l'employé lui confier ses craintes :

— Le Collectionneur est peut-être déjà venu dans mon garage ! Il y a tant de monde qui vient ici. Moi, je dis que c'est un politicien qui doit avoir tué ces femmes-là et que Berger le savait. C'est pour ça qu'il l'a assassiné. À moins que ce ne soit un médecin, mais il paraît que la police a cherché de ce côté-là et qu'ils n'ont rien trouvé.

— Ils ne trouveront rien.

— C'est ce que je pense. C'est épouvantable ! Ce ne sera pas long qu'on va être aussi pires qu'aux États. Le tueur, il vient de là aussi. C'est certain que c'est un Américain ; ils sont fous là-bas.

Michaël Rochon avait démarré sans répondre qu'il était né effectivement en Floride et qu'il avait passé bien des étés dans le Maine quand il vivait au Québec. Et que c'était précisément au chalet familial qu'il s'en allait. Il était habitué au trajet, les deux heures passèrent rapidement avec les chansons d'Elvis. Et le club sandwich était bon. Un client précédent avait laissé un journal sur le siège voisin ; on parlait aussi du crime dans un journal du Maine. On rappelait que le Collectionneur avait déjà tué une femme dans la région, Diane Péloquin. On disait aussi que le FBI se mêlerait de cette enquête. Pauvre Graham.

Il lui téléphona avant de quitter le restaurant, mais elle n'était pas à la centrale du parc Victoria.

Il faisait encore clair quand il entra chez lui. La photo de Francine Rochon était toujours à sa place, avec les deux petites billes plantées dans les prunelles. On aurait dit que ses yeux de verre lançaient des éclairs. Comme autrefois. Il se souvenait de ses colères. Il rit : sa mère ne s'emporterait jamais plus contre lui.

Il sortit la glacière du coffre de l'auto. Elle était lourde, car il l'avait remplie, comme toujours, à ras bords. Des légumes, de la bière, de la viande ; quand il s'était présenté à la frontière les premières fois, il n'y avait que des aliments dans la glacière. Il avait discuté avec les douaniers, expliqué qu'il avait un chalet aux États-Unis, qu'il y allait toutes les fins de semaine. On s'était habitué à le voir traverser la frontière. On n'ouvrait plus la glacière. On ne découvrirait pas le membre caché sous les carottes et le céleri.

Rochon sourit en songeant qu'il avait tous les ingrédients pour un pot-au-feu, puis il retourna à la voiture chercher le matériel acheté chez M. Hamel. Il avait hâte d'empailler le sexe, même s'il prévoyait qu'il rencontrerait quelques difficultés. C'était un si beau défi ! Son cœur battait à se rompre quand il atteignit la porte d'acier protégeant son œuvre. Il portait la glacière au-dessus de sa tête, comme s'il allait l'offrir à un dieu. Il brancha le magnétophone, écouta les cris de sa victime. Il se masturba en regardant le sexe de Berger. Il n'était pas vraiment détendu après avoir joui et il se força à respirer lentement, très lentement avant de peser le sexe. Il n'aurait pas besoin de beaucoup de plâtre pour le mouler. Il pensa au premier écureuil qu'il avait empaillé, comme les oreilles étaient fragiles ! Et il avait utilisé trop de borax. Cependant, dès son premier travail, il avait adopté pour règle de tout mesurer, car on disait bien, dans le manuel de taxidermie, que ces mensurations seraient utiles pour reproduire la forme originale de l'animal. Il avait eu du mal avec la peau humaine au début. Ce n'était pas la même chose qu'un poisson ou un lièvre, mais il était tenace. Et il y avait suffisamment de modèles pour qu'il apprenne à décoller ou à recoudre une peau, à couper délicatement les ligaments ou à utiliser correctement le dessiccatif.

* * *

Rouaix consulta les listes des amateurs de taxidermie : aucun nom ne correspondait à ceux qui composaient la liste des clients, des invités et des employés de Sport 2000. Les policiers avaient travaillé avec célérité, mais plusieurs taxidermistes avouaient qu'ils ne connaissaient pas le nom de tous leurs clients : certains payaient comptant. On inscrivait la vente dans un cahier sans noter le nom de l'acheteur. Quelques-uns avaient opté pour un système informatisé et les policiers avaient dû photocopier des carnets, des registres, des calepins quadrillés, des fiches, chaque taxidermiste ayant sa propre méthode de classement. Par chance, ils étaient peu nombreux.

Après avoir comparé les listes, Graham et Rouaix avaient vérifié les alibis des invités des membres du club. Deux d'entre eux ne pouvaient prouver leurs faits et gestes, puisqu'ils étaient restés tranquillement chez eux le soir du meurtre de François Berger, mais Graham ne croyait pas à leur culpabilité. S'ils avaient tué, ils auraient, au contraire, préparé un alibi.

— Il nous reste la liste d'Alain Gagnon, fit Rouaix. Les psys n'ont pas l'air de penser que le Collectionneur est transsexuel. Mais moi, les psys...

— Je pense qu'ils ont raison.

Ils se penchèrent pourtant sur la liste. Ils la lurent plusieurs fois sans s'arrêter sur un seul nom. Graham la repoussa rageusement :

— Rien. Encore rien. Il doit avoir donné un faux nom chez le taxidermiste.

— Comment le retrouver ?

Les néons accentuaient leurs traits tirés ; les enquêteurs n'avaient pas dormi plus de huit heures en deux jours. Ils avaient envoyé et reçu des dizaines de télécopies, avaient passé d'innombrables coups de téléphone, avaient fui les journalistes à l'entrée et à la sortie du bureau et avaient mangé grâce à Nicole Rouaix qui leur avait préparé des lunches. Il était près de dix-huit heures, les sandwiches du midi étaient depuis longtemps oubliés.

— J'ai faim, Graham, dit Rouaix.

— Pizza ?

— Pas encore ?

— D'accord, j'en mangerai avec Grégoire. Tu sais ce qu'il m'a proposé ? De se soumettre à l'hypnose pour se souvenir des détails concernant ses conversations avec François Berger à propos du Collectionneur. Ça ne servirait à rien, mais c'est gentil. Chinois ? On sort ?

— Poulet frit.

— Tu sais que Nicole n'est pas d'accord. Ton cholestérol...

— Elle ne le saura pas.

Graham sourit avant de relire les télécopies reçues depuis quarante-huit heures ; les familles de Diane Péloquin et Muriel Danais avaient répété que les jeunes femmes étaient sportives et qu'elles s'étaient entraînées dans un club sportif. L'une avait fréquenté un Nautilus, l'autre, un Plurial Sports.

— Notre tueur cherche ses victimes dans les gymnases, mais s'il faut qu'on compare la liste de tous les membres de tous les gymnases de la province et qu'ensuite on vérifie qui a déménagé à Québec, on n'est pas sortis d'ici avant des semaines...

— J'aurais dû commander plus de poulet.

Quand le livreur arriva, Rouaix avait déjà débarrassé un coin de son bureau pour pouvoir manger. Il saliva en respirant l'odeur de volaille frite. Les morceaux étaient dorés, bien gras et la sauce semblait si onctueuse ; il y avait bien quatre mois qu'il n'avait eu droit à un pareil festin. Nicole cuisinait très sainement depuis son dernier bilan médical. Il avait beau répéter qu'il se portait très bien et que les médecins exagéraient, elle avait supprimé le gras de leur alimentation. Il croquait dans un morceau de poulet quand Graham s'exclama :

— Le livreur ! Il entre et il sort sans que personne le remarque. Mais lui, il peut voir tout le monde.

— Qu'est-ce que tu veux dire ?

— Il y a quelqu'un qui fait la même chose à Sport 2000.

— On a interrogé les fournisseurs et les employés de O'Net qui s'occupent de l'entretien de l'immeuble.

— Il y a pourtant quelqu'un qui vient régulièrement. Peut-être que Jean Casgrain commande ses repas comme nous ?

— On y a pensé aussi, rappelle-toi. On a même vérifié quelle compagnie de taxis envoyait le plus souvent des chauffeurs, s'ils venaient toujours chercher les mêmes clients aux mêmes heures.

— Un médecin ? Qui serait venu une couple de fois pour des accidents ? Non ! Un masseur. J'appelle Casgrain.

Celui-ci ne cacha pas son impatience quand il reconnut la voix de Graham ; il n'avait pas assez d'ennuis avec le rameur qui s'était détraqué et que Richard devait revenir réparer dans les plus brefs délais ?

— J'ai répondu à un million de questions, qu'est-ce que vous me voulez encore ? Vous pensez que personne ne vous a remarquée au club ? Mike Richard, justement, m'a demandé si vous étiez bien vous.

— Mike Richard ?

— Le technicien en électronique qui aurait dû finir sa job...

— Il vient souvent ?

— Quand les machines se détraquent. Le matériel est hypersophistiqué. J'ai le plus beau club de Québec, puis il faut qu'un maudit fou brise ma réputation. Il y en a qui disent que ça me fait de la publicité, mais moi, je m'en passerais ! Si je le tenais votre gars, c'est moi-même qui l'étranglerais.

Casgrain se tut, songeant à l'énormité de sa phrase, tenta de se reprendre. Il ne voulait tuer personne bien sûr, c'était juste une manière de parler, mais il avait passé une mauvaise journée.

— J'ai bien peur que ça continue encore un peu, fit Graham, au bout du fil.

Elle avait les yeux brillants en reposant le récepteur. Rouaix s'impatienta :

— Parle ! Qu'est-ce qu'il y a ?

— Un réparateur ! Qui va et vient depuis des semaines au gymnase. Il s'appelle Michel, non, Mike Richard. J'aimerais lui parler.

— Michel Richard ?

— Non, Casgrain m'a dit Mike, j'en suis certaine maintenant.

Rouaix se frotta le menton :

— Ça me dit quelque chose, attends. J'ai lu ce nom-là.

— Non, tu penses au chanteur Michel Rivard.

— Non, c'est le prénom ; ça m'a frappé.

— Mais ce n'est pas un nom rare, objecta-t-elle tandis que Rouaix s'emparait des listes vingt fois parcourues.

Il fit claquer ses doigts :

— Voilà, Michel Richer ! Ça ressemble pas mal à Michel ou Mike Richard ! C'est dans la liste des taxidermistes. Je l'ai remarqué parce qu'on vient de baptiser mon neveu Michel. Un beau prénom simple. Il y a assez d'enfants qui ont des prénoms à coucher dehors aujourd'hui ! Des Rodolphe-Alexandre et des Marie-Québec ! On y va.

— Mike n'est pas au gymnase, Casgrain vient de me le dire. Tu peux rester ici.

— Il n'est peut-être pas loin. Oublies-tu que c'est un fou furieux ?

— Je préviens Turcotte et les deux nouveaux de nous rejoindre.

— Plus des voitures de patrouille.

— Pas de sirène au gymnase. Si le tueur surveille les environs, il va fuir pour de bon.

— Pourquoi surveillerait-il le gymnase ? Il cherche encore quelqu'un ?

— Peut-être bien. Moi, par exemple. Dépêche-toi !

Rouaix s'empara d'un gros morceau de poulet frit. Il aurait le temps de le dévorer avant d'arriver au club sportif.

Graham dévala l'escalier encore plus vite que d'habitude. Dans la voiture, elle avait l'impression que les battements de son cœur s'accordaient avec le bruit des essuie-glaces. Elle conduisait trop rapidement, mais Rouaix savait que ses réflexes étaient bons. Elle se gara devant la porte d'entrée, piaffant d'impatience en attendant que leurs collègues les retrouvent. Quand ils furent postés à chacune des portes, elle pénétra lentement dans le gymnase en regardant autour d'elle. Tous les sportifs étaient en survêtement. Il n'y avait aucun technicien. Rouaix la suivit de peu. Les clients leur jetèrent un œil curieux. Casgrain s'approcha, leur serra la main. Graham l'énervait, mais elle avait tout de même sa photo dans le journal régulièrement et Rouaix pourrait peut-être s'occuper d'une contravention qu'il n'aurait jamais dû avoir.

— Est-ce que ce Mike Richard est revenu? demanda-t-elle.

— Il est passé en vitesse, mais il n'a encore rien réparé!

— Je voudrais voir sa fiche d'embauche.

— Je n'en ai pas vraiment. Il vient chaque semaine pour voir si tout est correct. Il travaille bien si on le laisse tranquille. Il est un peu susceptible.

Comme l'enquêtrice l'écoutait avec une attention toute particulière, Casgrain écarquilla les yeux avant de demander si Richard était le tueur.

Graham mentit avec assurance :

— Non, mais je pense qu'il l'a vu, car François Berger a confié à un témoin qu'il avait parlé du tueur avec un technicien du club sportif. Vous n'employez pas des dizaines de techniciens en électronique, non?

— Seulement Mike. C'est bête, il était trop gêné pour aller vous parler quand vous êtes venue l'autre jour.

— On va prendre les devants, fit Rouaix.

Il nota les coordonnées de Richard pendant que Casgrain le décrivait physiquement. Graham ne parvint pas à se remémorer le visage du technicien qu'elle avait aperçu une fraction de seconde. Casgrain lui montra des factures d'entretien rédigées par Mike Richard. Les lettres majuscules étaient démesurées et les barres sur les *t* très longues. Ses notions de graphologie n'étaient pas élaborées, mais elle avait la nette impression que Richard avait un ego important et qu'il était tyrannique.

Casgrain répéta que son technicien s'énervait facilement et ne supportait aucune critique.

— Mais il est intelligent et il a souvent de bonnes idées ; il pourra vous aider s'il a vu le tueur. Il aurait dû m'en parler !

— Il ne sait peut-être pas qu'il l'a vu.

— Mais c'est pareil pour moi ! s'affola Casgrain. Tout d'un coup le maniaque pense que je sais qui il est. Il va vouloir me massacrer !

Graham le rassura. Des vigiles garderaient discrètement son club sportif. On ne pourrait s'en prendre à lui.

Rouaix et elle annoncèrent à toutes les unités qu'ils se dirigeaient vers la maison d'un suspect.

Et ils arrivèrent chez une vieille dame, Blanche Dubois, qui refusait de les laisser entrer, car elle avait lu les journaux. Elle finit par ouvrir quand Graham lui dit qu'elle avait sa photo dans *Le journal de Québec* et qu'elle pouvait ainsi prouver son identité. Blanche Dubois entrebâilla sa porte ; elle n'avait rien de la créature de Tennessee Williams. Elle était très ronde, avec d'incroyables joues rouges et des lunettes retenues par une chaîne en argent trop brillante pour être vraie.

— Je n'ai jamais entendu parler de Mike Richard, expliqua l'aïeule, il n'habite pas ici. C'est moi qui vis dans cette maison depuis soixante-seize ans. Je n'ai jamais vu ce M. Richard. Qu'est-ce qu'il a fait ?

— On ne sait pas encore, madame. C'était juste une vérification.

Graham courait-elle après un fantôme ? Le Collectionneur avait-il donc tout prévu ? Il s'évanouissait dans la nature après ses crimes : faux nom, fausse adresse. Mais vrais meurtres. Tandis que Rouaix expliquait par radio que l'opération était abandonnée, Graham remerciait la vieille dame.

Elle confessa ensuite à son équipier qu'elle regrettait de ne pas avoir mangé de poulet : ils avaient perdu leur temps.

— Tu exagères toujours, Graham ! On a un nom qui correspond à un autre sur la liste des empailleurs. Beauchemin va voir Casgrain et le taxidermiste qui a parlé de Michel Richer et il va faire deux portraits-robots. On verra s'ils se ressemblent. Je suis sûr que c'est le même gars. Je me demande seulement où il est. Il doit bien avoir une adresse postale, un numéro d'assurance sociale.

— Oui, à son vrai nom.

— Il faut qu'on ait la liste de tous les techniciens en électronique. D'ici et des États-Unis. Richard a dû étudier comme tout le monde. Il a laissé des traces de son passage quelque part. Sous son vrai nom, avant qu'il commence à tuer. Tu penses qu'il a de trente à trente-cinq ans, il travaille donc depuis une bonne douzaine d'années. On va retrouver son école.

— Il a le temps de tuer une couple d'autres personnes avant qu'on l'arrête ! gémit Graham.

Rouaix faillit répondre qu'elle devait savoir que leur travail était un travail de moine, souterrain, obscur, même si les flashes de l'actualité donnaient l'impression inverse. Les policiers cherchaient la faille infime dans le système érigé par un meurtrier, ils cherchaient avec l'acharnement d'un *pitbull* et la patience des centaines de femmes qui avaient réalisé les tapisseries *La dame à la licorne* du musée de Cluny. Ils travaillaient comme elles en groupe et chaque nouvel élément permettait de cerner lentement le motif. Les contours se précisaient, des visages apparaissaient, la vérité se dessinait.

— Avec l'informatique, dit-il pourtant, ça va aller vite.

— Si les écoles ont aussi un système informatique.

— Ça m'étonnerait qu'un établissement où on enseigne l'électronique et l'informatique n'en ait pas ! s'impatienta Rouaix. Tu es vraiment de mauvaise foi !

Elle se renfrogna jusqu'au poste de police, où elle admit qu'elle était légèrement pessimiste.

— C'est probablement parce que j'ai faim.

— Il reste du poulet.

— Je vais plutôt essayer d'inviter Grégoire.

— Tu le vois de plus en plus souvent.

— Je l'aime beaucoup, répondit-elle simplement. Je n'ai pas eu de frère, ni d'enfant.

Et il n'y a personne d'autre dans ma vie, pensa-t-elle. Personne qui me fasse des surprises, qui m'émeuve ou qui m'amuse. Elle était lasse de sa solitude, lasse de regretter le temps où elle était amoureuse d'Yves. Elle avait entendu un séropositif déclarer que l'idée de ne plus pouvoir tomber amoureux, de ne plus aimer ou s'en reconnaître le droit l'irritait plus que la mort elle-même. « C'est comme mourir avant de mourir. »

— Eh! Graham, dit le répartiteur quand elle poussa la porte de la grande salle, ton Grégoire a téléphoné. Il va te rappeler. Gagnon aussi a téléphoné. Tu peux le rejoindre chez lui. Mais ce n'est pas urgent.

Alain Gagnon? Que voulait-il? Elle déposa son sac à main distraitement, en composant le numéro du médecin légiste. Il répondit à la première sonnerie.

— Tu m'as appelée?

— Oui, c'est ça. Je voulais... Votre enquête progresse? Les listes?

— On a un nom, mais il est faux. Tu as trouvé autre chose?

— Non.

— Ah bon.

— Je voulais seulement te signaler qu'il y a une exposition de chats la fin de semaine prochaine. Peut-être que ça te tenterait d'y aller?

Il n'osait pas ajouter «avec moi», mais retenait sa respiration. Graham, elle, s'étonnait de cette invitation; elle ne savait pas que Gagnon aimait les chats à ce point.

— Peut-être, finit-elle par dire. Ça va dépendre de l'enquête, je crois. On n'a plus d'horaire. On n'a même pas le temps de dormir. Ni de manger.

— Tu n'as pas encore soupé ?

— Non.

— Moi non plus, mentit Alain. On peut se retrouver devant une pizza si tu veux.

Elle pensa à Grégoire ; il n'avait pas laissé de message et elle ne savait pas où le retrouver.

Elle accepta la proposition d'Alain Gagnon. Ce dernier se demanda comment il réussirait à avaler une bouchée ; il en aurait été incapable même s'il n'avait pas déjà mangé, alors... Il enfila son veston bleu, puis l'ôta, revêtit son imper. Sa sœur Louise lui avait déjà dit que le vert forêt lui allait à merveille. Il décida de garer sa voiture loin de la pizzeria ; marcher lui redonnerait peut-être un peu d'appétit.

Et Graham le raccompagnerait probablement à son auto après le repas ; il resterait quelques minutes de plus en sa compagnie.

* * *

Le Collectionneur s'était levé avant l'aube. Il dormait très peu depuis quelques semaines. Il avait rêvé de Barbe-Bleue ; il revoyait nettement les longs couloirs du château, véritable labyrinthe dont aucune femme ne pouvait s'échapper. Et toutes ces chambres où chaque victime était crucifiée sur un chevalet tendu de velours rouge ; il avait l'embarras du choix pour ses morceaux. Il allait et venait d'une pièce à l'autre, cherchant un joli pied avec de petits orteils. Les hurlements des prisonnières emplissaient le château d'une incessante clameur qui ressemblait au bruit de la scie mécanique qu'il devait parfois employer.

En s'éveillant, Michaël Rochon décida qu'il retournerait en France pour ses vacances d'été ; il avait trop envie de revoir le château de Gilles de Rais. Il l'avait visité huit ans plus tôt, et se rappelait régulièrement les hautes tours, les murs épais ; les cris des garçons devaient résonner dans la

180

cour. Le lieutenant de Jeanne d'Arc avait pu tuer autant d'enfants parce qu'il était un aristocrate ; aujourd'hui, c'était plus compliqué. Le Collectionneur se souvenait comme le soleil tapait dur au château, dorait ses vieilles pierres. Il s'était alors demandé s'il faisait soleil quand on avait pendu et brûlé Gilles de Rais pour sorcellerie. Il était persuadé qu'on l'avait exécuté plus pour ses accointances avec le diable que pour les centaines de meurtres commis entre deux campagnes militaires. Rochon déplora que ce Barbe-Bleue n'ait pas été décapité ; il aurait dû avoir droit à ce privilège réservé à la noblesse. Peut-être avait-il lui-même exigé le bûcher afin d'imiter la Pucelle d'Orléans ? C'était dommage d'imaginer les flammes au lieu d'une tête roulant sur le sol. Il avait beaucoup goûté ses après-midi à la Tour de Londres ; Anne Boleyn, Marie Stuart, Thomas More avaient péri par le fer. Quand le guide racontait l'histoire de l'Angleterre, le tueur se figurait aisément une belle épée très lourde, une bonne hache et un bourreau aux gestes sûrs. Aussi sûrs que les siens.

Il s'étira, se massa la nuque ; il avait travaillé très tard la veille, mais n'avait pas achevé son ouvrage. Il fallait être patient pour être taxidermiste : entre le moment où on avait trouvé sa proie et celui où elle était empaillée, il pouvait s'écouler des semaines. Patient, habile et rusé. Il avait déjà trouvé comment il forcerait Frédéric à le suivre.

L'air était frais à cette heure, mais il baissa toutes les vitres de la voiture pour rentrer à Québec ; il avait tellement chaud ! On aurait dit qu'il avait dormi sur une plaque chauffante, qu'il s'était cuit les omoplates et le bas des reins. Surtout le bas des reins. Il avait hâte de retrouver Frédéric. Il irait d'abord à la salle de billard ; Lionel ou Grégoire y seraient peut-être. Il les paierait bien pour savoir où habitait le petit. Lionel aimait trop la coke pour refuser de le renseigner.

Il passa devant Sport 2000, mais ne ralentit pas ; Casgrain avait remarqué son trouble quand il avait reconnu Graham. Il avait eu l'audace de retourner au gymnase, mais c'était trop dangereux maintenant. Son patron avait sûrement parlé de lui à l'inspectrice. Grand bien lui fasse, Mike Richard n'avait pas donné la bonne adresse quand il avait rempli une fiche pour Casgrain. Quoique les flics devaient avoir trouvé à quelle adresse correspondait son numéro de téléphone. C'était sans importance. Il n'avait rien laissé dans la chambre, pas un vêtement, pas un livre ; il vivait dans sa valise depuis six mois quand il était en ville. Ça ne le gênait pas. Il avait tant d'espace dans le Maine : le chalet, l'atelier, le lac. Si son père avait fait une seule bonne chose dans sa vie, ç'avait été d'acheter cette propriété ! Il avait bien tenté de la récupérer à la mort de Francine, mais son fils s'y était opposé : il tenait trop à cet héritage. Il avait réussi à effrayer suffisamment sa belle-mère pour qu'elle oublie ses rêves de villégiature. Ils ne s'étaient revus qu'une fois, après le décès de Francine, mais elle avait compris qu'elle devait renoncer au Maine. Frédéric aimerait sûrement cet endroit. Dommage qu'il n'y ait pas encore de feuilles dans les arbres, ce serait moins clair, moins gai.

Les deux gais. Quel rapport pouvait-il entretenir avec eux ?

Le Collectionneur se gara rue d'Aiguillon. Il était trop tôt pour aller à la salle de billard. Il irait déjeuner avant, lirait les journaux ; il ne doutait pas qu'on parle encore de lui. Son désir d'écrire à Graham était capricieux, il disparaissait sans raison pour ressurgir avec une grande intensité. Il aurait voulu être présent quand l'inspectrice décachetterait sa lettre. C'était impossible. S'il l'avait déjà suivie jusque chez elle, il ne s'y risquerait plus désormais. Se déciderait-il toutefois à lui envoyer une photo de Frédéric ?

Il fallait d'abord le retrouver. Il frémit en crevant les jaunes de ses œufs avec sa fourchette ; la pointe métallique numéro 16 s'enfoncerait aussi aisément dans le cou de Frédéric. Il découpa le jambon en lamelles qu'il trempa dans le jaune d'œuf avant de les déposer sur sa rôtie au pain brun. Il mâchait très lentement, car sa mère avait toujours dit que c'était la meilleure garantie pour une bonne digestion. Il but un seul café en lisant les journaux. Les reporters n'avaient pas grand-chose à ajouter à ce qu'ils avaient annoncé la veille. Les policiers refusaient de révéler comment progressait leur enquête, mais il y avait une entrevue avec Jean Casgrain. Après s'être lamenté sur son sort, ce dernier avait confié au reporter que Maud Graham était venue plusieurs fois à son club sportif. Il ne pouvait rien révéler de leurs conversations afin de ne pas nuire à l'enquête.

Avait-il peur ? avait demandé le journaliste.

Oh oui ! Il connaissait peut-être le Collectionneur. Les policiers avaient promis de le protéger. Pourtant, il tenait à le répéter, il ne savait rien. Rien de rien. Ne pouvait même pas deviner. N'essayait pas. Il laissait cela aux policiers. Lui rêvait seulement que le calme — et ses clients — revienne au gymnase.

Pauvre Casgrain ! Il ne pensait qu'à son club sportif ! Un minable, un borné, un idiot. Tant mieux ; il ne pourrait rien dire sur lui aux policiers. Il aurait aimé l'appeler pour en savoir davantage sur les visites de Graham. Savoir si cette femme commençait enfin à comprendre qu'elle perdrait la partie.

Il faisait un vent à écorner les bœufs quand il traversa le boulevard Dufferin. Un vent semblable à ceux qui précèdent les formidables ouragans de la Floride. Il revoyait les arbres fracassés, les maisons démolies, les rues dévastées, il entendait les cris de sa mère qui lui ordonnait d'aller chercher les photos du concours de beauté dans la chambre du haut. Il se souvenait de cette fille qu'il avait entraînée si facilement dans sa voiture en lui proposant de se mettre à l'abri. Il ne s'était même pas inquiété de cacher le corps, car il avait assommé la fille au lieu de l'étrangler ; il n'avait eu qu'à jeter le cadavre derrière un palmier effondré. Il y avait des avantages à vivre à Fort Lauderdale. Mais c'était beaucoup trop loin du Maine où il bâtissait alors son atelier.

Il remonta le col de son blouson de cuir brun. Il entra

dans une tabagie pour acheter de la gomme à mâcher sans sucre et s'étonna que tant de gens achètent encore tant de variétés de cigarettes ; il fallait être vraiment faible pour ne pas pouvoir s'arrêter de fumer. On savait pourtant quels ravages causait la nicotine ! Il n'avait pas une belle peau et des dents aussi blanches pour rien ; il rejetait ce qui était mal pour son corps. Il tenait à être parfait. Frédéric avait des dents merveilleuses. Il avait hâte de les toucher.

Rue d'Aiguillon, il crut reconnaître la silhouette de Grégoire. À voir son regard vague, il devait terminer une nuit de débauche. Il avait le teint pâle, même malade, les cheveux ébouriffés et il s'était rhabillé en vitesse, car sa chemise noire était boutonnée en menteuse. Il le suivit dans l'espoir que Grégoire allait retrouver Frédéric, mais il entra dans un snack-bar et s'appuya au comptoir. Bah, drogué comme il l'était, il répondrait à ses questions sans se méfier. Il s'assit près de lui, commanda un café. Puis il lui offrit une gomme à la chlorophylle. Grégoire refusa. Il le dévisageait, attendant que le prostitué réagisse.

— Qu'est-ce qu'y'a ? Tu veux mon portrait ?

C'était amusant qu'il parle de portrait quand on pensait que François Berger avait justement été piégé grâce à des photos de Grégoire. Des images qui n'existaient pas.

— Peut-être. As-tu des photos de toi ?

— Pour quoi faire ?

— Tu es un peu vieux, mais je pourrais te trouver de la job sur notre film.

Grégoire but une gorgée de Ginger ale, fit un effort pour comprendre ce que lui disait l'homme au blouson marron. Un film ? Le pensait-il si naïf ? On lui avait fait le coup du producteur au moins cent cinquante fois. Et il lui semblait que les yeux de son interlocuteur s'agrandissaient en virant au noir. Il ferait bien de l'ignorer. L'autre continuait pourtant :

— On tourne à Québec dans un mois. Je suis chargé de recruter de nouvelles têtes. Les gens aiment le changement. Ça te dirait ? Tu sais, il me semble que je t'ai déjà vu.

Grégoire entendait cette phrase si souvent qu'il ne sourcilla même pas, se contentant de regarder son verre de Ginger ale.

— Oui ! s'exclama le Collectionneur. À la salle de billard ! Tu joues super-bien au billard ! Tu étais avec un grand brun et un petit blond.

Grégoire se contenta de hausser les épaules, avant de demander un hot-dog garni à la serveuse.

— On cherche du monde de votre âge pour notre film. Entre douze ans et seize ans. T'as quel âge ?

— Seize.

— Le grand a l'air trop vieux, mais le blond ferait peut-être notre affaire. Toi, je suis sûr qu'ils vont te prendre. Mais lui, il faudrait que je le revoie.

Grégoire se tourna imperceptiblement vers son interlocuteur. Ce type ne le draguait pas : c'était Fred qui l'intéressait. Il finit son verre de Ginger ale, en commanda un second avant de répondre.

— Je sais pas. Je le connais pas beaucoup. Mais tu penses qu'il pourrait convenir ?

Il espérait que toute la candeur du monde enveloppait sa question. Il mènerait cet homme en bateau. Bien loin... Ce devait être un détective engagé par les parents de Frédéric. Il devait en savoir plus.

— Oui, il serait parfait.

— Vous ne tournez pas le film à Montréal, plutôt ? demanda Grégoire.

Michaël Rochon parut étonné :

— Montréal ? Non, pourquoi ? On cherche un petit gars qui habite Québec. On va prendre le plus de comédiens possible ici, pour éviter les frais d'hôtel. Sais-tu où habite le petit blond ? Il faudrait que je parle à ses parents pour avoir leur autorisation, puisqu'il est mineur. Toi-même, il faudrait que tu en aies une la prochaine fois qu'on se verra.

— Avec des photos de moi ?

— Non, on les fera en studio, avec un bon éclairage. Tu restes près d'ici ?

185

— Non, à Sainte-Foy, chez ma sœur.

— Et ton copain ?

— Je ferais mieux de lui en parler avant.

— Il va rater la chance de sa vie si je le manque ; je repars tantôt pour Montréal. On a une grosse réunion de production.

Grégoire fit mine d'hésiter encore un peu, puis se décida à donner l'adresse de Maud Graham : l'homme tremblait d'excitation en la notant ! Grégoire souriait en imaginant la tête que ferait le détective quand il comprendrait où il l'avait envoyé ! Il sonnerait chez Graham et... Merde ! Il lui montrerait une photo de Frédéric. Expliquerait qu'il avait fugué. Qu'il venait de Montréal. S'il parlait d'un jeune avec une veste de cuir étoilée, elle devinerait tout. Il cherchait autre chose à dire, mais l'homme déjà se pressait vers la sortie. En tout cas, il avait bien deviné, ce type ne s'était même pas donné la peine de lui fixer un autre rendez-vous. Son discours était cousu de fil blanc. Du cinéma !

L'homme était si désireux de retrouver Fred qu'il faillit se frapper la tête en ouvrant la porte. Grégoire le vit s'éloigner à la course.

Il ne pouvait pas savoir dans quelle colère il avait mis le Collectionneur en lui mentant. Les passants qui croisèrent Michaël Rochon s'écartèrent spontanément sur son passage, comme ils l'auraient fait à la vue d'un animal enragé. L'assassin se calma pourtant en se répétant qu'il piégerait Frédéric s'il suivait Grégoire toute la journée ; ce dernier conterait sûrement à son jeune ami qu'on le recherchait et qu'il avait berné l'homme qui voulait son adresse.

Il l'aurait avant la fin du jour !

Chapitre 10

La fouille de la chambre du suspect avait été décevante. On cherchait encore des empreintes sur les murs et les cadres de portes. La pièce était vide à l'exception d'ustensiles et d'une pile d'assiettes. Propres et sans empreintes. Si cette précaution prouvait que Mike Richard avait quelque chose à cacher, elle n'indiquait pas dans quelle direction chercher et Graham misait beaucoup sur le portrait-robot réalisé par Pierre Beauchemin. Le visage de Mike Richard alias Michel Richer avait été envoyé dans tous les clubs sportifs de la province. On saurait rapidement si ce technicien avait travaillé au Nautilus ou à Plurial Sports où s'entraînaient Diane Péloquin et Muriel Danais. Même si Diane Péloquin était morte plus de trois ans auparavant, on se souviendrait peut-être de cet homme chez Plurial Sports, car le directeur du club, Gilbert Venne, était toujours en poste. Il s'était absenté pour assister à un mariage, mais il trouverait la télécopie le lendemain matin en rentrant au bureau. Un employé avait expliqué à Maud Graham que Gilbert Venne n'engageait que des réparateurs formés à Fort Lauderdale chez Plurial Sports. L'équipement était un modèle de haute technologie et seuls des techniciens accrédités par Plurial Sports pouvaient travailler dans une des franchises. Il y en avait deux seulement au Québec, mais une bonne vingtaine aux États-Unis.

Graham avait retenu son souffle tout le temps que l'employé

lui parlait ; il fallait que Venne reconnaisse Michel Richer !
C'était lui le Collectionneur, elle le sentait. Et elle l'arrêterait ; il cesserait de terroriser sa ville. Un angoissant sentiment d'irréalité paralysait Québec ; les cinémas, les centres
commerciaux, les parcs étaient déserts durant la soirée. Les
chauffeurs de taxi, qui avaient apprécié le tourisme généré
par l'événement, constataient qu'ils travaillaient moins le
soir, malgré les visiteurs. On vivait chez soi, en famille.
Après un premier élan de sympathie pour leurs concitoyens
qui éprouvaient les mêmes peurs, les gens oubliaient leur
désir de symbiose, car ils n'avaient rien pour l'alimenter : on
s'ennuyait à ressasser les mêmes nouvelles, le plaisir de critiquer les autorités s'usait indéniablement. L'enquête ne progressait guère ; aucun rebondissement. On se parlait de moins
en moins dans les endroits publics. On n'allait pas tarder à
se méfier de ses amis. Il faudrait bien trouver un coupable.

La délation. Graham voulait arrêter le Collectionneur
avant que les dénonciations n'entachent la capitale. Elle espérait évidemment qu'un informateur lui donnerait des indices pour trouver le tueur, mais elle savait qu'on accuserait
bien des innocents si le massacre se poursuivait. On avait
déjà commencé. Il fallait enquêter sur les personnes dési-
gnées par les lettres anonymes, mais elle priait ses adjoints
d'être discrets. Très discrets. La calomnie détruit si aisément.

Alain Gagnon lui avait expliqué que l'erreur judiciaire
l'inquiétait tant qu'il lui arrivait de recommencer des tests
plusieurs fois. Il lui avait raconté qu'un de ses professeurs, à
Detroit, était hanté par le souvenir d'un homme injustement
condamné par les mauvais résultats d'un test.

Graham éteignit les lumières de son bureau en se disant
qu'elle mangerait bien une autre pizza en compagnie du
médecin. Elle n'imaginait pas qu'il fût si bon conteur. Après
l'avoir écouté parler de son enquête, il l'en avait distraite en
relatant ses voyages. Il s'était beaucoup promené après son
long séjour à l'hôpital : l'Europe, l'Asie. Il avait une manière
très poétique de décrire les pays visités. Elle voyait les palais

des émirs, la Grand-Place de Bruxelles, les pousse-pousse des Thaïlandais, leurs éternels sourires, l'immensité du Sahara, les Goya de l'Espagne, les gondoles vénitiennes, les mangues de l'Indonésie, les chanteurs de sérénade, les belles Andalouses et les Corses si ombrageux. Il avait beaucoup parlé, mais elle n'en avait pris conscience qu'au moment où il s'était excusé, confus.

En plus d'être intéressant, il avait de belles mains. Dommage qu'il fût si jeune. Elle devait le considérer comme Rouaix, repousser le rêve, elle ne se briserait pas les ailes encore une fois. Elle commençait à peine à oublier Yves. Alain Gagnon l'avait invitée à manger parce qu'il était gentil, tout simplement. Il n'était certes pas attiré par une femme plus âgée et plus grosse que lui.

Elle devait s'en persuader, cesser de se rappeler ses maladresses, sa façon de la regarder, trop intensément, trop souvent, en rougissant parfois, ses invitations aussi vagues que nombreuses pour l'exposition de chats, la voile l'été, le ski l'hiver, le cinéma un dimanche, un restaurant à l'île d'Orléans, et même une virée à New York où il connaissait des tas de gens. Et d'autres soirées-pizzas, pourquoi pas ? Il adorait la cuisine italienne et ne s'en lasserait jamais. Elle avait alors parlé de Grégoire, de son attachement pour lui, des craintes qu'elle avait face à son avenir, de son impuissance à le raisonner, à l'amener à changer de vie.

Elle songeait précisément au prostitué, se disant qu'elle aimerait lui raconter sa soirée avec Alain Gagnon, quand il téléphona. Il était tout près de la centrale ; avait-elle faim ? Oui, bien sûr, elle avait toujours faim ; c'était ça son drame. Pourquoi pensait-il que c'était si difficile de cesser de fumer ? Ils convinrent de souper chez elle. Grégoire dit que son cousin se joindrait à eux. Elle ferait livrer des mets chinois. Le poulet à l'ananas ne serait que friture, les nouilles seraient trop cuites, comme les germes de soya, le riz serait un peu sec, les travers de porc à l'ail sucré seraient trop gras, mais elle en avait une envie tenace. Un désir impérieux d'une nourriture qui ne serait pas bonne pour la santé.

Grégoire la rejoignit à l'entrée du stationnement. Il avait l'air soucieux malgré ses sourires. Il lui cachait quelque chose. À propos de François Berger ? Elle mit une cassette de Chet Baker, fredonna les premières mesures. Grégoire jouait trop nerveusement avec ses lunettes fumées pour goûter *My Funny Valentine*. Que savait-il ? Il avait parlé à Frédéric, le vrai nom de Dan, qui acceptait de la rencontrer.

— Je pense qu'il est décidé à retourner à Montréal.

— Quoi ?

— Ben oui, il avait fait une fugue. Il reste pas à Québec d'habitude.

— Tu ne me l'as pas dit.

— Tu me l'as pas demandé, Biscuit.

Il flatta longuement Léo, demanda à Graham d'ajouter des *won ton* frits à sa liste et décapsula une bière tandis qu'elle téléphonait au restaurant. Elle l'observait du coin de l'œil ; il buvait de grandes gorgées. Il s'alluma une Player's, chercha un cendrier.

— Tu les as jetés ?

— Ça m'a tenté. Mais ne te gêne pas, vraiment. À quelle heure Frédéric doit-il arriver ?

— Vers sept heures. Engueule-le pas. Il est déjà assez mal comme ça. Il veut savoir si ses parents l'ont fait rechercher...

— Ah ! C'est pour ça que vous me visitez ?

Grégoire lui tira la langue, puis s'assit près de Léo. Au bout de cinq minutes, Graham le questionna :

— As-tu quelque chose à me dire à propos de Berger ?

Il secoua la tête, étonné. Il ne lui avait rien caché à son sujet.

— Je n'ai pas dit ça. Mais il me semble que tu veux me parler et que tu n'oses pas, alors j'essaie de comprendre, de deviner.

Il s'impatienta ; il détestait quand elle avait ce ton d'assistante sociale. Puis il s'esclaffa :

— Tu pourrais jamais ! Mais comme c'est drôle, je vais te

le conter. Ce matin, j'ai vu un bonhomme qui voulait faire faire du cinéma à Frédéric ! Il pensait que je marchais dans sa combine, mais moi, je savais bien qu'il recherchait Fred. J'ai vu que c'était un détective privé. Quand il m'a demandé l'adresse de Fred, je lui ai donné la tienne.

— Grégoire !

— T'es fâchée, Biscuit ? C'était juste pour rire. Je trouvais ça comique d'envoyer un détective chez un détective.

— Je ne l'ai pas vu. Et je suis restée ici jusqu'à onze heures. À quelle heure lui as-tu parlé ?

— Tôt. J'allais me coucher. Vers huit heures.

— Il n'est pas venu. Il ne t'a pas cru.

Grégoire termina sa bière d'un trait pour dissimuler sa déception. Il aurait pourtant juré que le type était parti chez Graham ; il était sorti si rapidement du snack-bar. Il alla chercher une autre bière sans en offrir une à son hôtesse.

— Tu vas bouder longtemps ?

— Le temps que ça va me tenter. J'ai pas le droit ? De toute manière, je boude même pas, mais c'est tout ce que tu trouves parce que je t'énerve avec mes cigarettes.

— Grégoire !

— Quoi, Grégoire ?

— Je ne suis pas si immature.

Elle se servit aussi une bière, perplexe ; était-elle aussi mûre qu'elle le prétendait ? Elle était très sensible aux petits tracas de la vie quotidienne, à ses puérilités. Une boîte de conserve qui lui résistait, un magnétoscope qui n'avait pas enregistré le film, un messager en retard, tout cela l'horripilait. Elle entreprit de mettre la table en se demandant si elle serait sage un jour. Elle jeta un coup d'œil sur Grégoire. Il était particulièrement nerveux. Trop de coke ? Un mauvais client ? L'assassinat de Berger, probablement.

— Qu'est-ce que t'as à me regarder comme ça ? Tu veux mon portrait ? C'est ce que j'ai dit au gars ce matin.

Elle préféra changer de sujet. Il était souvent agressif quand ils se retrouvaient puis, après quelques minutes, il se

191

calmait, se rappelant qu'elle ne le jugeait pas.

— Beauchemin a fait un portrait-robot d'un suspect aujourd'hui. Est-ce que je peux te le montrer ? Peut-être que tu as déjà vu cet homme avec François Berger ? Je sais que tu es observateur.

— Si ça peut te rendre service.

Il tentait de mettre de la désinvolture dans son ton, mais Graham y décelait sans peine une certaine fierté. Elle fouilla dans sa mallette, en tira une tablette et l'ouvrit, tendit le dessin à Grégoire.

— Câlice ! Biscuit ! C'est lui !

Graham dévisagea Grégoire qui avait blêmi. Elle sentit qu'elle l'imitait :

— Lui ?

Elle espéra qu'elle se trompait, qu'elle avait mal deviné.

— Le gars que j'ai envoyé ici ! Je savais pas qui c'était ! Je l'aurais jamais fait, sinon !

Elle posa ses mains sur ses épaules pour le calmer ; il devait tout raconter lentement et en détail. Grégoire s'exécuta, puis interrogea Graham : comment est-ce que le tueur pouvait savoir qu'il la connaissait ? Il n'avait même pas mentionné son nom. La sonnerie de la porte les fit sursauter. Graham ouvrit après avoir regardé par l'œil magique. Elle était stupide : le Collectionneur ne viendrait pas frapper à sa porte pour discuter de ses meurtres ! Le livreur donna les sacs à Grégoire tandis que Graham payait, même si Grégoire insistait pour partager les frais.

— Arrête, je vais mettre ça sur ma note. Tu es témoin, après tout.

— J'aime pas ça, Biscuit.

Il ne parlait pas du règlement des mets chinois, elle le savait.

— C'est depuis le début de la journée que je le sens. Quand j'ai vu ce bonhomme-là, ce matin, j'étais un peu gelé. Il me semblait que j'hallucinais quand je le regardais. Que sa face devenait rouge et noir au fur et à mesure qu'on parlait. Il était habillé tout en blanc. J'avais l'impression de voir une roulette de casino. Ou un infirmier. Je voulais m'en débarrasser. Il suait en hostie !

— Il ne t'a rien dit de plus ?

— Non.

Grégoire regarda sa montre, puis l'horloge murale qui indiquait sept heures quinze. Il désigna les sacs de livraison :

— On attend Frédéric ou t'as trop faim ?

— On l'attend, voyons.

— Ça me surprend qu'il soit pas arrivé. Il est toujours à l'heure. C'est presque fatigant. Il dit rien quand je suis en retard de cinq minutes, mais il prend un air sévère. Il est drôle sans le savoir.

Grégoire ne souriait pas, pourtant, en évoquant ce souvenir. Il jouait avec les baguettes chinoises en répétant à Graham qu'il ne voulait pas lui nuire.

— Je sais. Mais je dois appeler Rouaix pour lui rapporter ce que tu viens de m'apprendre.

Elle choisit le téléphone de la cuisine, afin que Grégoire constate qu'elle ne lui cachait rien. Elle raconta tout d'un trait, puis répondit par monosyllabes. Elle regarda l'heure deux fois en cinq minutes et Grégoire sentit son estomac se nouer ; il ne mangerait pas de poulet à l'ananas ni de *won ton* frits si Frédéric n'arrivait pas dans les dix secondes.

Quand Maud Graham raccrocha le téléphone, elle confia son inquiétude à Grégoire.

— Mais le Collectionneur s'en prend juste aux adultes, Biscuit !

Elle ne pouvait rassurer son protégé. Le tueur était un ogre affamé qui poursuivait un but très précis ; il ne s'était pas informé sans raison de Frédéric. Elle demanda à Grégoire où il habitait.

— Chez Lionel, enfin, c'est une façon de parler.

— Appelle-le ! Il faut qu'on sache où est Frédéric !

— On a pas le téléphone.

— Je vais envoyer une voiture le chercher.

193

Grégoire accepta de donner l'adresse contre la promesse qu'on ne nuirait pas à Lionel ; il squattait, bon, mais il ne faisait de mal à personne. On ne voulait nulle part des jeunes prostitués, il fallait bien dormir, pourtant !

— Je vais y aller. Toi, reste ici. Je t'appelle dès que je serai sortie de chez Lionel.

Grégoire acquiesça, incapable de parler. Frédéric. Pourquoi ne l'avait-il pas renvoyé tout de suite à Montréal ?

Quand le téléphone sonna, il posa la main sur l'écouteur, mais hésita à décrocher ; il ne voulait pas entendre Biscuit lui dire qu'elle n'avait pas trouvé Frédéric. Ajouter qu'il avait quitté l'immeuble une heure plus tôt en annonçant à Lionel qu'il allait rejoindre son ami.

Grégoire indiqua quel trajet il avait suggéré à Frédéric. Graham demanderait à deux policiers de le refaire lentement, à la recherche d'indices. Elle irait directement au bureau retrouver Rouaix, mais elle tenait à ce que Grégoire reste chez elle, au cas où Frédéric se manifesterait. Un policier sonnerait à la porte dans dix minutes. Pour le protéger. Si jamais le Collectionneur...

Elle ne pensait pas que Mike Richard irait chez elle s'il avait enlevé Frédéric, mais elle voulait aider Grégoire. Il était atterré et bredouillait que tout était sa faute. Et elle n'avait pas le temps de le rassurer.

Rouaix et Fecteau lui firent répéter la rencontre de Grégoire et du suspect devant Turcotte, Léger, Lebrun et Moreau.

— Il faut l'arrêter avant qu'il...

— Qui est le petit gars ?

— Il vient de Montréal. On doit avoir un avis de recherche.

— Tu vas appeler ses parents, Graham ?

Avait-elle le choix ?

— Ils vont se grouiller à Montréal pour nous retrouver Venne, dit Turcotte. Maintenant que la victime est de leur coin.

Graham se retint. Frédéric n'était peut-être pas encore une

victime et le chauvinisme n'était pas propre à la métropole. On n'avait qu'à penser à l'attitude des Québécois quand un match de hockey opposait les Nordiques aux Canadiens.

On avait déjà interrogé les chambreurs qui habitaient dans la même pension que Mike Richer, on questionnerait maintenant tous les voisins, espérant que le suspect avait parlé à l'un d'entre eux. Le moindre indice concernant ses déplacements serait le bienvenu.

— Et la Chevrolet?

On l'avait trouvée le matin même, abandonnée dans le stationnement d'un presbytère.

— Les gars du labo travaillent dessus; ils ont découvert de la terre qui ne vient pas de la région de Québec.

— Ça, je le savais, s'impatienta Graham. Rien d'autre?

— Ça prend du temps, dit Turcotte.

Trop! pensa Graham. Beaucoup trop.

* * *

Frédéric tentait d'ouvrir les yeux, mais ses paupières étaient si lourdes. Bien pire que les matins d'hiver quand Anouk essayait de le réveiller pour aller à l'école et qu'il faisait encore noir. Là, c'était différent, il voulait se lever, mais ne le pouvait pas. Ses paupières n'étaient pas seules à être lourdes, tout son corps lui pesait. Il entendait de la musique et se demandait si Grégoire était rentré ou si c'était Lionel qui avait ouvert la radio. Il reconnut une chanson d'Elvis Presley; c'était donc Lionel qui était dans la pièce. Grégoire aurait fermé la radio, ce n'était pas son genre d'aimer Elvis. Quelle heure pouvait-il bien être? Et pourquoi est-ce que sa langue était si épaisse? Il se rendormit.

Une douleur fulgurante le réveilla. Il devait hurler quand Michaël Rochon lui enfonça une tige métallique dans la fesse gauche, mais il ne s'entendait pas, il sentait seulement cette brûlure qui était pire, oh, bien pire que la fois où il s'était

195

ouvert le coude sur le coin d'un classeur. Il se démena pour fuir cette atrocité, mais il ne pouvait pas bouger. Il eut si peur en comprenant qu'il était attaché qu'il s'évanouit.

Michaël Rochon lécha le sang qui maculait la tige métallique, puis il transporta Frédéric dans la petite pièce attenante à l'atelier. Il ne voulait pas qu'il voie tout de suite son œuvre. Il parlerait avec lui avant pour s'assurer qu'il avait fait le bon choix.

L'enfant reprit connaissance plus tôt qu'il ne l'avait espéré. Il s'approcha de lui et lui tendit une bouteille d'Orangina.

— Tu dois avoir soif, Frédéric.

Frédéric regarda l'homme qui se penchait vers lui. Il était habillé en blanc, avec une sorte de masque qui pendait dans son cou. Ce devait être un médecin. Tantôt, on lui avait fait une piqûre. Une épouvantable piqûre. Que lui était-il arrivé ? Il tentait de se souvenir. Il marchait pour se rendre à l'arrêt de l'autobus qui devait le mener chez Maud Graham. Puis ce médecin lui avait parlé, lui avait dit que Grégoire était blessé et qu'il pouvait l'emmener aussitôt à l'hôpital où son ami le réclamait. Frédéric s'était approché de la voiture. L'homme avait ouvert sa portière, lui avait expliqué que son ami avait été attaqué. Tout à coup, l'homme avait poussé un cri en regardant derrière Frédéric. Il s'était retourné. Puis plus rien.

Pourquoi l'avait-on attaché s'il était à l'hôpital ? Qui lui avait enlevé son jean pour lui faire une piqûre ? La chambre était toute blanche, mais il ne voyait pas d'infirmière, et son lit était trop bas pour un lit d'hôpital. Pourtant, il y avait un plateau sur la table de chevet, un plateau en inox où se trouvaient un scalpel, une seringue, des pinces, des aiguilles et une tige de fer.

— Qu'est-ce que je fais ici, monsieur ?

— Tu vas m'aider à former une belle famille. Il n'y a rien de pire que les séparations.

— C'est mon père qui vous envoie ! Vous travaillez avec lui à l'hôpital ?

Michaël Rochon dévisagea Frédéric ; mais non, son père était comptable dans une industrie pharmaceutique, pas dans un hôpital.

Frédéric se tut, devinant lentement qu'il n'était pas à l'Hôtel-Dieu, ni à Notre-Dame, et que l'homme qui lui parlait était dangereusement troublé. À moins qu'il n'y ait une méprise. Il devait le prendre pour un autre. Non, il l'avait appelé Frédéric. Il savait qui il était. Qu'est-ce qu'il lui voulait ? Le ramener chez ses parents ?

— Vous allez me ramener chez ma mère ?

— Ma mère ? Elle verra tout.

— Pourquoi vous m'avez fait une piqûre ? Je ne suis pas malade ? Et Grégoire ? Où est-il ?

Le Collectionneur haussa les épaules ; Grégoire n'était qu'une petite tapette.

— C'est mon ami ! Vous devriez me laisser partir parce qu'il va appeler la police. Il connaît bien la détective Maud Graham, celle qui a sa photo dans le journal.

Rochon éclata de rire : Maud Graham ? Vraiment ? C'était une incapable ! L'avait-elle empêché de tuer Josiane Girard et François Berger ? Elle n'était bonne qu'à faire des déclarations dans les journaux.

Frédéric vomit en comprenant qu'il était avec le Collectionneur. Il vomit sur lui et son tortionnaire se fâcha ; il détestait les gens qui se salissaient. Il le détacha pour lui ôter son coton molletonné. Frédéric se fit plus mou qu'il ne l'était en réalité, espérant que l'homme ne le rattacherait pas tout de suite. Il fallait qu'il s'empare du scalpel ou d'une pince pour se défendre. Il fallait qu'il refoule sa peur au plus profond de son être, sinon il était perdu.

— Michaël ! Eh ! Michaël ! Ne te rendors pas.

Pourquoi l'appelait-il Michaël maintenant ? Il ouvrit les yeux, s'efforça de sourire tandis que l'homme tirait sur un des liens. Il dit « Michaël » d'un ton ni interrogatif ni affirmatif. L'homme répondit immédiatement :

— Qu'est-ce qu'il y a ?

197

— Je m'excuse.

Son bourreau haussa les épaules.

— J'ai froid sans mon chandail.

— C'est normal : c'est moi qui garde toute la chaleur.

— Pouvez-vous regarder dans mon sac à dos ? Il y a un autre chandail.

Le Collectionneur hésita, puis se leva et sortit de la pièce. De sa main libre, Frédéric s'empara d'une des aiguilles. Il aurait préféré le scalpel, mais l'outil était trop gros pour qu'on ne remarque pas sa disparition. Il dissimula l'épingle sous lui en souhaitant ne pas se piquer.

Il tâta sa fesse, comprit qu'il avait saigné et eut un haut-le-cœur, mais il ne vomit pas. Il se mit à pleurer en pensant à sa mère et à Anouk. Et même à son père, à Dan et à Sébas. Si Grégoire et Graham ne le retrouvaient jamais ? Le Collectionneur tuait ses victimes, il le savait. Que voulait-il de lui ? Il se remémorait les articles des journaux et sentit la panique le paralyser. Il n'aurait pas dû fuguer. Il essuya ses larmes en entendant son bourreau revenir vers lui. Qui était-il ? Il aimait le blanc, en tout cas. Et Elvis Presley. Il s'appelait probablement Michaël. Il devait lui parler pour gagner du temps. Grégoire avait sûrement alerté la police. Et il avait dit que Graham était sur une piste, qu'elle arrêtait toujours les criminels, qu'elle était une super-bonne détective.

Il jura sur la tête de sa sœur qu'il ne fuguerait plus jamais si on le libérait.

Il jeta un coup d'œil sur les instruments chirurgicaux et déglutit : est-ce que Michaël s'en servirait avant l'arrivée de Graham ? Des sueurs froides coulaient le long de ses tempes, de son échine. Il n'avait jamais eu si peur de sa vie. Il pensait même que son cœur s'arrêterait de battre si ça durait trop longtemps.

Il se laissa habiller docilement, espérant que Michaël ne verrait pas l'aiguille, puis il se mit à fredonner *Blue Suede Shoes*. Michaël s'exclama :

— Je le savais ! Je savais que tu serais parfait ! On fera la plus belle des familles ! Maman va nous trouver beaux, je te le jure. Je lui avais promis.

— C'est... vrai qu'on est beaux, balbutia Frédéric. Tu ressembles à un ange, habillé en blanc.

— Maman aussi avait une robe blanche quand elle allait travailler. Je vais finir de m'occuper de papa, puis je reviendrai avec toi pour te rassembler.

Il s'éloigna après avoir vérifié ses liens et Frédéric soupira de soulagement tout en tentant de décoder ce qu'avait dit le Collectionneur. Il avait peur de comprendre, tout en sachant que le maximum d'informations lui permettrait de continuer à discuter avec l'homme. Est-ce qu'il retenait aussi son père et sa mère prisonniers ? Pourquoi avait-il tué toutes ces personnes avant eux ? Pourquoi est-ce qu'il suait autant ? Il n'avait jamais vu personne suer de cette façon. Pourquoi est-ce qu'il l'appelait Michaël ? Il avait dit « rassembler », mais il devait vouloir dire « ressembler ». Comment pouvait-il lui ressembler ? Oh ! Et s'il...

Frédéric se retint pour ne pas hurler ; et si l'homme voulait lui prendre son visage ? Il avait bien pris des tas de membres à ses autres victimes ? Qu'est-ce qui l'attirait en lui ?

Grégoire, oh, Grégoire, vite. Maman, viens me chercher.

Il se mit à pleurer. Silencieusement. Et c'était si difficile de sangloter sans bruit qu'il pensait s'étouffer. Ce serait peut-être aussi bien de mourir ainsi.

* * *

Quand Graham était rentrée pour se changer, à deux heures du matin, Grégoire était toujours chez elle. Il n'avait pas touché aux mets chinois, mais les avait rangés dans le réfrigérateur.

— Tu as peut-être faim ?

Elle secoua la tête. Elle n'était venue prendre qu'une paire de bottes et son anorak, elle repartait immédiatement. Rouaix l'attendait dans l'auto.

— Où est-ce que vous allez ?

— À Sherbrooke. On pense qu'on sait où il est.

— Je veux venir.

— Non. Tu ne peux pas. Dors ici, Frédéric va peut-être vouloir te parler quand on l'aura retrouvé.

— Tu vas le ramener ici ?

— Non, ses parents sont prévenus. On va partir de Sherbrooke pour Montréal. Je te jure que je vais t'appeler aussi vite que je le pourrai !

— Tu es sûre qu'il est encore en vie ?

— Non.

Pour la première fois depuis qu'elle le connaissait, elle vit des larmes rouler sur les joues de Grégoire, qui lui avait pourtant raconté sans un pleur qu'on l'avait battu, abusé et abusé encore.

— Garde mon Léo.

Elle sortit de chez elle en courant. Un hélicoptère les attendait à l'Ancienne-Lorette. Elle espérait que les policiers de Sherbrooke auraient plus d'informations sur Michaël Rochon. Gilbert Venne l'avait formellement identifié. Il avait même fouillé dans un vieux classeur qu'il gardait dans son sous-sol pour lui lire au téléphone le C.V. de Rochon.

— On n'engage personne qui n'a pas étudié chez Plurial, ce n'est pas compliqué. Rochon a bossé chez nous quelques mois, puis il a disparu et je n'ai plus entendu parler de lui. Drôle de gars, toujours habillé en blanc. Très méticuleux. Il travaillait bien, mais je n'étais pas fâché qu'il s'en aille.

— Pourquoi ?

— Il avait une façon de regarder quelqu'un... Comme si la personne était un objet. Il pouvait examiner les jambes d'une fille sans se soucier qu'elle s'en aperçoive. Je ne dis pas que les hommes ne reluquent jamais les seins des femmes, mais en général ils sont plus discrets. En tout cas, dans mon gymnase, on est assez polis. Lui, il s'en foutait. Je ne sais pas ce qu'il a fait, mais ça ne me surprend pas.

Venne avait expliqué que Rochon avait étudié à Fort Lauderdale où il habitait alors. Il avait toujours son adresse. Il avait ajouté qu'il était né en Floride, mais il était arrivé à Sherbrooke quand il était bébé ; il y avait vécu jusqu'à l'âge de quinze ans.

On savait déjà que Rochon ne s'était pas présenté à l'aéroport. Les employés des lignes aériennes étaient formels ; aucun Richer, Richard ou Rochon parmi leurs listes. Et personne qui corresponde au portrait-robot. À Sherbrooke, on venait d'apprendre que le père de Rochon était mort et que sa veuve avait quitté la région sans laisser d'adresse. On commençait à interroger les voisins des Rochon. À minuit. Dès qu'ils savaient que la vie d'un enfant était en cause, les hommes ou les femmes qu'on tirait de leur lit cessaient de se plaindre, fouillaient dans leur mémoire.

En arrivant à Sherbrooke, Graham se rappela qu'Alain Gagnon avait dit que le tueur ne gardait pas ses victimes vivantes très longtemps. Elle souhaita de toutes ses forces qu'on ait récolté un indice. Les policiers de Sherbrooke avaient bien travaillé ; ils avaient réveillé les directeurs des écoles primaires et secondaires pour leur demander de téléphoner à leur tour aux professeurs qui auraient pu enseigner à Michaël Rochon. À deux heures du matin, toute la ville était debout, anxieuse. Une femme avait alors donné deux noms : Jacques Vézina et Marc Potvin. C'étaient des amis de Michaël ; elle se souvenait parfaitement d'eux. C'était sa première année d'enseignement et ils avaient tout fait pour la décourager de faire ce métier. Pensez donc ! Michaël Rochon avait mis un rat mort dans son cartable. Il avait aussi décapité la poupée de Ghislaine Martin. Et celle de Sonia... Elle ne se souvenait plus du nom, mais elle était certaine du fait. Michaël n'avait que dix ans, et pourtant il voulait maladivement attirer l'attention ! Il avait grimpé au poteau de téléphone !

Marc Potvin avait déménagé, mais Jacques Vézina apprit

aux policiers qu'il n'avait jamais revu Michaël Rochon. Il avait cessé de le fréquenter en secondaire I. Quand ce dernier était allé étudier à Québec.

— De toute manière, il m'avait paru trop bizarre durant mes vacances au chalet des Rochon.

— Le chalet ? dit Graham.

— Dans le Maine. Un coin perdu. On pouvait faire du pédalo sur le lac et mettre de la musique aussi fort qu'on voulait, on ne dérangeait personne. Mais Michaël voulait tout le temps qu'on chasse et moi, je n'aimais pas trop ça. Faire fumer des grenouilles, je ne trouvais pas ça si drôle.

— Où, dans le Maine ?

Elle parlait calmement, de crainte de communiquer son angoisse à Vézina et qu'il n'ait un trou de mémoire en s'efforçant de trop bien faire. C'était déjà arrivé.

— Je ne me rappelle pas le nom du village, mais il y avait une rivière, pas loin, qui s'appelait Misery. Je m'en souviens parce que ce n'était pas misérable du tout chez les Rochon. Sa mère se plaignait tout le temps de son mari, mais moi je pense qu'il s'était bien débrouillé.

— Misery ? répéta Rouaix. C'était proche de la frontière ?

— Il me semble. Mais ça fait longtemps.

— Vous pourriez identifier le chalet ?

Vézina hésita, puis ferma les yeux avant de s'écrier :

— Jackman ! Il était jaloux parce que ça ressemblait à Jacques ! Il disait qu'il y aurait un jour une ville qui porterait son nom. C'est ça !

Vézina avait bien envie de demander des explications, mais les visages tendus des policiers, de cette femme assise sur le bord de sa chaise, qui le dévorait des yeux, l'en empêchaient. Qu'avait donc fait Michaël ?

— Venez avec nous. Habillez-vous en vitesse.

Vézina prit pourtant le temps de rassurer sa femme ; il serait bientôt de retour.

Il ne pensait pas qu'il reviendrait à ce point bouleversé qu'il en ferait des cauchemars durant des mois.

Il parla de Rochon durant tout le trajet. Maud Graham l'écoutait avec une attention quasiment gênante. Elle lui faisait préciser certains détails, l'interrogeait sur les parents de son camarade d'enfance, sur son comportement à l'école avec les autres enfants. Pourquoi étaient-ils amis ?

— J'étais sportif. Il voulait l'être aussi. Je lui avais parlé des Spartiates et il disait qu'il en serait un. Il se baignait toujours le premier en juin, quand l'eau est si glacée qu'elle scie les jambes. On faisait beaucoup de bicyclette. Il était capable de réparer les vélos aussi bien qu'au magasin. Il tenait ça de son père. M. Rochon était toujours en train d'inventer quelque chose. Si sa mère avait été moins bête, aussi.

— Vraiment bête ?

— Elle nous donnait l'impression qu'on était sales quand on rentrait dans la maison. On sortait de l'eau ! Elle nous regardait avec un air un peu dégoûté. Elle ne nous parlait pas, elle passait son temps à trier des photos.

— De Michaël ?

— Non, je ne pense pas. Je ne l'ai jamais vue le prendre en photo, tandis que lui, au contraire, la photographiait souvent. Elle n'était pas si belle que ça. Même si elle avait gagné un prix. Moi, je ne le lui aurais pas donné. Une femme qui ne sourit jamais ne peut pas être belle !

L'hélicoptère se posa dans le champ que les autorités du Maine avaient indiqué au pilote. Deux voitures de police attendaient les passagers. Il y avait des îlots de neige et Vézina redouta alors de ne plus retrouver le chalet ; il y était toujours allé en été. Le paysage était si différent en ce début de mai ! Puis il reconnut la maison rouge au carrefour. Il fallait prendre à droite. Puis à gauche. Là, il y avait un garage. Une épicerie. Elle n'y était plus. Mais le second garage était toujours là. Ensuite, il fallait compter vingt-deux milles. Comment pouvait-il être aussi précis ?

— On l'a fait à bicyclette. Aller-retour. J'étais mort.

Pas vraiment, pensa Graham. Frédéric, lui, l'est peut-être.

— On approche, dit subitement Vézina. Vous allez voir une

sorte de sentier à travers les arbres. Il faut descendre à pied.

Rouaix appela l'autre voiture, demanda aux hommes de se déployer en demi-cercle autour du chalet. Graham répéta qu'elle seule pénétrerait à l'intérieur, qu'elle seule pouvait parler à Rochon et s'offrir en otage à la place de Frédéric. Elle voulait également éviter qu'on tire sur le suspect; il le lui fallait vivant afin d'obtenir sa confession. S'il donnait les noms de victimes dont les meurtres n'avaient pas été élucidés, dont les corps n'avaient pas été retrouvés, cela permettrait d'apporter une certaine paix aux parents des disparus qui se demandaient depuis des années où était leur enfant.

— Des traces de pneus fraîches, dit Rouaix.

— Il est ici.

Rouaix et Graham s'approchèrent furtivement du chalet en compagnie de deux autres policiers. En descendant la côte, ils distinguèrent une sorte de hangar dont Vézina ne leur avait pas parlé; une construction en verre dépassait du toit. Ils se dirigèrent pourtant vers le chalet, comme ils l'avaient convenu. Ne virent rien par les fenêtres; le chalet semblait vide. Graham poussa lentement la porte, pénétra dans le salon. Fit rapidement le tour des pièces avec Rouaix: personne. Il n'y avait pas de cave, pas de grenier.

— Le hangar!

Les policiers s'étaient postés tout autour du terrain, cachés par de grosses épinettes. À cinq mètres du hangar, Graham entendit chanter *Love Me Tender* et crut qu'elle avait des hallucinations.

— Qu'est-ce que ça veut dire? chuchota Rouaix, estomaqué.

— Comment va-t-on entrer?

La porte du hangar n'était pas en bois, comme le reste de la construction, mais en métal. Il n'y avait aucune fenêtre. Un rai de lumière bordait la porte, indiquait une présence.

— Il faut couper le circuit électrique. Rochon va sortir pour voir ce qui se passe.

— On le cueillera à ce moment-là. J'ai trop peur qu'il tue le petit si on fait une sommation.

Rouaix l'approuvait ; Rochon devait être dans un état second. Comme eux. Rouaix s'était dit, une fois, que les seules personnes qui pouvaient comprendre la tension qu'éprouve un policier, c'étaient les criminels qu'il pourchassait. Il trouva le branchement électrique rapidement ; il utilisait sans gêne sa lampe de poche, puisque Rochon ne pouvait le voir. La lune, encore ronde, lui facilitait la tâche. Il sectionna le câble électrique.

La voix d'Elvis s'évanouit dans la nuit.

Graham et Rouaix se postèrent de chaque côté de la porte du hangar, prêts à dégainer. Ils avaient cessé de respirer dans le silence qui s'éternisait.

La porte du hangar s'ouvrit enfin. Rouaix balaya le hangar d'un rayon nerveux, éclaira le visage de Rochon qui plissait les yeux. Il tenait un revolver, mais le pointait vers le sol. Des cris d'enfant s'échappèrent alors du fond du bâtiment, montèrent vers les policiers qui frissonnèrent tous en même temps, retenant leur souffle, prêts à appuyer sur la détente. Ils virent de nouveau des jeux de lampes de poche, entendirent Graham :

— Rochon ! C'est moi, Graham. Je veux vous parler.

Il y eut d'autres cris d'enfant, puis le silence.

— Venez, Rochon, répéta l'enquêtrice. Laissez votre arme. C'est fini.

Les policiers, immobiles, n'entendaient plus la détective. Ils s'interrogèrent du regard, tentés d'intervenir sans en avoir reçu l'ordre de Rouaix. Leur anxiété culminait quand Rouaix réclama leur aide. Il hurla qu'on apporte des torches, interdit de tirer ; le suspect était maîtrisé.

Il n'avait opposé aucune résistance. Il était sorti lentement du hangar, les mains levées : il avait perdu la partie.

Échec et mat.

Les hommes dévalèrent la pente, s'arrêtèrent net en voyant le meurtrier. Ils avaient beau savoir que les tueurs ne sont pas physiquement différents du commun des mortels, ils s'attendaient à découvrir un être répugnant. À côté de Rouaix, un homme portant une longue chemise blanche les dévisageait tranquillement. Il ne clignait même pas des yeux quand ils dirigeaient leurs lampes de poche vers lui. Comme un iguane ou un lézard. Et il semblait ravi d'être l'objet de tant d'attention. Rouaix lui récita ses droits avant de le confier à deux hommes. En s'approchant de l'enquêteur, un des policiers remarqua qu'il suait à grosses gouttes malgré la fraîcheur de la nuit. Il lui tendit son mouchoir.

— Prévenez l'hôpital, dit Rouaix en s'épongeant le front. Graham est allée chercher le petit. En enfer !

— En enfer ?

— Est-ce qu'on rebranche l'électricité ? demanda un autre homme.

— Attendez que Graham soit sortie. C'est mieux de ne pas trop voir.

Avant d'éclairer le fond de la pièce de sa lampe de poche, Rouaix prévint l'équipe qu'elle subirait un vrai choc. Il inspirait profondément pour vaincre ses haut-le-cœur. Le faisceau lumineux glissa lentement sur le mobile, arrachant des cris d'horreur, des imprécations, des jurons, des plaintes, des « mon Dieu » et des « crisse », des « oh non, non », des « pitié ». Et des silences. Puis les borborygmes de l'agent Stevens qui vomissait pour la première fois en dix ans de carrière.

Même s'il travaillait encore vingt ans, ou cinquante, ou cent, il ne reverrait jamais une telle monstruosité.

Stevens entendit Graham, au fond du hangar, qui parlait à Frédéric, qui chantait une berceuse, qui répétait « Frédéric » et encore « Frédéric », sur un ton plus doux qu'un pétale de pavot, et il aurait aimé qu'elle le rassure aussi, qu'elle lui dise qu'ils faisaient tous un cauchemar. Il se demandait comment il chasserait l'épouvante de son esprit quand il voudrait s'endormir. Il espérait que sa femme comprendrait qu'il niche sa tête entre ses seins pour trouver le sommeil. Pendant des semaines.

Le mobile mesurait près de quatre mètres de hauteur. Le Collectionneur avait dû percer le toit du hangar et installer un échafaudage pour donner à son œuvre macabre les dimensions souhaitées. Rouaix avait d'abord cru voir deux épouvantails dont les poids étaient équilibrés par une énorme barre de métal d'où pendait un objet qu'il ne parvenait pas à identifier. Il n'avait pas eu à s'approcher beaucoup pour comprendre que le plus grand mannequin du mobile était composé des membres que Rochon avait pris à ses victimes. Une poupée grandeur nature. Des bras, des jambes, des seins, des pieds, des mains empaillés et reliés les uns aux autres par des fils métalliques.

Tandis que les policiers continuaient à s'exclamer, Rouaix, qui s'était ressaisi, crut discerner une sorte de tableau de bord sur une table basse près du mobile. Il continua d'avancer. Un grincement le fit sursauter, un mouvement dans le mobile arracha un petit cri à Stevens qui le suivait de près.

— Je n'y ai pas touché, dit Rouaix. Je l'ai seulement regardé.

Stevens fit un rictus ; il se demandait s'il avait déjà eu aussi peur. Il avait l'impression que cette carcasse de fer et de chair sortait d'une tombe, qu'une âme démoniaque l'animait et que la main ratatinée et légèrement brunie qui frémissait à sa gauche avait l'intention de lui serrer la gorge et de l'emporter au royaume des morts. La voix de Rouaix qui demandait à deux hommes d'amener le prévenu à la voiture l'arracha à cet horrible songe. Il inspira profondément et s'enfonça dans le hangar. Ses pas résonnèrent si distinctement sur le sol de ciment que Rouaix rassura aussitôt Graham :

— C'est nous. Je suis avec Stevens. Rochon est rendu à l'auto. Ça va ?

— Oui.

Sa voix était si basse qu'il douta de l'avoir entendue. Il s'approcha du mobile, déglutit.

— Ne l'éclaire plus, Rouaix, je vais sortir avec Frédéric. Montre-nous plutôt la sortie.

L'enfant gémit et il s'efforça de diriger sa lampe vers le sol pour ne pas l'aveugler. Graham portait Frédéric dans ses bras, appuyant fermement sa tête contre sa poitrine pour lui cacher le mobile. Elle l'avait trouvé au fond de la pièce, attaché à un lit, le regard affolé et poussant de petits cris entre de longs hurlements. Elle avait dû se coucher sur lui pour le calmer ; il tremblait si fort qu'elle avait eu de la peine à défaire ses liens. Elle aurait pu prendre le scalpel pour les couper, mais il se serait remis à hurler. Cet instrument ne semblait pas avoir servi, mais les plaintes de Frédéric et des taches de sang sur son chandail indiquaient qu'il avait été torturé. Elle avait dû refouler ses larmes pour rassurer le garçon. Elle n'avait pas cherché son jean et s'était contentée de l'enrouler dans le drap. C'est alors qu'elle avait vu ses fesses marquées à trois endroits. Elle l'avait soulevé avec mille précautions, glissant ses mains sous ses cuisses, évitant les plaies vives.

— Ça va aller ? dit Rouaix quand elle passa devant lui. Veux-tu que je le porte ?

Elle secoua la tête ; malgré ses trente-cinq kilos, Frédéric lui semblait léger. Elle gravit la pente qui menait aux voitures d'un pas régulier, comme si la moindre secousse risquait de bouleverser la victime. Les policiers s'empressèrent de l'aider à coucher Frédéric sur le siège arrière. Ils n'osaient pas rompre le silence, redoutant qu'un seul mot déclenche... déclenche quoi ? Ils ne le savaient pas. Un autre drame ? Une crise d'hystérie ? Tout était possible.

Graham posa la tête de Frédéric sur ses genoux, lui flatta les cheveux en réclamant à ses collègues une couverture supplémentaire. Elle aurait dû retourner sur les lieux du crime, mais elle ne pouvait pas quitter la victime. Elle se demanda comment elle pourrait s'y résoudre plus tard. En caressant la joue de Frédéric, elle observait Michaël Rochon, assis entre deux policiers dans la seconde voiture. Il la regardait aussi, sans ciller. Avec une expression indéchiffrable, mélange de satisfaction et de frustration. Elle devina qu'il voulait lui parler. Ce n'était pas le moment ; elle aurait nui à l'enquête en s'en prenant au témoin important. Elle n'aurait pu s'empêcher de crier sa haine et son abomination. Les policiers qui surveillaient le Collectionneur fixaient un point devant eux, évitant de regarder, de toucher le monstre comme s'il pouvait les contaminer. Eux aussi se retenaient pour ne pas l'insulter. Mais auraient-ils trouvé, de toute manière, des paroles qui auraient traduit leur pensée ? Ils n'enviaient pas Rouaix d'être resté dans le hangar.

Celui-ci hurla quand le mobile se mit à bouger après qu'il eut appuyé sur un bouton du circuit électrique. Le Collectionneur avait inventé un système pour actionner son œuvre ; un système mécanisé qui faisait bouger les pièces du mobile au rythme de *Love Me Tender*. Les membres momifiés, d'une couleur étrange, à la peau racornie et aux coutures boursouflées, se soulevaient, se pliaient, s'élevaient, s'avançaient. Rouaix recula, trébucha avant d'arrêter cette danse hallucinante.

Il cria aussi quand il aperçut, sous une table, la tête de Francine Rochon qui le regardait fixement.

— *Oh ! My God !* souffla son collègue américain.

Tétanisés d'horreur, ils savaient maintenant que l'enfer était un endroit de villégiature en comparaison de ce hangar. Dante n'aurait pas imaginé pire. Les hommes s'attendaient à voir surgir d'immondes gargouilles, des rats pestiférés, des nuages d'insectes, des créatures d'outre-tombe aux plaies grouillantes de vers, des spectres mutilés venus récupérer leurs membres coupés ; toute une cohorte de femmes et d'hommes à demi pourris, lépreux d'un long séjour en terre réclamant leur bien.

Rouaix toucha l'épaule de Stevens, qui lui serra le bras. Ils avaient tant besoin de réconfort.

Quand ils retrouvèrent un certain calme, ils entreprirent de fouiller le hangar. Ils découvrirent les plans du mobile.

Le Collectionneur voulait réaliser un trio : un homme, qui n'était représenté que par un phallus pendant au bout d'une barre de métal, une femme, dont il avait reconstitué tout le corps, mais à qui il manquait une tête humaine, et un enfant qu'il devait empailler totalement. En lisant ses notes, les policiers apprirent qu'il projetait de mettre la tête de sa mère à la place du crâne de plâtre dès qu'il aurait trouvé le troisième et dernier élément de son mobile : un enfant de douze ans, le petit mannequin de son et de tissu. Michaël Rochon avait tout dessiné, puis collé une photo de lui sur le dessin, ainsi qu'une photo de ses parents. Des calculs dans les marges concernaient la figure 3, son père ; il devait équilibrer le mobile en ajoutant du poids à cet élément qui ne comprenait que le sexe de François Berger de manière que le trio familial bouge correctement quand il l'actionnerait.

Tous les éléments du mobile étaient mus par des fils électriques qui couraient le long des charpentes métalliques. Rochon avait passé de nombreuses heures à accorder les mouvements du mobile avec la musique de Presley. Il y avait des dizaines de pages de calculs et de croquis destinés à permettre une danse démente.

Ce slow resterait gravé à jamais dans la mémoire de tous les témoins.

Chapitre II

Graham n'avait pas vu Grégoire depuis deux semaines. Elle avait arpenté la rue Saint-Jean, laissé des messages à la salle de billard sans succès. Elle s'inquiétait de son silence. Elle s'en voulait de ne pas avoir réussi à le convaincre qu'il n'était pas responsable de ce qui était arrivé à Frédéric. Elle lui avait dit qu'il avait fugué et aurait pu, tout aussi bien, tomber aux mains d'un maniaque. Un de ces pornographes qui vendent des enfants, par exemple. Un de ceux qu'on n'arrête jamais. Frédéric était solide, il s'en sortirait. Elle avait pensé : probablement mieux que Grégoire, qui devait avoir augmenté ses doses pour étrangler son sentiment de culpabilité.

Elle était sur le pas de sa porte et appelait Léo lorsqu'elle reconnut la silhouette du prostitué. Il miaula. Elle rit, se retint de lui sauter au cou, se contenta de lui passer la main dans les cheveux.

— Tu étais en voyage d'affaires ?

— Biscuit !

— Entre. J'ai des nouvelles de Frédéric.

— Il va mieux ?

— Je pense. Mais c'est un peu tôt, encore, pour se prononcer. Sa mère a laissé tomber l'alcool et les pilules. C'est toujours ça.

— Je me demande pourquoi le Collectionneur l'a pas tué avant, dit Grégoire.

— Il pensait que Frédéric était lui. Il voulait le voir suspendu au mobile, mais en même temps, il avait l'impression de se tuer. Enfin, c'est ce que j'ai compris.

— As-tu eu peur quand t'as parlé avec le Collectionneur ?

Graham hocha la tête. Oh oui, elle avait eu peur. Une peur diffuse, qui circulait dans tout son corps, comme un poison. Elle avait à peine dormi quatre heures avant d'interroger Michaël Rochon. Les trois fois. Elle ne s'était pas habituée à le rencontrer. Elle pourrait lui parler dix fois ; ça ne changerait rien. Elle ne redoutait pas qu'il l'agresse, même si elle était seule avec lui au cours d'un des interrogatoires, bravant les règles les plus élémentaires de prudence, non, elle craignait de l'entendre raconter ses crimes. Il n'avait pas hésité une minute avant de lui répondre ; elle avait vite compris que ça le faisait jouir de les évoquer, il prolongeait son plaisir en expliquant comment il avait procédé. Il énumérait les étapes avec un insoutenable souci du détail. Après leur premier entretien, il lui avait demandé si elle pouvait lui apporter des photos de ses victimes. Il prétendait qu'il avait besoin de les voir pour mieux se repentir, mais Graham avait évidemment refusé, sachant que les images auraient servi de support aux fantasmes du tueur.

— C'est vrai qu'il parle qu'avec toi ? murmura Grégoire.

— C'est vrai.

Elle ne tenait pas à savoir pourquoi. Être distinguée par le Collectionneur lui permettait d'éclaircir plusieurs points de l'enquête et d'élucider d'autres meurtres, comme elle l'avait deviné, mais elle n'aimait pas l'idée que le tueur lui porte un intérêt tout particulier. Elle se lavait les mains après un interrogatoire de Michaël Rochon. Car elles étaient moites ; Graham avait l'impression qu'une suée malsaine les imprégnait. En même temps, elle se maudissait d'éprouver une fascination pour le tueur : elle voulait comprendre comment naissaient de tels monstres. Il lui avait révélé qu'il avait eu des fantasmes sadiques dès les premières années d'école. Il se souvenait comme il s'était amusé en piquant des filles avec

une aiguille à tricoter appartenant à sa mère. Il roulait à bicyclette, ralentissait, puis enfonçait l'aiguille dans la poitrine
des adolescentes. Il ne parvenait pas à les blesser vraiment,
car tout se passait trop vite ; il savait qu'il devrait un jour
immobiliser ses proies. La terrible ambiguïté qui ressortait
des propos sur sa mère laissait croire que le mépris et la froi-
deur de celle-ci étaient en grande partie responsables de sa
psychose.

— Francine Rochon n'a jamais témoigné d'affection à
son fils et il a trouvé d'autres moyens d'attirer son attention.

— Arrête, Biscuit ! Te rends-tu compte de ce que tu dis ?

— Oui. Je sais que ce ne sont pas tous les enfants mal ai-
més qui deviennent des tueurs en série. Mais l'inverse est
vrai. Il faut le dire ! Ça devrait faire réfléchir les parents qui
ne s'occupent pas de leurs enfants.

Grégoire soupira ; qu'elle était donc naïve !

— Câlice, Biscuit ! On dirait que t'as dix ans des fois et
que tu crois encore au Père Noël. C'est pas tes déclarations
dans les journaux qui vont changer ma mère.

Il se tut, puis ajouta, plus bas :

— Je me demande encore pourquoi elle m'a eu.

Graham lui serra la main.

— Est-ce qu'on va enfermer Rochon à l'asile ? reprit Grégoire.

— Je ne crois pas. Il n'est pas fou.

— Ah bon ? Je me demande ce qui lui manque. Il aurait dû
manger ses victimes, peut-être ?

— Il n'est pas normal, mais il distingue parfaitement le
bien du mal. Il savait ce qu'il faisait en tuant. Son désir passait par-dessus tout.

— Mais il aurait arrêté, puisqu'il avait tous les éléments
de son mobile. C'est ce qui était écrit dans le journal.

— Je ne pense pas. Les tueurs en série n'atteignent jamais
leur fantasme suprême. Il aurait assassiné d'autres enfants.

— Quand je pense que j'ai rien fait pour...

— Laisse ! Tu ne pouvais pas deviner. Et tu n'as même

pas donné la bonne adresse à Rochon. Tu pressentais quelque chose. C'est moi qui aurais dû l'attraper avant.

Grégoire la rassura à son tour ; personne n'y serait parvenu. Des dizaines et des dizaines de personnes avaient connu Michaël Rochon et aucune n'avait deviné quelles passions démoniaques l'habitaient. Leurs témoignages, reproduits depuis deux semaines dans les journaux, faisaient pourtant état de nombreuses bizarreries. Une ancienne amie avait déclaré qu'il n'avait jamais voulu l'embrasser même s'ils avaient des rapports sexuels normaux et une autre s'était inquiétée de son admiration pour Henri VIII et Gilles de Rais. Et au sujet de cet après-midi où elle s'était coupée au doigt en faisant la cuisine : « Michaël m'avait léché l'index jusqu'à ce que le sang cesse de couler. » Des voisins d'enfance avaient dit qu'il voulait devenir prêtre pour boire le sang du Christ. Deux d'entre eux affirmaient qu'il avait tué plusieurs chats errants.

— J'ai de la misère à croire que je lui ai parlé, fit Grégoire.

— Fais comme moi, essaie de l'oublier.

Grégoire flatta Léo qui frottait le bout de son nez gris contre sa jambe.

— Pourquoi il fait ça ?

— Pour te marquer de son odeur. Tu lui appartiens un peu, après.

— C'est vrai ?

Le prostitué paraissait ravi. Il caressa le cou de l'animal, puis demanda à son amie si elle avait faim.

— Non, j'ai soupé tard.

— Je sais, je t'ai appelée deux fois dans la soirée. Qu'est-ce que t'as fait ?

Elle rougit, marmonna qu'elle était sortie avec le médecin légiste.

— Gagnon, c'est ça son nom ?

— C'est ça.

Elle voulait que Grégoire aime son collègue, elle dit une bêtise :

— Alain adore la pizza, comme toi et moi.

— Autant ?

— Presque.

Grégoire sourit en ouvrant un sac de chips au ketchup :

— Je te l'avais dit qu'il te trouvait à son goût. J'ai toujours raison. Certain !

Léo miaula pour l'approuver.

JACQUES SAVOIE

Le cirque bleu

... à Francis M.,

à Pascale et Édith

Chapitre I
Le maître de piste

Je suis arrivé par le train de six heures, celui en provenance de Chicago. Montréal dort toujours et je me demande ce que je fais dans cette ville. Il y a trois jours, je donnais mon numéro pour la dernière fois chez Barnum and Bailey ; un tour de piste sans prétention avec un éléphant. Pendant que des techniciens démontaient la cage aux lions et préparaient le prochain numéro, je faisais une petite virée avec ce gros animal qui s'appelle Lucky... tout ça en jouant de la flûte. C'est une sorte de farandole, mais l'instrument que j'utilise n'a rien à voir avec une flûte : des bouts de tuyau soudés ensemble auxquels on a fixé des cordes de violon et une table de résonance. Il suffit de parler dedans et ça fait de la musique.

Je dis que je ne sais pas ce que je fais ici, mais au fond, je le sais. J'ai une sœur qui habite par là, quelque part. Une demi-sœur, plutôt. J'ai perdu sa trace depuis un moment. Je ne sais pas où elle se trouve ni ce qu'elle fait. Elle a vingt-neuf ou trente ans. Elle est probablement incrustée dans la banlieue. Elle doit avoir des enfants.

Ça n'a pas toujours été comme ça, au cirque. Je veux dire, je n'ai pas fait que des numéros de routine. Il y a trois mois encore, je faisais équipe avec un lanceur de couteaux. Un gitan que tout le monde appelait Bobby. Il avait un succès fou à lancer des poignards sur sa nièce, une très belle fille du nom de Sally qu'il avait ramenée des pays de l'Est. Je faisais le clown autour d'eux pendant que les couteaux volaient. Un numéro qui marchait fort jusqu'à ce qu'un soir, à Oakland en Californie, tout s'arrête ! Un cri étouffé est descendu des gradins et la foule s'est levée brusquement. J'ai mal juste à y penser.

La gare est à peu près vide à cette heure et j'ai l'impression d'être sous un chapiteau. Des hommes vont et viennent, mettent tout en place pour la première représentation. Je pense souvent au cirque. J'imagine le spectacle idéal avec sa musique, sa magie, ses animaux, ses mimes et ses acrobates. J'échafaude de grands numéros. Mais à partir d'aujourd'hui, je vais devoir me contenter d'y rêver. Si je suis parti de Chicago, c'est pour me faire oublier. Depuis que j'ai mis les pieds dans ce train pourtant, j'ai l'impression qu'on m'observe, qu'on me suit. Il y avait un type au regard sombre sur le quai de la gare. Ce n'était pas Bobby, mais il lui ressemblait. Et plus loin, une femme m'épiait. Je suis certain que je n'ai pas imaginé cela. Elle me suivait du regard, j'en suis convaincu.

Pour les semer, je me suis perdu dans la gare. Au lieu de passer à la consigne chercher ma valise, j'ai fait une halte aux toilettes où j'ai regardé les gens dans le reflet de la glace. Chacun était à sa petite affaire. Il n'y avait pas de quoi s'inquiéter. Alors je suis ressorti, j'ai trouvé un petit coin tranquille sous une grande verrière et depuis, je parcours le journal en trempant les lèvres dans cette tasse qu'une serveuse remplit à mesure. Les clients qui déjeunent ont l'air triste. Je dois avoir la même allure. Pour passer inaperçu, c'est idéal.

Plus je regarde la serveuse, plus je trouve qu'elle ressemble à Sally. Les cheveux blonds et les yeux d'un bleu troublant. Mais c'est par le costume qu'elles diffèrent. Et par le maquillage aussi. Dans son habit de lumière, Sally brillait comme un phare sous le chapiteau, alors que celle-ci ne dégage absolument rien.

Il faudrait bien que je rejoigne Marthe, ma demi-sœur et

ses innombrables enfants. Comment savoir si elle a conservé son nom ou si elle porte celui de son mari ? Je pourrais aller voir rue Éliane, là où habitait Victor Daguerre, libraire et père que nous avons en commun.

J'ai les yeux rivés sur ce journal qui m'ennuie à mourir. Je ne veux pas passer la journée dans cette gare, mais je ne sais pas vraiment par où commencer.

Huit heures. C'est tôt pour téléphoner. Surtout quand on n'a pas donné de nouvelles depuis dix ans. Du côté de la consigne, les employés encore endormis ne savent pas où se trouve ma valise. Tout à l'heure, ils m'ont remis l'étui de la flûte, celle que j'utilise dans le numéro avec l'éléphant. Pour le reste, on verra.

— Votre valise sera sûrement dans le prochain train. Revenez faire un tour dans la journée.

Un tour ! Ce type ne pouvait mieux dire. Cette valise contient tout ce qui est nécessaire pour faire des tours. Il y a le costume, le maquillage, les porte-bonheur et les balles pour jongler. Encore chanceux qu'ils m'aient donné l'instrument. Mais où aller ? Du côté de la rue Éliane, peut-être. Là-bas, près de la place, le long du boulevard Delorme. Il y avait des motels autrefois. Peut-être y sont-ils encore. Ce serait pratique, je connais le quartier comme le fond de ma poche.

Je grimpe dans un taxi, nous roulons sur un grand boulevard et je suis fasciné par tout ce qui a changé. L'étui de la flûte sur mes genoux, j'ai les yeux collés à la vitre et je ne reconnais plus rien. Mais ça m'est égal, l'homme qui est au volant sait où nous allons.

— Le motel Émard ? Bien sûr qu'il est encore là ! Et le parc aussi... si on peut appeler ça un parc !

* * *

Le motel Émard est un long corridor, une caravane de gitans qui s'est arrêtée là il y a longtemps. On m'a donné une chambre tout au bout, loin de la circulation. On n'aurait pas idée de vivre dans un endroit pareil. Pourtant je m'y sens très bien. Depuis hier, je suis retourné deux fois à la gare. Toujours pas de nouvelles de ma valise. Quant au mystère qui entoure ma demi-sœur, il s'éclaircit peu à peu. Dans l'annuaire, il y a une M. Daguerre qui habite au 1444, rue Éliane. La théorie de la banlieue et des nombreux enfants s'effrite petit à petit. Comme son père Victor Daguerre, elle a dû opter pour les livres.

Je suis passé voir la maison. Elle est en mauvais état, mais elle n'est pas la seule. Tout le quartier est comme ça. Plus j'y pense, plus je me demande pourquoi je cherche à revoir Marthe. C'est vrai. De quoi parlerions-nous ? Déjà à l'époque, nous ne nous entendions pas tellement.

À la gare, j'avais l'impression d'être suivi. Maintenant, il m'arrive de l'oublier. Dans cette chambre sombre au fond du long corridor, comment saurait-on que je suis ici ? En fait, il ne manque que ma valise pour faire mon bonheur... et cette toute petite chose que je veux demander à Marthe. Mais elle me donne le trac, ma demi-sœur, comme si j'étais sur le point de faire mon entrée sur la piste. Peut-être vaudrait-il mieux lui téléphoner. Mais là encore, au cirque, on ne téléphone pas avant de faire son numéro.

Chapitre 2

Le lanceur de couteaux

Lorsqu'il se décida enfin, c'est Marthe elle-même qui répondit au téléphone. Elle était ravie de lui parler, d'avoir enfin de ses nouvelles, mais elle était pressée. Son travail à la bibliothèque prenait tout son temps et elle proposa qu'ils se voient un peu plus tard dans la semaine, un matin de préférence. Le samedi et le dimanche, c'était impossible. Ils s'entendirent pour le mardi. L'échange était plutôt chaleureux, mais lorsqu'il raccrocha, il se demanda quand même pourquoi il avait téléphoné.

Le mardi suivant, il était devant la maison bien avant l'heure. Sans comprendre ce qui le poussait, il arpenta la petite place, examinant les édifices un à un, léchant les vitrines et admirant les quelques arbres qui avaient survécu. La grande demeure du libraire n'était plus que l'ombre d'elle-même. Le blanc avait jauni, la grande véranda semblait sur le point de s'effondrer et, n'eût été des corniches qui donnaient encore de l'épaule, on aurait dit une galère sur le point de sombrer.

Il n'avait jamais vécu dans cette maison. Elle appartenait à Geneviève Granger, la mère de Marthe et deuxième femme de Victor Daguerre, qui elle-même l'avait héritée de son père, un architecte donnant dans les églises. Il n'y avait jamais habité, mais Hugo avait un faible pour cette maison.

Jusqu'à son départ pour les États-Unis, il avait secrètement rêvé d'y vivre. Tout à ses pensées, il ouvrit le portail et s'avança dans le petit jardin. Il mesurait l'étendue des dégâts lorsque la porte s'ouvrit devant lui :

— Déjà ?

Marthe était, elle aussi, méconnaissable. Un peu grassouillette, les cheveux en bataille et la peau du visage desséchée, on lui aurait facilement donné quarante ou quarante-cinq ans. Ce qui le frappa davantage pourtant, ce fut sa robe de chambre. C'était la même que celle de Sally : une espèce de serviette dans laquelle elle s'enroulait avant d'entrer en scène.

— Je... je voulais voir le quartier.

— Entre, fit-elle. Je vais travailler à dix heures, mais on a le temps de prendre un café. Ça fait combien de temps déjà ?

— Euh...

— Écoute. Ma mère est morte il y a quatre ans et ça devait bien faire cinq ans que tu étais parti.

— Ah ! ta mère est morte ?

Hugo regardait autour de lui en s'essuyant les pieds. Elle s'esquiva du côté de la cuisine.

— Je reviens tout de suite !

C'était comme dans ses souvenirs. Il y avait des livres partout. Les meubles, le plancher et la table du salon en étaient couverts. Des centaines, des milliers de bouquins. Mais curieusement, ils n'étaient pas rangés comme Victor Daguerre l'aurait fait. Ils formaient plutôt des piles d'inégale hauteur qui donnaient l'impression d'une cité en miniature.

— Tu travailles toujours au cirque ? demanda-t-elle en revenant avec un plateau.

À l'époque, ses rondeurs lui donnaient un air espiègle, mais avec ce faux âge, Marthe faisait plutôt sérieux. Il entra dans le salon et dégagea un coin de la table en flattant le vernis dans le sens du bois. Il n'était venu qu'une seule fois dans cette pièce et son souvenir était flou.

— Il faut que je reclasse, annonça-t-elle, comme si elle devinait ses pensées. Il faut que je fasse un peu de ménage, mais je n'y arrive jamais. Il y a tellement de travail à la bibliothèque.

La fille de Victor Daguerre, le libraire, était devenue bibliothécaire. Ce n'était pas étonnant. Presque normal, même. Seule la robe de chambre brouillait l'image. Elle versa une première tasse et il crut la voir trembler.

— Mais dis-moi, Hugo. Qu'est-ce qui t'amène par là ?

Il se tortilla sur le divan, pendant qu'elle dégageait un coin du fauteuil. La petite table n'en pouvait plus de se prendre pour un rayon de bibliothèque et il hésita avant de dire :

— Le chalet. Le chalet de papa au lac. J'aimerais bien y passer quelque temps. Je me suis demandé si... enfin, si ça te dérangerait de...

— Le chalet ? Mais tu rigoles, il ne doit plus rien en rester du chalet. Les terrains ont été vendus tout autour. Il y a un tas de cabanes qui ont été construites. Je n'y ai plus remis les pieds depuis cinq ou six ans.

— Et le lac ?

— Ah ! le lac est toujours là. Mais ce n'est plus ce que c'était.

— ...

Les mâchoires serrées, Hugo se passa une main sur le visage et finit par dire :

— En fait, je ne suis même pas certain que le lac suffira pour oublier...

— Oublier quoi ? demanda-t-elle.

Ils se dévisagèrent un moment. Elle buvait son café à petites gorgées et oscillait entre la curiosité et la distance. Il y avait quelque chose de dramatique dans ce visage. Même au repos, on sentait les grands états d'âme.

— Ça fait des années qu'on ne s'est pas vus. Alors, si tu veux qu'on se comprenne, il va falloir que tu me parles autrement que par paraboles.

Le ton s'était durci tout à coup. Marthe se donnait des airs de bibliothécaire offensée, alors que Hugo cherchait ses mots.

— C'est que... vous avez la même robe de chambre et...

— Ah ! parce qu'il s'agit d'une femme. Une peine d'amour, peut-être ? Et tu crois que ça va passer en allant au lac ?

Il haussa les épaules et elle trempa les lèvres dans son café. Au fond, elle cherchait à l'égayer, à l'extraire de sa torpeur. Il avait l'air tellement triste, le demi-frère, tellement penaud.

— Écoute, si ça te fait plaisir, je te donne les clefs. Tu y vas, au chalet, tu fais comme chez toi. Mais je t'avertis, tu vas être déçu. Les années ont fait leur travail. C'est un taudis, maintenant. Tu n'y dormiras pas une seule nuit.

— C'est plus qu'une peine d'amour ! Il faut que je disparaisse, que je me fasse oublier quelque temps.

Elle tira un pan du peignoir sur sa poitrine et posa sa tasse sur le coin de la table. Le drame s'inscrivit sur son visage.

— Attends, je veux être sûre de bien comprendre. Tu as connu cette femme là-bas, au cirque. Elle t'a laissé tomber et tu veux être seul, maintenant. Tu as besoin de te changer les idées.

C'est ce qu'elle aurait aimé croire, mais il n'en était rien. Il avait cru qu'elle lui donnerait les clefs et qu'elle le laisserait partir. En fait, il avait oublié que tout chez les Daguerre passait par les mots, par de longues explications où les silences amenaient invariablement une autre question.

— Qu'est-ce que tu essaies de me dire ?

Cette fois, le ton était presque au reproche. En d'autres circonstances, il aurait mis un terme à l'échange et se serait retiré. Mais il n'en fit rien. Pour une fois, il voulait aller jusqu'au bout. Tellement de choses s'étaient passées depuis son départ pour les États-Unis.

— Elle s'appelait Sally. Elle est arrivée en Amérique avec son oncle, il y a dix ans. En fait, c'était Safiyya, son nom... ou quelque chose comme ça. Elle venait d'une famille de douze enfants ; des gitans qui allaient et venaient en Europe. Elle et son oncle parlaient français, mais avec un accent très particulier. Ils étaient passés par le Midi de la France.

Saintes-Maries-de-la-Mer, je crois. C'est vague. Elle n'en parlait jamais de toute façon. Elle s'appelait Sally parce que ça faisait américain et que c'était une bonne façon d'oublier tout ce qui s'était passé avant. L'oncle, lui, je n'ai jamais su son vrai nom. Il avait lancé du couteau dans les foires en Europe. Il avait trente ans lorsqu'il est débarqué. Elle en avait à peu près dix-huit. Ils ne se quittaient jamais. Ils étaient très près l'un de l'autre.

Hugo avait dit ces mots à mi-voix, comme s'il craignait de les entendre. Mais Marthe n'eut pas besoin qu'on lui fît un dessin : Bobby, le lanceur de couteaux, couchait avec sa nièce. Charmant.

— Ils sont entrés chez Barnum par les écuries... je veux dire, c'est le premier travail qu'on leur a donné. Nourrir les chevaux. Quand il le pouvait, Bobby se faufilait derrière les gradins pour voir le spectacle. Il n'avait qu'une idée en tête : monter sur la piste et reprendre du service.

« Un jour, il a emmené Sally dans les loges et lui a montré les beaux costumes : "Si tu le veux, lui a-t-il dit, tu peux faire partie du spectacle toi aussi."

« Elle en avait envie et il l'entraîna sur la piste. Il lui montra les filets, les fils de fer et la rampe au-dessus. Elle n'avait qu'à dire oui et c'est toute l'Amérique qu'elle aurait à ses pieds, qui l'applaudirait tous les soirs.

— Mais qu'est-ce qu'il faut que je fasse ? lui demanda-t-elle.

— Rien ! Tu te mets contre le mur et tu restes là, sans bouger. Moi je lance les couteaux. »

Marthe était fascinée par ce récit. Plus il parlait, plus son visage s'éclairait. Ce demi-frère, dont elle avait un souvenir incertain, était beaucoup plus intéressant qu'elle n'avait pensé au début. Elle l'avait cru timide, mais il n'en était rien.

— Chacun a ses raisons de venir au cirque. Chacun sait pourquoi il monte sur la piste et risque sa peau. Dans le cas de Sally, elle fuyait quelque chose. Je ne sais pas quoi... Mais ces couteaux qui lui dessinaient le corps, jour après jour, semblaient être un moindre mal, par rapport à ce qu'elle avait connu. Elle y prenait même plaisir.

Marthe voulut l'interrompre, mais il fit mine de ne pas la voir et continua de parler, sans reprendre son souffle. Le débit était rapide. Il ne semblait plus vouloir s'arrêter.

— C'était un numéro qui marchait très fort. Sally était belle et surtout volontaire. Une cible parfaite avec ce petit côté fragile qui éveille la pitié chez les honnêtes gens. En face d'elle, Bobby était menaçant. Il lançait ses dix couteaux ; ensuite, Sally sortait de ce cercueil de lames, traversait la piste en courant et venait l'embrasser. Le baiser était très important. Tout à coup, le lanceur de couteaux et sa victime ne faisaient plus qu'un, redevenaient humains. Dans les gradins, les gens se levaient pour applaudir.

« Ça durait depuis quelque temps lorsqu'on s'est rencontrés. C'était à Louisville dans le Kentucky. Elle s'est approchée parce que les clowns la fascinaient. Elle voulait savoir comment on peut rester maquillé toute la journée sans jamais montrer son vrai visage. J'ai baragouiné quelque chose, les premiers mots qui me sont passés par la tête et elle m'a dit avec son fort accent : "Tu es un fou, Hugo." Il y avait quelque chose d'affectueux dans le ton, dans sa manière de le dire. »

Marthe n'écoutait plus que d'une oreille, retenant cette question qui lui brûlait les lèvres depuis un moment. Lorsqu'il fit une pause, elle en profita :

— Et toi, Hugo, pourquoi es-tu allé au cirque ?

Il se passa la langue sur les lèvres, envisagea une réponse compliquée, mais s'arrêta aussitôt. Il avait commencé à dire quelque chose et ne voulait pas s'interrompre.

— Au début, c'était un ménage à trois. Sally n'arrivait pas à prendre ses distances avec son oncle. Mais elle passait quand même du temps chez moi. Personne n'était en position de juger l'autre et chacun s'accommodait tant bien que mal. Il aurait préféré la garder pour lui tout seul, le lanceur de couteaux. Mais elle était sa nièce et il savait bien qu'un jour ou l'autre...

16

En fin de compte, Marthe était très touchée par ce que racontait Hugo. Ce garçon taciturne, cet adolescent renfermé était devenu quelqu'un d'autre. Un homme intrigant, mystérieux même, comme elle en rencontrait dans les livres quelquefois.

— Un jour, Bobby a eu cette idée étrange. Un clown dans un numéro de lanceur de couteaux, ce serait formidable. Pendant qu'il s'exécuterait, je me promènerais entre lui et sa nièce en jonglant avec trois ou quatre balles. Une fois le couteau me passerait dans le dos, la fois suivante, sous le nez. Je me pencherais pour reprendre une balle tombée par terre et un troisième poignard me sifflerait au-dessus de la tête. Bobby trouvait cela génial. Je n'étais pas certain de partager cet avis, mais lui et Sally me persuadèrent d'essayer. Le ballet de la mort était réglé comme du papier à musique. Avant d'entrer en scène, Bobby déclarait, avec son gros accent : « De toute façon, rien n'est pire que tout ! » Je trouvais ce leitmotiv plutôt sinistre, mais il avait la vertu de chasser la peur. À partir de là, tout se bousculait. La musique, les cris de la foule, les couteaux qui passaient de tous les côtés et les balles que je faisais tourner au-dessus de ma tête. En dix minutes, c'était terminé. Sally émergeait de son tombeau et venait embrasser son oncle. Moi, je ramassais mes balles comme si rien ne s'était passé et le public hurlait de plaisir !

Hugo prit une gorgée de café, fit une pause un peu plus longue que les autres et s'étonna que Marthe ne lui pose pas quelques questions, ne demande pas quelques précisions.

— Et puis, Oakland. Le cirque s'y était installé pour l'hiver et il devait y avoir deux semaines de relâche. En fouillant dans les journaux, j'avais trouvé un petit chalet sur la côte. Je voulais y passer quelque temps seul avec Sally, mais son oncle fit une colère. Tant que nous étions au cirque, tant qu'elle se promenait entre sa caravane et la mienne, tout allait bien... mais de là à ce qu'on fugue ensemble. Il se mit à boire et à l'engueuler. Elle me disait que ce n'était pas grave, qu'il finirait par se calmer. Mais il n'en démordait pas, et j'étais effrayé. Les gens ne comprenaient pas ce que nous disions. Tout cela se passait en français. J'hésitais à monter en piste, mais c'est Sally elle-même qui finit par me convaincre. Elle retourna le voir, ils eurent une discussion, un peu plus calme celle-là, et il finit par aboyer : « C'est vrai. Rien n'est pire que tout. » C'était comme si rien ne s'était passé.

Marthe était rivée à ses lèvres, mais elle était un peu plus nerveuse. De toute évidence, elle craignait la suite.

— Et après ? demanda-t-elle quand même.

— Quand on est arrivés sur la piste, sous les éclairages, avec la musique et tout... plus rien ne paraissait. À chaque couteau que Bobby lançait, les gens hurlaient. Mais au bout d'un moment, j'ai eu l'impression qu'il se passait quelque chose. Les poignards allaient plus vite que d'habitude. Leur trajectoire me surprenait chaque fois. Nous avions un code, Bobby et moi. Je ne devais jamais le regarder quand il travaillait. Tout devait se faire à l'aveugle. Mais cette fois, c'était trop. J'ai relevé la tête et j'ai compris qu'il me visait. Son regard était noir, sa bouche inquiétante. Sally n'y pouvait rien, elle avait les yeux bandés. Alors je me suis jeté par terre et j'ai roulé hors des cercles de lumière. Un couteau m'a frôlé l'oreille et, en me relevant, j'ai entendu un cri. Un petit cri étouffé. Sally s'est effondrée au pied de la cible et le sang coulait. Des secouristes sont arrivés aussitôt, une armée de clowns s'est agitée à l'autre bout de la piste, et ils ont sorti le corps, les yeux toujours bandés.

Marthe faisait la grimace. Elle était comme une enfant devant lui. Sa lèvre supérieure tremblait et elle agitait la main comme si elle cherchait à effacer ce qui venait d'être dit.

— Mon pauvre Hugo.

Elle l'aurait pris dans ses bras et l'aurait consolé, mais il gardait ses distances. Ce qu'il racontait était très émouvant. Elle aurait voulu le toucher, le rassurer. Elle posa la main sur son genou pourtant. Il eut un geste de recul.

— Pardon, souffla-t-elle en se raidissant. Je veux te dire...

euh, enfin si je peux faire quelque chose pour toi... le chalet, n'importe quoi.

Il hochait la tête, un peu pâlot, et semblait regretter quelque chose. De s'être mis à nu, peut-être. De s'être raconté ainsi, dès leur première rencontre.

— Si tu veux, insista Marthe, je peux te faire une place ici aussi, pour quelques jours. Il y a les samedis et les dimanches où c'est un peu plus compliqué, mais...

— Non, non. Ça va. J'ai une chambre. Tu sais Bobby, c'est le genre à se venger. Ils l'ont interrogé là-bas. Ils voulaient lui faire un procès à Oakland. Mais finalement, ça s'est arrangé. Le cirque était à Chicago quand ils l'ont remis en liberté. C'est pour cela que je suis parti. J'ai traversé la frontière à Windsor. Je sais qu'il va me rechercher. Je ne veux entraîner personne dans cette affaire.

Marthe semblait moins inquiète de la menace de Bobby que de la mort de Sally. Il y eut un long silence, le genre où, subitement, on se demande ce qu'on fait là. Elle se renvoya en arrière dans son fauteuil et se mit à regarder le plafond.

— C'est sérieux, Hugo. On pourrait aménager une chambre là-haut.

C'est lui maintenant qui tremblait. Il tremblait parce qu'il s'étonnait encore de ce qu'il venait de dire.

— Tu sais, c'est la première fois que je raconte ça. Je veux dire... c'est arrivé il y a quelques semaines seulement. Et je n'ai pas eu l'occasion d'en parler.

Elle mit un doigt sur sa bouche, comme si elle ne voulait pas entendre la suite. En moins d'une heure, elle s'était transformée devant lui. Cette femme un peu trop vieille pour son âge, cette bibliothécaire un peu sévère qui lui avait ouvert sa porte avait de l'affection dans le geste. Elle laissa courir sa main sur son épaule. Le petit fond dramatique était toujours là, dans son regard, mais elle rayonnait maintenant. Elle était complètement dégagée. Et lui aussi se laissa glisser sur le divan en rejetant la tête en arrière. En silence, ils contemplèrent le plafond un moment.

* * *

Il était onze heures moins le quart lorsqu'elle annonça qu'elle devait partir. Encore et encore, Marthe lui proposa de rester, de s'installer pour la journée au moins, en attendant des nouvelles de sa valise. Mais Hugo avait d'autres projets.

Elle passa à la salle de bains sans plus insister et il s'approcha de ces piles de livres qui l'intriguaient de plus en plus. Sous des apparences de désordre, il y avait une construction savante dans leur disposition. Un arrangement intuitif, comme les enfants le font dans leurs dessins. On aurait dit un dessin d'enfant. Hugo prit quelques-uns de ces livres, ceux qui étaient sur le dessus. Il les ouvrit sans chercher à en voir les titres, il les toucha surtout, et ne put s'empêcher de penser à Victor Daguerre. C'est comme s'il était là-haut, dans une chambre et qu'il s'apprêtait à descendre :

— Mais dans quel pétrin t'es-tu encore fourré ? Tu ne pourrais pas faire comme ta sœur ? Je ne sais pas, moi ! T'intéresser à quelque chose au lieu de dériver comme tu le fais toujours.

Hugo s'éloigna en chassant le fantôme du revers de la main. Il prit un autre livre, un peu plus loin. Le papier était de soie et c'était très doux au toucher. Encore une fois, il se contenta de tourner les pages en pensant qu'il y avait quelque chose de sensuel dans ce geste. Il était seul au milieu de ces mots, lui qui n'avait pas lu trois livres dans sa vie. Il devait y avoir des millions de pages rassemblées là. Des tonnes de phrases qui avaient réponse à tout ce qu'on peut imaginer, à tout ce qu'on peut souffrir. Il ne se sentait pas à sa place dans cette maison, mais il était content d'y être venu.

Marthe avait enfilé son costume de bibliothécaire et s'était fait un chignon. Quand elle sortit de la salle de bains et s'avança dans le salon, elle était toujours aussi attentionnée... mais cet uniforme mettait une sorte de distance entre eux.

— Si tu veux, la semaine prochaine, j'irai au chalet avec toi. J'ai quelques jours de congé. On pourrait se revoir.

Elle prit une gorgée de café froid, fit la grimace et ajouta, comme si elle y avait longuement réfléchi :

— Et pour ton type, là, le lanceur de couteaux, oublie ça. Il ne te retrouvera jamais ici.

Elle avait un large sourire accroché au visage lorsqu'elle prit son sac sur la patère. Quand son regard croisa le livre qu'il tenait dans les mains, elle devint très professionnelle :

— Ah ! Baudelaire...

Il ne comprit pas tout de suite et elle dut pointer le livre du doigt.

— Baudelaire. Tu veux emporter Baudelaire ?

Ce n'était pas vraiment son intention. Il l'avait gardé dans ses mains parce qu'il aimait le toucher, parce qu'il aimait la soie. Mais il n'eut pas le courage de l'avouer et fit semblant d'être content. Ils traversèrent lentement le petit jardin. Avant de le quitter pourtant, elle revint à la charge :

— J'aimerais que tu y repenses, pour le chalet. Au fond, je serais curieuse de voir ce qu'il en reste.

Devant le portail, ils s'embrassèrent sur la joue et partirent chacun de leur côté.

Chapitre 3

Le maître de piste (bis)

Bientôt quatre jours que je suis là. Et j'attends toujours ma valise. Je passe mes journées dans cette chambre de motel. Je sors seulement le soir. Le livre de Baudelaire est sur la table de nuit, avec la Bible et l'annuaire téléphonique. Je n'en ai pas encore lu une ligne, mais il m'arrive de flatter les pages de soie.

Le motel Émard longe le parc 9 sur toute sa largeur. C'est un espace vert qu'on a aménagé au début des années soixante en recouvrant un ancien dépotoir de milliers de tonnes de terre. Comme il y avait déjà huit parcs dans la ville, on ne s'est pas torturé les méninges pour lui trouver un nom. Avec les années, le parc 9 est devenu le Parc neuf. Les gens aiment bien ce grand champ sans arbres dont les formes changent constamment.

La nuit, je viens rôder par là. L'endroit n'a absolument aucun charme. Les arbres ne poussent pas, les balançoires sont rouillées et le terrain de jeu est toujours aussi vaste. Un endroit idéal pour monter un chapiteau. Mais il a une autre qualité, ce parc. Il est exactement à mi-chemin entre la maison de Victor Daguerre et la mienne. Enfin, celle que j'habitais avec ma mère, plus au sud, près du fleuve. Ils ont détruit le quartier maintenant, pour mieux le reconstruire ! Ma mère est morte et je me suis promis d'aller voir... un jour.

Quelquefois, avec mon père et ma demi-sœur, on se retrouvait ici. Victor Daguerre voulait que je connaisse Marthe, alors il organisait ces petites rencontres. Notre curieuse famille n'avait droit de cité que sur un terrain vague et notre jeu préféré était de se voler l'attention du libraire, de se l'arracher comme on s'arrache un jouet. Il était à la fois l'arbitre et l'objet de ces matchs.

Il y a toujours eu de la rivalité entre Marthe et moi. Ce n'était pas beaucoup mieux avec mon père. C'est pour cela d'ailleurs que je suis parti avant que ça casse. Lorsqu'elle m'a demandé pourquoi j'avais choisi le cirque, j'ai eu tellement peur de répondre que j'ai raconté n'importe quoi. J'aurais pu mettre cela sur le dos des livres, de Victor Daguerre. J'étais tellement délinquant, si parfaitement inutile pour lui que je me suis enfui. C'est ça, oui. Il valait mieux que j'aille ailleurs, que je me fasse oublier. J'étais l'enfant qu'il avait eu par accident, qui vivait de l'autre côté du parc dans ces quartiers déprimants, seul avec sa mère. Il était trop poli pour me le dire. Il aurait préféré que je n'existe pas. Il aimait tellement Marthe. C'est pour cela que je suis parti... mais on ne dit pas ces choses-là.

* * *

Ma valise est définitivement perdue. À la gare, les employés de la consigne ne savent plus quoi me dire. D'abord, ils ont affirmé que cette valise n'existait pas, puisqu'elle ne figurait sur aucune liste d'objets perdus. Puis ils ont changé d'idée et m'ont proposé un remboursement. Il a fallu mettre un chiffre, donner une valeur à ce bric-à-brac. Je leur ai dit que ces trésors n'avaient pas de prix. Ils se sont confondus en excuses parce que cela fait partie de leur travail. Ce qui ne les a pas empêchés de régler le tout pour mille dollars.

Je suis là depuis une semaine, maintenant. Toujours dans

cette même chambre avec sa fenêtre qui donne sur le parc. Je pourrais partir, aller ailleurs, mais j'hésite. Je suis tellement introuvable ici, tellement loin au fond de ce corridor oublié que je ne m'y retrouve plus moi-même. Quand je pense à Bobby, je suis persuadé que sa peine est aussi grande que la mienne. Cet homme doit être brisé, cassé en deux sans Sally. Son désarroi l'aura probablement paralysé. Plus j'y pense, plus je crois qu'il cherche à m'oublier, lui aussi. Il doit soigner son deuil dans une chambre de motel comme celle-ci.

Le portrait que j'en ai fait à Marthe était peut-être sévère. L'homme n'est pas vraiment méchant. Il est différent de ce que l'on connaît, des gens que l'on croise dans la rue. Et il aimait Sally. Je ne l'ai pas dit à ma demi-sœur, mais il avait une sorte de vénération pour elle. C'était touchant. Comme s'ils étaient, l'un pour l'autre, la dernière bouée de sauvetage.

Hier, j'ai acheté des vêtements, une autre valise et, peu à peu, je me reconstitue une garde-robe. Au début, je voulais utiliser l'étui de la flûte pour ranger mes affaires, mais quand j'ai repris l'instrument, quand je l'ai examiné, j'ai renoncé au projet. La musique peut toujours servir. En dépoussiérant cette cornemuse, en l'ajustant, je suis arrivé à sortir quelques sons, mais je me suis arrêté très vite. Les murs de la chambre sont en carton. Quelqu'un s'est mis à cogner dans la chambre voisine.

Le chalet de Victor Daguerre me trotte dans la tête, aussi. Au début, Marthe n'était pas très enthousiaste, mais après le récit de l'incident d'Oakland, elle voulait m'y accompagner. Je ne sais trop qu'en penser. Si l'endroit est le taudis dont elle parle, il y a sûrement moyen de trouver mieux. Mais voilà. Enfermé dans cette chambre, je ne vais nulle part, je ne prends aucune décision. Je suis en deuil.

Il faut dire que la Barnum me doit de l'argent. Un chèque que j'attends d'un jour à l'autre. Avec les économies que j'ai faites au cours des années, ce sera plus facile de prendre une décision. Non, je n'irai pas au lac. Ou peut-être une autre fois. Je ne bougerai pas d'ici tant que cette affaire ne sera pas réglée.

... et puis je me suis souvenu que Marthe jouait du piano autrefois. C'est sa mère qui la poussait à prendre des leçons. Elle était plutôt douée. J'y ai repensé en regardant la flûte rangée dans son étui. Chez Marthe, dans sa maison, on pourrait en jouer sans déranger personne. Elle serait peut-être intéressée.

Chapitre 4

La musique

Il y avait trois enfants devant le portail de la maison. Hugo s'arrêta devant eux, ouvrit l'étui et sortit l'instrument. Comme un mime, il gesticulait et les enfants étaient fascinés. L'un d'eux demanda s'il fallait payer pour le spectacle. Hugo fit signe que non et leur montra cette flûte inhabituelle avec ses cordes sympathiques et son embouchure qui couvrait à la fois le nez et la bouche. Deux trous avaient été pratiqués au niveau des narines pour respirer.

Il se couvrit la bouche de cette espèce de masque à gaz et se mit à parler. Au cirque, avec l'éléphant, le costume et le maquillage, l'effet était flamboyant. Sans l'animal, il se sentait un peu nu. Mais c'était plus fort que lui, il avait besoin de se donner en spectacle.

Cela durait depuis cinq minutes à peine lorsqu'il aperçut Marthe au bout de la rue. Il n'avait pas téléphoné avant de venir et il eut tout à coup peur de l'indisposer. La musique s'arrêta aussitôt.

— Non, non, ne t'arrête pas ! C'était beau !

Le chignon avait disparu et Marthe tenait quelque chose dans ses mains ; une bouteille probablement.

— J'ai... je passais par là. Je voulais te dire au revoir avant de partir.

— Ah ! tu t'en vas ?

Hugo remballa l'instrument en vitesse et Marthe ne fit rien pour cacher sa déception. Il avait toujours l'air traqué, le demi-frère. Il se donnait peut-être un genre. D'un geste nonchalant, elle sortit un trousseau de clefs de son sac et se tourna vers le portail.

— As-tu retrouvé ta valise ?

Il fit signe que non. Elle ouvrit et ils passèrent dans le jardin. Les enfants, déçus, étaient accrochés à la grille et les suivaient du regard.

— J'attendais de tes nouvelles. Tu sais le projet d'aller au lac...

— J'y ai pensé. Mais pas maintenant... pas tout de suite.

Elle grimpa les quelques marches de la véranda et ouvrit la porte. Avant d'entrer, Hugo jeta un dernier coup d'œil vers la rue. Ils étaient là. Ils attendaient encore, il leur fit un signe de la main.

À l'intérieur, Marthe passa tout de suite au salon, y déposa ses affaires sur la table couverte de livres et revint vers lui. L'instrument avait piqué sa curiosité. Elle voulait le voir de plus près et Hugo souleva le couvercle.

— Mais où as-tu déniché ça ? Je n'ai jamais vu un biniou pareil.

— C'est Sally qui me l'a donné. Ils l'ont fabriqué chez Barnum. Il suffit de parler dedans et ça fait des sons. C'est pour la parade surtout... pour le numéro d'ouverture.

— La parade ?

— Ça fait du bruit. C'est très coloré.

Marthe retournait l'objet dans tous les sens et touchait aux clefs de l'instrument tout en sondant le regard de Hugo. Un peu plus et elle le portait à sa bouche ; mais elle s'arrêta au milieu de son geste.

— Puisque tu pars, on va arroser ça !

Elle remit l'instrument dans sa caisse, ouvrit le sac qu'elle avait posé sur la table et en sortit une bouteille. D'humeur splendide, Marthe lui fit signe de la suivre en pointant le grand escalier.

— Viens. C'est plus confortable là-haut. C'était la chambre de mes parents. La plus grande pièce de la maison. Après la mort de maman, je m'y suis installée. J'ai aménagé un appartement. C'est sympathique...

Hugo, qui la suivait, s'arrêta tout en haut de l'escalier. Il y avait des livres partout. Ils sortaient des armoires et des garde-robes, étaient empilés dans le corridor et montaient jusqu'au plafond en petites et en grandes piles. Il y avait des sentiers entre ces pâtés de maisons, des boulevards qui menaient à une chambre tout au fond. Hugo s'y intéressa, mais elle le prit par le bras et l'entraîna dans l'autre direction.

Cet appartement dont elle lui avait parlé n'avait rien à voir avec le reste de la maison. Même la lumière y était différente. C'était peut-être la fenêtre qui donnait sur la ruelle, ou cette table de maquillage avec ses ampoules en demi-cercle. Il pensa immédiatement à Sally, à la loge de Sally.

— Tu sais, l'autre jour après ton départ, je t'ai cherché. J'aurais tellement aimé te dire ce que j'ai ressenti.

Elle parlait tout en ouvrant la bouteille, ses gestes étaient brusques et elle était maladroite. Il lui prit le tire-bouchon des mains. C'était une bouteille de Cahors. En quelques jours, Marthe s'était transformée. Elle n'avait plus rien de cette bibliothécaire éteinte qu'il avait rencontrée le premier jour. Son petit air dramatique s'était estompé. Elle était plutôt fébrile.

— C'est toi qui goûtes ?

— Non, non, vas-y !

Il fit mine de s'intéresser à l'étiquette pendant qu'elle trouvait un deuxième verre. Il jura qu'il ne connaissait rien aux vins et qu'à son avis, il n'y en avait que deux sortes : les bons et les mauvais. Ils goûtèrent ensemble et décidèrent que celui-là n'était pas trop mal.

— Si tu étais moins occupé, la semaine prochaine, on pourrait peut-être faire une petite sortie.

— Tu penses au chalet ?

Elle réprima un sourire et l'entraîna vers un coin mieux éclairé de cette grande pièce qui avait été, jadis, la chambre de Victor Daguerre. Plus loin, il y avait un lit à deux places et tout près de la fenêtre, une grosse commode chinoise. Sur la gauche, une cuisinette et un évier, un poêle et un frigo. C'était une maison dans la maison, un endroit beaucoup plus chaleureux que toutes les pièces du rez-de-chaussée. Après deux gorgées de vin, Marthe revint à la charge.

— Tu sais, le chalet n'est peut-être pas en si mauvais état. Mes souvenirs le sont beaucoup plus. Moi je serais prête à y aller n'importe quand, pourvu que ce ne soit pas un samedi ou un dimanche.

Elle posait les questions et elle donnait les réponses. Elle parlait toute seule en faisant tourner son verre devant ses yeux et Hugo ne faisait que hocher la tête.

— Papa était très attaché à ce lopin de terre. Il l'a acheté en 1964, l'année de ma naissance.

— ... l'année où il a quitté ma mère, ajouta Hugo.

Elle sourcilla, prit une grande gorgée et poursuivit, comme si de rien n'était.

— On passait l'été là-bas. Papa fermait la librairie et emmenait des tas de livres pour ne pas perdre la main. Il passait son temps sur la véranda... il y restait des jours entiers, à lire trois livres à la fois. Les rides de son visage disparaissaient, le ton de sa voix changeait. Il redevenait attentif. Le soir, il nous parlait de l'Asie, de l'Égypte, de tous ces pays qu'il avait traversés le jour même, qu'il nous redonnait dans une sorte de voyage spectacle. On restait là à l'écouter pendant des heures, maman et moi. Il se perdait dans les détails, faisait des détours époustouflants. À l'entendre, le monde tenait dans un mouchoir. Il parlait de Cléopâtre et de Napoléon comme s'il les avait connus. Il savait tellement de choses qu'avant de m'endormir, je demandais à ma mère où il prenait tout cela. Sa réponse était toujours la même : « Ton père a tout lu. Il se souvient même de choses qui ne sont pas encore écrites. »

Les yeux de Marthe pétillaient. Hugo posa son verre et détailla longuement son visage. Elle était ravissante et pleine d'énergie. Il se demanda comment il avait pu hésiter pendant tout ce temps, comment il avait pu passer la semaine dans son motel sans lui donner signe de vie. C'était la meilleure chose qui lui soit arrivée depuis Chicago.

— ... il me semble que tout était blanc à cette époque. Ma mère et moi portions des robes blanches, Papa, un panama et de grands pantalons de lin. Nous passions des après-midi entiers à laver et à étendre le linge. La propreté était une activité de tous les jours. Nous en parlions, nous la commentions. C'est tout ce qu'il y avait au lac Saint-François : les livres de mon père et la grande blancheur.

Hugo lui resservit à boire et osa un nouveau commentaire :

— C'était avant les pique-niques dans le parc ? Avant qu'on se déchire pour avoir son attention ?

— Bien avant. J'avais sept ou huit ans. Je croyais encore que j'étais une enfant unique. Enfin, façon de parler.

Hugo se contenta de sourire. C'était très bien qu'elle parle ainsi. À leur première rencontre, il en avait trop dit. Il s'était livré corps et âme. C'est pour cela, sûrement, qu'il avait hésité à revenir.

— Il y avait un paysan qui vivait sur les rives du lac. Il élevait des animaux l'été et coupait du bois l'hiver. C'est de lui que mon père avait acheté le lopin de terre. Il avait un fils du nom de Germain qui était beaucoup trop grand pour son âge. Un grand petit géant qui ne savait jamais que faire de son corps. Il n'avait aucune ambition, Germain, sauf peut-être de s'occuper des animaux de son père, quand il serait encore plus grand.

« Certains jours, les vêtements étaient tellement blancs et il y avait si peu à faire que mon père m'envoyait chez Germain pour jouer. On s'assoyait sur une bûche le long de la rive, Germain et moi, et on lançait des cailloux dans le lac. De l'autre côté du lac, on pouvait voir une colonne de fumée qui montait. "C'est le campement des Indiens", me disait

Germain. Et il passait le reste de la journée à me terroriser, à me raconter comment les Sauvages torturaient, comment ils scalpaient et comment ils mangeaient leurs victimes.

« Un jour, j'en ai eu assez. Je le trouvais tellement ennuyeux. J'ai pris le sentier et je suis rentrée à la maison. Mon père n'était pas sur la véranda. Son livre était posé sur la table et les pages tournaient au vent. La moitié seulement des vêtements étaient étendus sur la corde, et il n'y avait pas un bruit dans le chalet. Je me suis approchée de la fenêtre qui donnait sur leur chambre. Mon père et ma mère étaient étendus sur le lit et ils discutaient. Ils parlaient de cette autre femme... et de son enfant. C'est là que j'ai entendu parler de toi pour la première fois. Alors, tu sais ce que j'ai fait ? J'ai pleuré. Je me suis mise à pleurer, à hurler et à dire que Germain m'avait fait mal. Mon père est tout de suite venu. Il avait enfilé une robe de chambre sans vraiment la refermer. Il sentait la sueur, il était énervé et il me touchait pour voir où j'avais mal. Je me souviens encore de son odeur. L'odeur d'un homme. Quand il m'a prise dans ses bras, j'aurais voulu rester là toute ma vie, blottie tout contre lui... Je crois qu'il a ressenti la même chose. »

Elle avait fait ce détour, ce récit du grand petit géant et des Indiens qui massacraient leurs victimes pour en arriver là. À ce souvenir très précis, très clair du désir. Victor Daguerre planait dans son regard, aussi vrai qu'il était absent de la vie de Hugo. C'était une sorte d'aveu, une indiscrétion qui n'en était pas une. Il avait toujours su que sa demi-sœur et son père s'aimaient. Il en ignorait simplement le détail.

— Si j'ai lu toute ma vie, si je lis encore, c'est que je n'ai jamais cessé de le chercher ! C'est dans les livres qu'il habitait. Encore aujourd'hui, quand je tourne les pages d'un bouquin, j'ai l'impression qu'il est là, qu'il va apparaître. Le passé et le présent se confondent. Entre deux chapitres, je retrouve son odeur, une page cornée, une feuille d'églantier pour marquer un passage. Et quand je lis, j'ai l'impression de vibrer aux mêmes endroits que lui.

Hugo était crispé. Ce petit film que Marthe débobinait avait quelque chose de menaçant pour lui. Il préférait détester Victor Daguerre. Ne pas savoir qu'il y avait chez lui quelque chose d'attachant. Le regard sombre, il vida son verre et tourna légèrement la tête, comme si cette histoire ne l'intéressait plus.

— Et ce Germain ? demanda-t-il, distant. Qu'est-il devenu ?

Marthe était déçue, mais elle fit un effort pour ne pas le montrer. L'indifférence de Hugo lui avait coupé les ailes. S'il ne l'avait pas interrompue ainsi, elle en aurait parlé encore pendant une heure, du libraire. Elle aurait atteint le fond de l'histoire comme on touche le fond du baril. Elle aurait tout dit, pour une fois. Mais le moment n'était peut-être pas encore venu.

— Germain ? Je l'ai revu il y a une dizaine d'années. Mais j'ai été incapable de lui parler. Il fait deux mètres cinquante. C'est vraiment un géant... et il ne sait toujours pas quoi faire de son corps.

Hugo réprima un sourire. Il aimait bien les géants. Il y en a toujours au cirque. Et c'était mieux que de parler de Victor Daguerre.

* * *

Un peu plus tard, ils redescendirent. Marthe voulait voir l'instrument de plus près. Le toucher, l'essayer. Ils se penchèrent tous deux au-dessus de l'étui et Hugo lui expliqua le fonctionnement. Les mots, articulés dans l'embouchure, activaient un système d'anches dissimulées sous un petit couvercle de bois. Par sympathie, des cordes de violon, fixées sur le dessus, produisaient un bruit de vent ou de vagues selon la façon dont on jouait.

— Est-ce qu'il a un nom, ton masque à gaz ?

Sally et Bobby l'appelaient tout simplement « la flûte ». C'était, paraît-il, la reproduction d'un vieil instrument. Un

33

instrument que les gitans traînaient avec eux. On l'avait re-constitué à partir de croquis et de souvenirs.

— Tu n'as qu'à parler dedans, ce n'est pas compliqué !

Marthe porta l'instrument à sa bouche. Le masque lui couvrait une partie du visage, elle n'était pas vraiment à l'aise et dut se reprendre à deux fois avant d'en tirer un son ; un bêlement terne qui ressemblait au cri d'un phoque sur sa banquise. Nouvel éclat de rire. Ils étaient comme deux enfants avec un nouveau jouet.

— Essaie encore !

« La flûte » se plaignit dans les aigus cette fois et Hugo se mit les mains sur les oreilles.

— Pas besoin de crier.

— Je sais, je sais. Il faut parler.

C'était le vin... et l'atmosphère était de plus en plus dé-tendue. Prenant une grande respiration, elle ferma les yeux et chuchota tout doucement. Une mélodie se répandit alors dans la maison ; quelque chose de très doux, qui rappelait le violon, mais en plus fluide. Elle rejoua le passage une deuxième fois, puis une troisième, en tordant les notes et en arrondissant les angles.

— C'est magnifique ! disait Hugo. Quand je souffle là-dedans, moi, c'est seulement du bruit.

L'inflexion que Marthe donnait aux mots avait quelque chose de suave. Et pourtant, c'est à peine si elle murmurait dans le masque.

— Qu'est-ce que tu dis ? C'est quoi les paroles ?

— Rien de particulier... ce qui me passe par la tête.

— Et qu'est-ce qui te passe par la tête ?

Au lieu de répondre, elle lui tourna le dos et continua de jouer en s'éloignant vers le salon. Malgré quelques anicro-ches, il y avait de la maîtrise dans son jeu, une finesse qu'il n'avait encore jamais entendue sortir de ce ramassis de tuyaux. Lorsqu'elle entra dans la pièce, l'écho vint se mêler à la musique, produisant des harmonies encore plus déli-cieuses.

Plus elle parlait dans l'instrument, plus Hugo était persuadé qu'elle déclamait quelque grand chef-d'œuvre emprunté aux livres de son père. Il n'avait jamais rien entendu de tel. Elle était debout devant le divan. Elle s'était tue et, même à distance, il savait qu'elle était gênée. C'était le compliment peut-être, ou cette musique qui était sortie spontanément, qui l'avait un peu déshabillée.

— Non, non. Ne t'arrête pas. Continue de jouer.

Elle touchait aux clefs de l'instrument et mettait ses doigts sur chacun des trous. Elle cherchait à comprendre la logique du mécanisme en imaginant toutes les musiques qui se cachaient dans ces tuyaux.

Hugo la vit alors sous le chapiteau, l'instrument dans les mains, jouant une musique sublime pendant qu'il faisait le clown autour d'elle... comme Bobby et sa nièce Sally. Marthe soupesait toujours l'instrument. Elle auscultait l'objet, pinçant les cordes ou les flattant de ses mains moites.

— Moi, je l'appellerais le «Parloir». Comme il suffit de parler dedans, ça va de soi, il me semble.

— Le «Parloir»?

Elle s'esclaffa. Hugo n'était pas certain de comprendre, de trouver ça aussi drôle qu'elle, mais il lui passa un bras autour du cou.

Le geste était lent et affectueux. La dernière fois qu'il avait fait cela, c'était avec Sally, dans la loge avant le spectacle d'Oakland. Et il repensa à l'odeur des hommes... l'odeur de Victor Daguerre. Pourquoi lui avait-elle raconté cette histoire? Et pourquoi l'avait-il interrompue? Qu'avait-elle essayé de lui dire qu'il ne voulait pas entendre?

Il la serrait contre lui, mais n'osait trop la regarder. Cette familiarité subite les intimidait autant l'un que l'autre. Marthe porta l'instrument à sa bouche. Ce qu'elle raconta alors dans le «Parloir» devait être très beau, car la musique était sublime.

Chapitre 5

Le clown

Avant de partir de Chicago, j'ai laissé une adresse et un numéro de compte dans une banque de Floride. Je dois y recevoir l'argent de la Barnum. Mais le virement tarde à venir. Je reste près du téléphone et les journées sont interminables. J'ai cru pendant un certain temps que je me sentirais bien dans cette chambre... pour toujours. En ce moment, il n'y a rien de moins sûr.

Depuis notre deuxième rencontre, Marthe a téléphoné au moins trois fois. Elle voudrait que j'emménage rue Éliane mais, pour le moment, c'est hors de question. Quelque chose m'échappe chez elle. Certains jours, c'est la lumière. D'autres, c'est l'ombre. J'ai l'impression qu'elle est fragile. Un barrage sur le point de se briser. Si j'insiste, les vannes vont s'ouvrir. Je serai submergé. Je ne sais pas si je pourrai vivre avec cela. Composer avec ses mystères tout en retrouvant le chemin du cirque. Avec Sally et Bobby, c'était tordu mais, au fond, c'était beaucoup plus simple.

À mon arrivée à Montréal, dans cette gare que je prenais pour un chapiteau, j'étais le maître de piste, celui qui faisait tourner les numéros. Maintenant, je suis redevenu ce que j'ai toujours été : un clown. Sauf que ma valise a disparu, mon costume et tous les objets nécessaires à mon travail se sont volatilisés. Je suis un bouffon qu'il faut deviner. C'est peut-être mieux ainsi, d'ailleurs. Je ne cherche pas à être quelqu'un d'autre.

Je ressemble un peu plus à ce Hugo Daguerre qui s'est enfui aux États-Unis, il y a de cela dix ans. C'était la déroute à ce moment-là. Personne ne me voyait, personne ne voulait de moi. La blessure était encore fraîche, elle aurait pu guérir. Mais depuis, j'en ai fait ma raison d'être. C'est devenu mon métier, et la plaie un trou béant. Au cirque, jamais il n'y avait assez de projecteurs, de regards et d'applaudissements pour remplir ce gouffre. J'aurais vendu mon âme pour faire rire, pour qu'on m'aime, pour être quelqu'un.

Plus je pense à Bobby, plus je songe à sa rage et plus ma peur s'estompe. La distance y est pour quelque chose, certes, mais il y a autre chose. Comme moi, je parie qu'il rêve au cirque, qu'il veut monter un numéro, qu'il veut retrouver les feux de la rampe. Quand on y a goûté, il n'y a que ça ! Mais jamais il ne retrouvera une cible aussi attachante que Sally. Comme moi, il est en coulisse et il attend son tour.

Ma retraite dans la chambre du fond du motel Émard aura eu cela de bon. J'ai réfléchi et je sais qu'il n'y aura pas de lanceur de couteaux dans mon cirque. Trop dangereux. Ce sera plutôt la musique, le fantastique, la magie même. Lorsque Marthe s'est mise à jouer, l'autre jour, c'était lumineux. Je l'ai senti dans mes tripes. Un pincement, un serrement. Quelque chose venait d'apparaître. Quelque chose qui n'était pas là, trois secondes plus tôt. Elle est fascinante, ma demi-sœur, avec son âge qui change constamment, son sens du drame et sa musique. Je retournerai la voir.

* * *

Marthe vient de téléphoner. Je somnolais en flattant le livre aux pages de soie quand la sonnerie m'a réveillé. Je n'ai toujours pas lu un seul poème de Baudelaire. Je me contente de toucher du bout des doigts. Je suis un physique de toute façon. Chez Victor Daguerre, tout passait par la tête, tout passait par l'intelligence et je fais languir Baudelaire pour me venger.

Marthe vient de téléphoner. Au début, j'ai cru que c'était la banque et j'ai eu du mal à cacher ma déception. Elle s'en est aperçue d'ailleurs, mais n'a rien laissé paraître. Au contraire, elle m'a fait une proposition. Comme elle a quelques jours de congé la semaine prochaine, elle voudrait aller au lac.

— Viens avec moi, m'a-t-elle dit. Ça va te faire du bien. Et tu pourras rencontrer Germain.

Je crois que c'est le géant qui a fait la différence. Un avant-goût du cirque. J'ai accepté de l'accompagner.

— Ça te gênerait d'apporter le Parloir ? m'a-t-elle encore demandé. J'aimerais ça, jouer un peu dans la nature.

— Bien sûr !

Nous avons convenu d'une heure et d'une journée au beau milieu de la semaine. Plus j'y pense, plus je crois qu'on aurait dû le faire avant, ce voyage.

Chapitre 6

Le géant, Baudelaire et le chanvre

L'autobus qui se rendait au lac Saint-François était bondé ce jour-là. Hugo et Marthe s'étaient assis sur la banquette arrière et regardaient cette foule bruyante qui pointait du doigt et piaillait. On était loin de la navette qui faisait le trajet autrefois. C'était une rame de métro égarée dans une banlieue interminable.

Hugo avait rangé l'étui du Parloir sous le siège et il tenait un panier d'osier sur ses genoux. La ville n'en finissait plus, la campagne était toujours plus loin et Marthe n'était pas vraiment surprise de ce qu'elle découvrait. Lorsque le chauffeur rangea son véhicule le long de la route en annonçant : « Lac Saint-François ! », elle fit la moue, comme si un verdict venait de tomber. Elle descendit l'allée de l'autobus, suivie de Hugo qui cherchait à voir le lac par les fenêtres. Les portes s'ouvrirent et le chauffeur marmonna dans une langue approximative :

— 'tention la marche !

Ils se retrouvèrent le long de la route, devant un chemin sinueux qui s'enfonçait dans un sous-bois. Une bruine légère tombait et Marthe commenta, l'air déçu.

— C'est à peu près à cela que je m'attendais !

À l'affût, Hugo regardait de tous les côtés, cherchant un

indice, un souvenir de ce qu'avait été cet endroit, quinze ans plus tôt. De l'autre côté de la route, il y avait une cité nouvelle. Un puzzle de condominiums et d'habitations à prix modique qui enclavaient le sous-bois et son lac.

— Viens, ça doit être mieux près de l'eau, lança-t-il, le ton faussement enthousiaste.

Tout était gris, la pluie gagnait en intensité et Hugo prit le panier d'un geste décidé. Elle s'accrocha au Parloir et ils descendirent.

— Je ne reconnais plus rien. Tout a changé.

Entre les arbres chétifs, ils apercevaient des dizaines de chalets jouant du coude sur le bord de l'eau ; des petites boîtes sans charme et à moitié pourries, entassées les unes sur les autres comme les voyageurs de l'autobus.

— On n'y passera pas la nuit. Je parie qu'on repart dans une demi-heure.

— J'aimerais aller voir quand même. Il doit sûrement rester quelque chose.

Ils marchèrent un moment dans le sous-bois, le long des sentiers, entre les cabanes. Il n'y avait pas un chat ; pas le moindre signe de vie dans ce bidonville estival.

— Allons-nous-en ! répétait Marthe. Il me restait quelques bons souvenirs, autant les garder intacts.

C'est alors qu'une femme surgit de nulle part. Elle était imposante et avait les traits ingrats. Ses cheveux ébouriffés se dressaient sur sa tête dans un désordre intrigant. Elle se pencha vers Marthe et murmura :

— « *Mon enfant, ma sœur...* »

— Pardon !

Cette familiarité avait fait reculer Marthe. C'était peut-être le choix des mots. Leur sonorité. Cette femme la dépassait de deux têtes au moins et elle bloquait littéralement le sentier.

— Nous cherchons le chalet de Victor Daguerre, lança Hugo. Savez-vous où il se trouve ?

Un demi-sourire apparut alors sur son visage. La rudesse

de ses traits s'estompa quelque peu et elle hocha la tête :

— Vous connaissez les Daguerre ?

Marthe fit signe que oui. Hugo abonda dans le même sens et la femme se mit à rire. Un rire guttural et presque lubrique. L'alcool était passé par là de toute évidence. Un alcool qui avait laissé des traces.

— C'est Germain qui va être content, souffla-t-elle en découvrant deux larges rangées de dents.

— Ah ! vous connaissez Germain ?

Et le rire devint complice.

— Oui, oui. Il s'occupe des chevaux. Il a un manège et il fait tourner les vacanciers l'été...

— Comme ça le chalet existe encore ? insista Hugo.

— Absolument. Venez, je vais vous le montrer.

Sans autre forme de procès, cette femme démesurément grande pivota sur ses talons et ouvrit la marche. Marthe et Hugo suivaient derrière, mais elle leur cachait complètement le paysage. Ses épaules étaient un véritable écran et, à chaque fois qu'elle faisait un pas, ses pieds s'enfonçaient profondément dans les aiguilles de pin. Ils descendirent vers la berge, puis bifurquèrent sur la droite. Dans le sentier qui longeait le lac, elle retrouva la parole :

— En juillet, il y a plein de monde ici. Mais hors saison, il faut surveiller. Il y a eu des vols...

Cela expliquait l'accueil plutôt froid. Avec cette carrure, elle faisait une très bonne gardienne, mais plus ils marchaient, plus l'atmosphère se détendait. À un moment, elle se tourna vers Marthe.

— Vous êtes la fille du libraire, je présume ?

Les deux femmes se donnèrent la main et la géante de préciser :

— Moi, c'est Gaël. J'habite par là depuis quelques années...

Hugo se présenta lui aussi, sans préciser son statut ni la raison de leur visite. Il aimait bien cette femme qui, sous des dehors ingrats, était très chaleureuse.

— Vous savez, Germain a continué d'entretenir le chalet.

Il a toujours cru que quelqu'un reviendrait un jour...

Hugo était ravi de l'entendre. Cette phrase était pour lui. C'était écrit dans le ciel, quelque part. Un des Daguerre aurait besoin du chalet un jour et il serait là à attendre.

Au détour du sentier, Marthe s'arrêta brusquement. Elle avait reconnu la petite maison. Les intempéries avaient eu raison de sa peinture, une mousse verdâtre recouvrait une partie de la toiture, mais elle était magnifique. Un lieu de recueillement au milieu de cette pinède criblée de cabanes.

Marthe s'approcha de la véranda où son père avait passé tant d'heures à lire. La moustiquaire était défoncée, le plancher avait cédé à quelques endroits, mais c'était bien là. Le chalet de son enfance. Pourtant, lorsque Hugo lui demanda si elle reconnaissait l'endroit, elle fit signe que non.

— Tout a tellement changé, je ne suis pas certaine...

Mais elle mentait. Hugo le savait. Gaël aussi, d'ailleurs. Elle réprima un sourire et ouvrit la porte.

Le blanc était beaucoup moins blanc que jadis, le chalet était encore plus petit qu'elle n'avait imaginé, mais tout était là. Un mobilier très sommaire, un divan, une table, quelques chaises... L'endroit était propre et l'odeur qui planait laissait croire que quelqu'un y habitait.

Serrant le Parloir sur sa poitrine, Marthe s'avança doucement. Elle avait la tête rejetée en arrière, comme si elle craignait de recevoir un coup. S'arrêtant devant la grande fenêtre — celle donnant sur le lac — elle se mit à fixer l'horizon. Derrière, Hugo ouvrait toutes les portes, tous les placards. Il regardait dans les chambres, dans tous les recoins. Gaël aussi se sentait comme chez elle. De l'armoire sous l'évier, elle avait sorti un bac d'eau. En étirant le bras, elle avait déniché trois tasses sur l'étagère.

Hugo revint vers la table et s'installa tout à son aise. La silhouette imposante de Gaël, penchée au-dessus du poêle, avait quelque chose de Bruegel. L'odeur du thé commençait à se répandre dans la petite maison. Marthe leur tournait toujours le dos.

44

Elle n'en avait que faire de cette femme qui squattait probablement les lieux. Une clocharde qui avait trouvé en Germain un homme à sa mesure. Elle n'avait qu'une idée en tête : partir au plus vite, alors que Hugo, lui, commençait à s'incruster.

— Comme ça, vous connaissez Germain depuis longtemps ?

Gaël s'était remise à rire. Le même grondement rauque.

— Quand il voit monter la fumée de la cheminée, il vient faire un tour, d'habitude...

Elle en parlait comme d'un rendez-vous galant. De la fumée de cheminée en guise d'invitation. Quelque chose brillait dans son regard et Hugo voyait bien que cette femme était amoureuse.

Pendant qu'elle lui servait du thé, Hugo s'intéressa à la structure de la maison. Selon lui, la maison était encore solide. Elle pouvait tenir encore des années.

— Le lac, par contre, est plutôt décevant... enfin, je veux dire... le développement sauvage qu'il y a eu autour.

Gaël posa une tasse devant Hugo en convenant avec lui que l'endroit avait dû être merveilleux à une certaine époque.

Marthe était dans un état second. Une sorte d'engourdissement et elle refusa poliment la tasse qui lui était offerte. Battant en retraite, Gaël la déposa sur la table et se tourna vers le poêle pour y jeter une bûche.

L'attitude de Marthe déroutait profondément Gaël. Elle repoussa une mèche de cheveux qui lui couvrait le front et se tourna vers Hugo :

— Elle ne va pas bien ?

Il hocha la tête, se tourna vers sa demi-sœur et murmura :

— Un vieux chagrin...

Hugo avait accompagné ces mots d'un geste de la main, comme pour minimiser la chose. Le visage de Gaël retrouva son ingratitude. Ou était-ce de la douleur qu'elle ressentait ? Ses larges épaules s'étaient effondrées et elle semblait chercher une solution.

Marthe aurait pris ses jambes à son cou que cela n'aurait étonné personne. L'atmosphère était lourde, à trancher au couteau même. Et c'est Gaël qui se retira dans l'une des chambres.

Hugo buvait son thé. Il respectait le silence de sa demi-sœur et s'accommodait tant bien que mal de la situation. Dès qu'il aurait fini son thé, dès que cette femme reviendrait, ils la salueraient et partiraient.

Marthe était toujours aussi crispée. Pendant de longues minutes, Gaël resta dans la chambre et Hugo se resservit à boire. Quand elle sortit, elle avait une pipe à la main. Elle y enfonçait du tabac avec son pouce et cherchait des allumettes du côté du poêle. Du haut de sa carrure, elle déclama :

— « *Pour s'éloigner des rives du chagrin.* »

Marthe sursauta, comme elle l'avait fait dans le sentier un peu plus tôt :

— Qu'est-ce que vous avez dit ?

Gaël avait un large sourire accroché au visage, mais elle ne répondit pas. Lorsqu'elle fit craquer l'allumette, une odeur âcre se répandit dans le chalet. Marthe la dévisageait avec insistance lorsqu'elle ajouta :

— « *Tu contiens dans ton œil le couchant et l'aurore ;*
Tu répands des parfums comme un soir orageux ; »

C'était stupéfiant. Le ton et le débit de Gaël étaient parfaits. Non seulement elle était inspirée lorsqu'elle récitait ces mots, mais on avait l'impression qu'elle les avait écrits elle-même. Une clocharde céleste !

Marthe prit la pipe que lui offrait Gaël comme si cela allait de soi. Elle qui ne fumait pas, elle, la bibliothécaire rangée, elle tira longuement sur ce calumet sans se poser de question.

Gaël parut soulagée. Ainsi donc, cette jeune femme mélancolique debout à la fenêtre ne refusait pas tous les cadeaux qu'on lui offrait. Elle reprit la pipe et se tourna vers Hugo qui fuma lui aussi. Le parfum du chanvre étendait ses ailes.

Le petit tabac brouillait les esprits et personne n'était certain de ce qui se disait, de ce qui se passait vraiment. Était-ce cette femme à la chevelure des poètes maudits qui parlait en strophes ou s'agissait-il d'une illusion ? Quelle érudition venait de frapper cette géante, tout à coup ? La fumée bleuâtre courait sur les visages, Marthe serrait toujours le Parloir et elle se demandait si les mots de Baudelaire avaient été dits avant ou après qu'ils aient fumé.

Elle posa l'étui à ses pieds et regarda du côté de la véranda. Elle avait envie d'y aller, de voir cela de plus près. Le plancher craqua sous ses pieds. Gaël était revenue s'asseoir devant Hugo. Elle était tout sourire et continuait de tirer sur la pipe. Dès que Marthe mit le pied dehors, une voix gronda derrière elle :

— Mais où étais-tu ?

Elle se retourna vers la chaise d'osier, ouvrit la bouche, mais les mots restèrent accrochés.

— Je... euh... à côté, chez Germain...

La voix de Marthe était celle de son enfance. Une voix nasillarde et qui chantait, même quand ce n'était pas le temps. Elle lui fit un petit signe de tête. Le libraire acquiesça. Victor Daguerre portait le même pantalon de lin... le même panama.

— Il y a un moment déjà que je voulais te parler, marmonna-t-elle.

— Ne me dis pas que tu veux revenir là-dessus ?

Elle eut un geste de recul, chercha à se ressaisir et cracha, presque avec dépit :

— Tu dis toujours ça ! Mais au fond, on n'en parle jamais ! J'ai ça sur le cœur, moi !

— Ça fait tellement longtemps. C'est du passé. Sois raisonnable...

— J'ai été raisonnable. Mais cette fois, je n'en ai plus du tout envie !

Le vieux Daguerre referma son livre. Il ne reconnaissait plus sa petite Marthe. Elle était arrogante, vindicative même.

Il chercha à la calmer :

— Tu as eu de la chance dans la vie. Tu as fait des études, tu as tous les livres, la maison et tu as un travail que tu aimes...

— Papa, je veux qu'on règle cette histoire une fois pour toutes.

Le ton était de plus en plus fiévreux. À nouveau, le libraire voulut éluder le sujet.

— Pourquoi déterrer les morts ? Tu te fais du mal, Marthe.

— Mais j'ai mal !

— Écoute, c'est arrivé une fois ou deux.

— Cinq fois, papa ! Cinq !

— Bon, peut-être cinq fois, mais je n'ai pas voulu te faire mal. Et puis, souviens-toi comment c'était. Ta mère était très malade. Nous étions bouleversés.

Le vieil homme tremblait. Il avait de plus en plus de mal à trouver ses mots, alors que Marthe le transperçait du regard.

— Tu voudrais peut-être que je me mette à genoux ? suggéra-t-il avec un brin de sarcasme.

— Tu ne comprends vraiment rien, papa ! C'est lourd à porter. Je veux qu'on vide la question !

— C'est une chose regrettable... mais que veux-tu que je te dise, c'est arrivé ! On a eu ces rapports... comment dire ?

— Justement ! Je voudrais te l'entendre dire !

— Il y a des années de cela. C'est arrivé ! Voilà tout !

Victor Daguerre était exaspéré. Il frappait sur son livre en marquant chaque mot. De la bave coulait des deux côtés de sa bouche, mais Marthe était imperturbable. Pendant des années, elle s'était préparée à cette rencontre et elle ne ferait pas marche arrière.

— Mais je suis ta fille, papa !

— Ah ! c'est ça que tu veux m'entendre dire. Tu voudrais que je joue au bon papa et que je te dise : « Oui ma petite fille. » Mais tu n'es pas ma fille. C'est pour cela d'ailleurs que cette affaire est arrivée. Ça n'excuse rien, mais...

Au milieu de sa phrase, il se mordit la lèvre. Un ange se faufila entre eux et, pendant un long moment, ils restèrent là, muets. Le libraire était tout recroquevillé. Il était honteux et jouait avec le coin corné d'une page de son livre en attendant qu'elle dise quelque chose, qu'elle lui pardonne peut-être. Mais elle n'en fit rien. Elle savoura plutôt l'instant, comme une victoire, comme si enfin il avait craché le morceau.

Une porte grinça derrière elle. Germain, le fils du paysan, entrait la main tendue. Il était imposant; un colosse dont la tête touchait les poutres du plafond. Hugo était ravi... et Gaël aussi, de toute évidence. Elle s'était approchée de lui, elle lui frôlait la main et ses yeux étaient devenus des prismes. Toutes proportions gardées, ils faisaient un beau petit couple.

— Ma pauvre Marthe, marmonna le vieux libraire sur la véranda. Si tu savais comme je suis désolé.

Il était sincère. Il se tenait la tête à deux mains et semblait désespéré. Elle l'aurait peut-être pris en pitié d'ailleurs, s'il n'avait ajouté :

— Si tu veux bien... j'aimerais que ça reste entre nous cette histoire. Que tu n'en parles à personne.

— Pourquoi ?

— C'est tellement regrettable.

Elle revint aussitôt vers lui, chercha à le prendre par les épaules et à le secouer, mais elle passa dans le vide. Instinctivement, elle se tourna vers le chalet où Germain et Hugo parlaient de plus en plus fort. Elle voulait leur faire signe de venir pour qu'ils entendent eux aussi. Sauf qu'elle n'osait pas. Victor Daguerre était mort depuis longtemps. On ne l'aurait pas crue.

De guerre lasse, elle ouvrit la porte et rentra. Une étrange confusion régnait dans le chalet. C'était le chanvre ou peut-être le cirque. Une conversation enflammée était en cours. Il était question de chapiteaux et d'animaux dressés.

Marthe s'attarda un moment dans l'embrasure de la porte. Elle était fascinée par Gaël et Germain, par ce langage du corps qui les rapprochait. Quand l'un parlait, l'autre vibrait. Ils se tenaient discrètement la main et tanguaient au même rythme. Gaël n'avait rien d'une beauté, Germain versait dans la disproportion outrageuse et, pourtant, ils étaient beaux à voir. Ils étaient amoureux !

Germain l'aperçut le premier. Il se tourna vers elle, la conversation s'interrompit brusquement et il ouvrit tout grand les bras. Comme à leur dernière rencontre, Marthe fut prise d'un vertige subit. Le géant venait vers elle. Il allait la prendre dans ses bras... quand le plancher se déroba sous ses pieds.

Gaël, qui avait vu venir le coup, bouscula les deux hommes pour l'attraper au vol. Du coup, Marthe se retrouva dans ses bras moelleux et se mit à pleurer. Des torrents coulaient le long de ses joues, elle reniflait comme une enfant et se demandait ce qui lui arrivait.

— Quand on sait qu'on a raison, murmura Gaël, on ne cherche pas à convaincre ceux qui ont tort.

Ces mots eurent l'effet d'un coup de poing et l'orage s'arrêta aussitôt. Marthe ravala sa peine et, une nouvelle fois, elle dévisagea Gaël. Elle scruta le regard de cette femme qui lui avait d'abord fait peur, cette femme qui l'avait entraînée dans les méandres du chanvre et qui savait ce qui s'était passé sur la véranda.

— Ça va mieux ? demandait-elle.

Marthe se dégagea doucement de l'étreinte en faisant signe que oui. Alors, la géante sortit de la maison en agitant les bras au-dessus de sa tête. Gaël renvoyait le libraire comme on chasse les chiens qui viennent rôder la nuit. Cette femme était vraiment une sorcière. Elle savait parler aux morts... et surtout leur faire peur.

Encore chancelante, Marthe se tourna vers Hugo qui lui offrit son épaule. Une semaine plus tôt, il n'aurait pas supporté cette promiscuité, cette intensité. Il se serait défilé en cherchant une excuse. Cette fois pourtant, il n'en fit rien. Elle pouvait pleurer toutes les larmes de son corps, il ne la repousserait pas.

Chapitre 7

Décors

Il faisait très chaud lorsqu'ils revinrent en ville. Le beau temps était arrivé tout d'un coup et, dès qu'ils mirent les pieds dans la maison, Marthe ferma les volets et tira les rideaux. Elle n'était pas très loquace et, bientôt, elle se retira dans ses appartements. La nuit au lac Saint-François l'avait épuisée. Elle avait besoin de s'arrêter un moment, de repenser à tout cela.

Hugo se fit tout discret. Comme le temps était insupportable, il décida de faire la sieste avant de retourner au motel. Contrairement à sa sœur, il était ravi de cette visite au lac. Germain, le géant, avait une passion pour les animaux et, lorsqu'il avait parlé de cirque, ils s'étaient entendus comme larrons en foire. Peut-être un jour travailleraient-ils ensemble ?

Après avoir vidé le panier de victuailles et rangé le Parloir, il vint rôder dans le salon où il se laissa choir sur le divan. Seul au milieu des livres de son père. Seul dans cette maison intimidante qu'il commençait à peine à apprivoiser. Le voyage au lac l'avait rapproché de Marthe. Lorsqu'elle avait fondu en larmes et qu'elle était venue s'appuyer sur son épaule, il avait passé une heure à la consoler, sans demander pourquoi elle pleurait. Il l'aimait... il lui devait bien cela.

Tout le reste de la journée, Hugo somnola sur le divan en pensant à ce qui l'attendait. L'argent de la Barnum qui n'arriverait peut-être pas, la valise et certains objets qui avaient disparu à jamais. Quelques heures filèrent ainsi. La lourdeur du jour se dissipa et lorsqu'il ouvrit un œil en fin d'après-midi, elle était là dans l'escalier. La grande fatigue de Marthe semblait s'être évanouie. En fait, on aurait dit qu'elle préparait un mauvais coup.

Marthe se dirigea vers un placard qu'elle ouvrit avec grand fracas. Elle en sortit un carton et le déposa au milieu de la pièce. Prise d'une frénésie subite, elle se rua sur les livres, sur ces piles de bouquins qui envahissaient le rez-de-chaussée. Les bras chargés, elle venait alors les jeter dans la boîte. Elle démolissait les gratte-ciel, anéantissait les boulevards de ces villes miniatures. Rien ne lui résistait et, dès que la première boîte fut pleine, elle descendit au sous-sol en chercher une autre. Encore endormi, Hugo suivait le petit manège et, bientôt, il ne put s'empêcher de dire :

— Ça y est ? Les fouilles sont terminées ? Tu ranges ton père ?

Elle hocha vaguement la tête en continuant de jeter tous ces livres par-dessus bord. Amusé, il se redressa pour évaluer l'importance de l'entreprise. Il y avait là de quoi remplir une bonne trentaine de cartons. Seule, sa demi-sœur y mettrait deux jours.

— Et ce n'est pas tout, annonça-t-elle en s'arrêtant au milieu de ce grand ménage. Je quitte mon emploi à la bibliothèque. J'en ai assez. Ça y est, c'est terminé !

Marthe était déchaînée. Quand il l'avait rencontrée la première fois, jamais il n'aurait pensé qu'elle puisse faire une volte-face semblable. Il l'avait crue bibliothécaire à jamais.

— J'aurai trente ans au mois d'août. Ça y est ! Il est temps de passer à autre chose.

Plus rien ne pouvait l'arrêter. Les piles de livres fondaient à vue d'œil. Cette petite architecture, qui avait tant intrigué Hugo à son arrivée, n'existait déjà plus. C'était la furie. Les cartons s'entassaient dans l'entrée et formaient une véritable barricade. Le décor se transformait rapidement et un gros meuble apparut au milieu du salon. Un meuble dont Hugo n'avait même pas soupçonné la présence. C'était un téléviseur noir et blanc encastré dans un cabinet qui abritait aussi une chaîne stéréo. Un monstre en bois verni avec un tourne-disque Garard et des haut-parleurs dissimulés.

— Est-ce que ça fonctionne ? demanda-t-il en flattant le vieil appareil.

— Peut-être. Il est là depuis des années. Je ne sais pas.

Marthe n'avait pas le temps de parler. Pas le temps d'expliquer. L'urgence était partout dans ses gestes et, peu à peu, le rideau se levait sur ce décor d'une autre époque : des bibelots qu'on avait oubliés, des lampes qui apparaissaient tout à coup. Une fenêtre fermée par un mur de livres. C'était une tornade, un raz-de-marée... rien n'y échappait !

Au bout d'une heure, Hugo avait déjà monté quinze cartons à l'étage. Il proposa de les mettre dans cette chambre fermée au bout du corridor, mais elle s'y opposa catégoriquement. Il les rangea donc le long du mur en laissant un passage pour circuler. Chaque fois qu'il descendait au salon, il s'arrêtait devant le téléviseur et le regardait d'un peu plus près. C'était le modèle avec les portes qui se referment sur l'écran. Lorsqu'il voulut les ouvrir, Marthe lui demanda de venir l'aider ; un des cartons était plus lourd que les autres et elle n'arrivait pas à le déplacer.

L'ouragan continua ainsi jusqu'en début de soirée. Quand les livres de Victor Daguerre eurent complètement disparu, Marthe se laissa choir sur le divan, l'air soulagé. Le gros meuble abritant la télé était nu au milieu de la pièce. Hugo baragouina quelque chose à propos du motel Émard, tandis qu'elle s'étonnait de la grandeur du salon.

— En déplaçant quelques meubles, ça changerait complètement d'allure ici.

— Faudrait encore en avoir la force.

Elle prit le commentaire comme un défi, se leva de plus

belle. Dans un regain de tempête qui dura encore une bonne heure, ils déplacèrent tout ce qui leur tombait sous la main. Le gros divan, les fauteuils et les tables. Tout valsait dans la pièce, comme si Marthe était lancée dans une guerre à finir. Le divan se retrouva devant le vieux téléviseur, séparé de celui-ci par une table basse. Une île échouée au milieu de ce grand salon. Tous les autres meubles avaient été rangés le long du mur.

Lorsque Marthe déclara forfait, ils sombrèrent tous deux dans les coussins et restèrent un long moment sans bouger, sans rien dire, l'âme au repos.

— Tu sais ce qui m'a frappée hier au lac? avoua-t-elle au bout d'un moment.

Hugo eut un vague grognement. Il était en train de s'endormir. Elle se leva discrètement et fit quelques pas vers la salle de bains.

— ... qu'est-ce qui t'a frappée?

Il avait les yeux lourds. Elle s'était arrêtée et semblait chercher ses mots :

— Gaël et Germain. Tu sais cette façon qu'ils avaient de se tenir la main... et de se regarder.

— Oui, je crois qu'ils sont bien ensemble.

— L'amour chez les géants, murmura-t-elle. Je n'y avais encore jamais pensé... Il suffit de trouver l'âme sœur, je suppose.

Hugo s'était redressé. Elle avait le regard vague. Il aurait voulu qu'elle revienne, qu'ils parlent encore un moment. Elle se contenta d'ajouter :

— Tu peux dormir là si tu veux. Il va faire chaud dans ton motel. Tu seras mieux ici.

Il y avait un léger tremblement dans sa voix. Peut-être ne voulait-elle pas être seule? La maison avait tellement changé. Peut-être souhaitait-elle une présence, quelqu'un pour la rassurer à son réveil le lendemain?

— Si tu veux, oui. Il est très confortable ton divan.

Elle fit un petit signe de la tête et disparut derrière la porte de la salle de bains. Hugo avait accepté sans réfléchir, mais cela lui était égal. Dormir dans cette chambre de motel ou dans ce grand salon vide. Quelle différence ?

Instinctivement, il se tourna vers le téléviseur et se mit à jouer avec tous les boutons à la fois. Un rayon bleuâtre sortit de l'écran, un semblant d'image égarée dans un épais brouillard. Hugo éteignit et ralluma le poste, tenta un ultime ajustement, sans parvenir à tirer la moindre image de l'appareil. Le calme bleu.

Il laissa courir son regard sur la grande pièce, puis plus loin dans l'entrée. Sans plus réfléchir, il se leva et parcourut le rez-de-chaussée en éteignant toutes les lumières. Rappliquant aussitôt vers le divan, il admira le résultat. La télé et son rayon bleu éclairait toute la pièce... et tout le rez-de-chaussée même. L'austérité avait disparu. Les hauts plafonds buvaient la lumière. Il n'en restait plus qu'un reflet.

Une bonne demi-heure s'écoula avant que Marthe ne sorte de la salle de bains, tout emmaillotée dans sa robe de chambre. Elle s'étonna des changements à l'éclairage, mais elle avait autre chose en tête : récupérer le Parloir dans la salle à manger. Serrant l'instrument dans ses bras, elle revint vers le divan.

— Il y a un autre truc que je voulais te demander. Hier au lac... je ne me souviens plus très bien... est-ce que c'est avant de fumer ce chanvre ou après que Gaël s'est mise à parler comme Baudelaire ? Je veux dire, à citer ses poèmes comme ça ?

Il haussa les épaules et se tourna vers le rayon bleu pour cacher sa gêne.

— Baudelaire ? Je ne me souviens pas qu'elle ait parlé de Baudelaire. Je crois que c'est son genre, elle est comme ça... elle parle comme ça.

Marthe n'en croyait rien et elle resta appuyée au dossier du divan un long moment, l'esprit ailleurs, le regard incertain. Hugo se serait retourné, l'aurait regardée droit dans les yeux, mais quelque chose le lui interdisait. Une odeur de savon ou de crème qui flottait autour d'eux. Un souvenir. Sally peut-être. S'il ne s'était pas retenu, il l'aurait embrassée sur la joue. Il lui demanda plutôt :

— Tu crois vraiment qu'il ne reste plus d'images dans cette télé ?

— Probablement pas. Elle a dû se vider, répondit-elle.

Elle fila vers l'escalier. Elle ne marchait pas, Marthe. Elle lévitait. Elle flottait au-dessus des marches, mais quand Hugo se retourna, elle avait disparu.

C'était une bonne idée d'avoir accepté son invitation. Il ne s'était pas senti aussi bien depuis longtemps.

Chapitre 8
Les fantômes

Depuis une demi-heure, Marthe joue du Parloir là-haut. Un parfum se répand dans la maison, sa musique me touche beaucoup et, si je m'écoutais, je monterais là-haut pour mieux entendre. Je n'aurais jamais cru qu'on puisse sortir d'aussi belles choses de cette cornemuse. Je me demande ce qu'elle peut bien dire.

Au motel Émard, je n'avais pas la télé. Vue sur le parc seulement. D'une certaine manière, le salon de Victor Daguerre est une nette amélioration. Le rayon bleu et la musique de Marthe. Le bonheur.

Il y a eu une véritable révolution aujourd'hui dans cette maison. Certains de ces livres étaient là depuis vingt ans. Le changement est si radical que la maison est un peu nue, presque vide. Ça me rappelle le cirque. Derrière un décor s'en cache toujours un autre. Et plus les changements sont rapides, plus ils produisent un effet éblouissant. Le libraire lui-même ne s'y retrouverait pas. Mais ce qui m'a le plus étonné, c'est la colère de Marthe dans ce grand dérangement. Comme si elle voulait effacer, oublier à tout prix, annuler quelque chose alors qu'il n'y a pas que du mauvais dans les livres de son père. Je suis mal placé pour dire une chose pareille, mais Baudelaire je le trouvais pas mal, moi.

Tiens ! Elle vient de s'arrêter. Elle ne tenait plus sur ses jambes tout à l'heure. Et c'est très bien qu'elle s'endorme avant moi. Pour ma première nuit chez elle, je préfère veiller un moment, surveiller le décor. Je me suis fait un nid au fond du divan et j'ai roulé la couverture en boule, comme si je serrais Sally contre moi. Il y a des bruits qui viennent de la cuisine... ou plus loin, de la ruelle. J'ai les paupières de plus en plus lourdes, mais je n'arrive pas à dormir.

Ou bien je rêve, ou bien quelqu'un est en train de forcer une porte. Il y a eu un petit coup sec, là-bas à l'autre bout de la maison. Une porte ou une fenêtre, je ne sais pas. Je me retrouve tout à coup au milieu du salon, debout, les bras tendus. C'est ridicule, je le sais bien, mais j'ai l'impression que quelqu'un vient d'entrer. J'entends des pas. Il faut rester calme. Ce n'est peut-être rien, mais j'aime mieux aller voir.

Le rez-de-chaussée est encore plus grand que je ne me l'imaginais. Le garde-manger est vaste comme un garage et sous le grand escalier, il y a un trou noir. La ruelle est déserte et je suis seul à déambuler dans la maison, à chercher des fantômes. Je pense à Victor Daguerre, bien sûr. C'est lui qui doit rôder par là, qui doit chercher ses livres. À moins qu'il ne soit venu pour me chasser.

Je regagne le divan, mon île au milieu du salon et je m'accroche au rayon bleu du téléviseur. Le vieux libraire est là, je le sais. Il fait un dernier tour de piste, mais il va repartir. Il est en colère parce qu'il croit que j'ai persuadé Marthe de ranger les livres. Pourtant je n'y suis pour rien. Je l'ai seulement aidée. Il croit peut-être que je veux m'installer, Victor Daguerre. Il pense peut-être que je vais prendre racine. Mais il a tort. J'ai autre chose à faire, moi.

Chapitre 9
Le dépotoir

Le parc 9 n'avait à peu près pas changé depuis quinze ans. Les arbres poussaient de peine et de misère, le gazon était toujours d'un vert jaunissant et des vestiges d'une autre époque remontaient à la surface, comme autant de déchets qu'on ne parvient pas à faire oublier. Des années d'enfouissement avaient fait de cet endroit un terrain meuble, aux formes sans cesse changeantes et plus personne ne s'étonnait de voir des monticules apparaître tout à coup au milieu du terrain de baseball ou dans le stationnement. Parfois, on trouvait des boulons rouillés qui tournaient à vide sous l'écorce d'un arbre et une rumeur voulait qu'on ait déterré une grenade encore bonne pour la mort près des fontaines. Des parents affolés voulaient qu'on interdise l'endroit, mais leurs enfants s'y opposaient parce qu'ils s'amusaient bien dans ce parc. Lorsque Hugo descendit d'un taxi devant le motel Émard, deux femmes l'abordèrent aussitôt :

— Vous n'êtes pas du quartier peut-être, mais ça ne fait rien. On demande à tout le monde de signer. Il nous faut beaucoup de noms !

— Je m'excuse. Je n'ai pas le temps... la voiture m'attend. Je repars tout de suite.

— Ce sont nos enfants qui sont en cause. Ils vont s'empoisonner à jouer là-dedans !

Il y avait du vibrato dans la voix de cette femme. Elle s'appelait madame Blanche. Elle était institutrice et, à temps perdu, elle s'occupait de catastrophes. C'est à ce titre d'ailleurs qu'elle pointait le parc comme si c'était l'antichambre de l'enfer. Le numéro était convaincant. En tout cas juste assez pour que Hugo s'incline. Il prit le stylo qu'elle lui tendait et gribouilla son nom sur une feuille.

Pourtant, il l'aimait bien ce parc. Il avait des souvenirs enfouis là-dessous. Mais il s'inclina parce qu'il est de bon ton d'être contre les dépotoirs.

— Nous préparons une manifestation aussi. Un grand rassemblement, ce dimanche, au parc.

— Pour le solstice, ajouta l'autre femme, celle qui était plus timide. Dimanche, c'est le solstice d'été.

Une vraie bande enregistrée. Elles mitraillaient leur petite publicité en suivant Hugo à la trace, comme si elles cherchaient un engagement de sa part. Une promesse d'y venir.

— Il va y avoir des musiciens, des cracheurs de feu... et des clowns.

Il n'écoutait plus depuis longtemps lorsqu'il s'engouffra dans ce petit édifice à toit plat qui tenait lieu de réception. Aucun message pour lui, ni courrier ni téléphone. Il fila donc vers sa chambre où il rassembla ses affaires en quatrième vitesse : les vêtements achetés la semaine précédente et qu'il n'avait pas encore essayés, la valise toute neuve et le livre aux pages de soie qu'il se proposait toujours de lire. Pour une fois, Marthe était libre ce week-end. Elle l'avait invité à passer quelques jours, question de le sortir de cette chambre sombre. Il avait accepté sans hésitation. En refermant la porte, il croisa madame Blanche et sa comparse qu'il salua de la main. En remettant le pied dans le taxi, il lança :

— Rue Éliane !

Marthe n'avait pas vraiment quitté son emploi à la bibliothèque. Elle s'était contentée d'un congé sans solde... pour commencer. Cette décision n'avait rien à voir avec l'arrivée de son demi-frère, prétendait-elle. Elle y songeait depuis un moment. Mais le moins qu'on puisse dire, c'est que tout bougeait dans sa vie. D'abord le grand rangement des livres, puis les répétitions de Parloir qui étaient de plus en plus fréquentes et, enfin, cette invitation plutôt rigolote : une fin de semaine sur le divan devant une télé sans images. Quoi de mieux pour se dépayser ! L'argent de la Barnum n'était toujours pas arrivé, le loyer du motel Émard commençait à creuser un trou dans son budget et quatre jours à l'œil, chez sa demi-sœur ne lui feraient pas de tort. Surtout qu'ils s'entendaient bien.

Au début, il tourna en rond dans le salon, gravitant autour du divan et du rayon bleu. Il fit semblant de lire le Baudelaire pour se donner une contenance, mais délaissa très vite le livre parce que Marthe lui posait toutes sortes de questions. Elle voulait savoir comment c'était au cirque. Si les dompteurs de lions se faisaient égratigner quelquefois, si les équilibristes tombaient, comment le lanceur de couteaux s'y prenait pour ne blesser personne. Le fantôme de Sally vint rôder un moment, Hugo se mit à bégayer et Marthe se tut.

Ce soir-là, pour prendre l'air, ils traversèrent la petite place devant la maison et remontèrent doucement le boulevard Delorme. Ils parlaient de tout et de rien... de la grogne qui courait dans le quartier à propos de ces travaux qu'il faudrait bien entreprendre un jour. Comme Hugo, Marthe avait une opinion mitigée sur l'assainissement du parc. Si on détruisait tout, elle y laisserait des souvenirs.

Sans se consulter, ils passèrent devant le motel Émard, traversèrent le grand stationnement et s'engouffrèrent dans le parc. C'est Marthe qui pointa le banc devant le grand champ cabossé. Hugo hocha la tête et ils vinrent s'asseoir. Ils devaient penser à la même chose, à ces rencontres qu'ils avaient jadis avec Victor Daguerre, à ces pique-niques où ils se le déchiraient. Mais ni lui ni elle n'avaient envie d'en parler. Ils préféraient respirer l'air frais.

Hugo aimait bien leurs rapports nonchalants. Marthe avait ses appartements, jouait de la musique à l'heure qui lui convenait et quand ils en avaient envie, ils faisaient quelque chose ensemble. Pendant une bonne demi-heure, ils restèrent ainsi, muets et contemplatifs. Puis, à brûle-pourpoint, il demanda :

— Tu sais l'autre jour, quand on est allés au lac. Qu'est-ce qui s'est passé au juste ?

La réponse devait être prête depuis un moment déjà. Marthe la récita comme on dit une prière.

— J'ai eu un grand coup d'ennui quand je suis sortie sur la véranda. Rien de plus. C'est oublié maintenant.

Il n'en crut rien bien sûr et continua de l'épier du coin de l'œil. Il crut un moment qu'elle allait se lever, se défiler, aller marcher plus loin. Il insista :

— Gaël. Après qui criait-elle lorsqu'elle est sortie ?

Elle était dans ses derniers retranchements. Sa lèvre supérieure se mit à trembler et elle souffla, du bout des lèvres :

— Après lui. Elle courait après lui.

Hugo eut envie de rire. Il avait lui-même couru après Victor Daguerre dans la grande maison, le premier soir où il y avait dormi.

Elle était au bout du banc, sur le point de tomber, prête à basculer dans le dépotoir et les mots ne venaient toujours pas. Elle tremblait, ses doigts couraient sur le banc et puis, d'un seul coup, elle lâcha le morceau.

— Au chalet, on a fait l'amour, papa et moi. J'avais dix-sept ans et c'est comme si ça s'était passé hier.

Hugo eut un geste de recul. Il y avait méprise, ils ne parlaient pas de la même chose. En posant cette question, il pensait à cette nuit où ils avaient fumé du chanvre.

— Maman ne voulait plus aller à la campagne. Elle était trop malade et préférait rester à la maison... près de son médecin.

C'est lui, cette fois, qui voulut se lever et s'éloigner du banc. Ces mots l'avaient choqué. Il serrait les mâchoires et ne voulait plus rien entendre.

— On était au chalet, papa et moi. Le premier soir, il est venu dans ma chambre. On a parlé de maman, de sa maladie. Il était affectueux, mais il y avait quelque chose de différent. Je ne sais pas comment dire. Il me touchait, alors qu'avant il ne le faisait jamais. On pleurait tous les deux parce qu'on savait qu'elle allait mourir. Ce serait long peut-être, mais la maladie de Parkinson finirait par l'emporter. J'étais inconsolable et il s'est étendu tout près de moi, comme nous le faisions quand j'étais petite. Il avait la même odeur... c'était rassurant. J'avais l'impression que si nous restions là, collés l'un contre l'autre, la douleur s'en irait.

— Mais qu'est-ce que tu dis ? C'est quoi, cette histoire ?

Hugo était terrorisé, mais Marthe n'en voyait rien. Elle continuait de parler sur ce ton monocorde, déterminée à aller jusqu'au bout :

— Je n'ai rien senti. Il me consolait, c'est tout ce dont je me souviens. Maman allait mourir, la peine était profonde. Puis, je me suis rendu compte qu'il y avait du sang sur le drap. Il y avait du sang et j'ai compris que c'était fait, que c'était terminé. Dans ma tête, ça ne pouvait être mal. Il avait fait cela parce que j'avais peur.

Marthe regardait droit devant, imperturbable. Seule sa lèvre supérieure trahissait son émotion.

— Le lendemain, on a parlé, lui et moi. On s'est soûlés de paroles. On s'est étourdis à s'imaginer qu'il ne s'était rien passé... ou alors que tout cela était normal. Un médecin venait de nous annoncer l'impensable. On épanche sa peine comme on peut.

Hugo regrettait d'avoir posé cette question. Le gouffre qui se creusait devant lui l'affolait et il souhaitait partir. Il voulait que la conversation cesse, que cette histoire d'horreur s'étrangle, se pende d'elle-même. Il souhaitait retourner sur le divan et dormir quelque peu. Échapper à ce cauchemar et rêver au cirque, peut-être.

— On est restés cinq jours au chalet, poursuivit Marthe. Et à chacun de ces jours, on a recommencé !

— Mais arrête ! Je ne veux pas le savoir ! Tais-toi !

— À la fin, ce n'est pas lui qui venait dans ma chambre. C'est moi qui allais dans la sienne. Je ne supportais plus de rester seule. Je voulais être près de lui. Je voulais disparaître sous lui.

— Marthe ! J'en ai assez. Je m'en vais !

Il se leva, mais elle le retint encore un peu. Elle tira sur sa manche jusqu'à ce qu'il tourne la tête, jusqu'à ce qu'il la regarde dans le fond des yeux :

— Et tu sais ce qu'il m'a dit au bout de ces cinq jours ? Tu sais ce qu'il a fini par me dire ?

Ça non plus, il ne voulait pas le savoir. Il aurait préféré parler du lanceur de couteaux et du trapèze. De la mort de Sally même, qui lui semblait moins douloureuse tout à coup.

— Il m'a dit que je n'étais pas sa fille. Que ma mère était déjà enceinte lorsqu'il était entré dans sa vie.

— C'est faux ! Mais qu'est-ce que c'est que cette histoire ? C'est de la démence !

— C'est ce que j'ai cru moi aussi.

— Il se sentait coupable ! Il aurait dit n'importe quoi !

La colère de Hugo fit reculer Marthe. Il était hors de lui et elle crut un moment qu'il allait faire une bêtise.

— Quel salaud ! Mais quel salaud ! Il baise sa fille et pour arranger les choses, il décide qu'elle est de quelqu'un d'autre. Qu'il n'en est pas le père ! C'est affreux !

— Sauf que c'est vrai, Hugo. C'est aussi vrai que toi et moi on est assis là, sur ce banc.

Il refusait d'y croire, secouant la tête et cognant du poing sur le banc.

— Je te jure, Hugo. Tu peux me croire. Ma mère est devenue enceinte sans le vouloir, d'un homme qu'elle connaissait à peine et qu'elle n'aimait pas. C'est après seulement qu'elle a rencontré ton père. Il a été touché par sa situation, je crois... et c'est comme ça qu'il est entré dans sa vie !

Marthe se mordait la lèvre. À l'autre bout du banc, Hugo desserra les poings et enfonça les mains dans ses poches. Le parc et son dépotoir étaient un jardin de roses à côté de ce qu'elle lui racontait. Heureusement, elle ne disait plus rien. Elle se contentait de le regarder.

Ils restèrent devant le champ cabossé une bonne demi-heure encore. Puis, quand ils se levèrent, elle lui offrit son bras. Hugo avait une aile cassée et boitait comme s'il avait couru le marathon. Elle était fatiguée elle aussi, et n'avait presque plus de voix. Ils rentrèrent en silence, se quittèrent au pied de l'escalier et Hugo ne prit même pas la peine d'allumer la télé. Il se déshabilla dans le noir, elle fit quelques arpèges là-haut et il s'endormit avant même qu'elle ne joue un morceau au complet.

Chapitre 10

Marthe

Je comprends la déroute de Hugo. Pendant des années, j'ai cru moi aussi que Victor Daguerre mentait. Nous avions eu ce rapport inhabituel, cette grande «consolade» et pour conjurer le sort, pour effacer l'inacceptable, il m'avait dit que je n'étais pas sa fille, que j'étais quelqu'un d'autre. Pendant longtemps j'ai porté ce doute, ce fardeau et je comprends qu'il offre de la résistance. Hugo refuse d'être quelqu'un d'autre parce que cela le forcerait à dénouer des nœuds, à revoir et à reprendre des tas de choses dans sa vie. Il n'a pas encore choisi de le faire. C'est son droit, mais je ne veux pas qu'il parte. J'aimerais qu'il reste. Je sais que c'est difficile pour lui. Je ne suis plus sa demi-sœur. Je ne suis plus rien du tout.

Quand je me suis réveillée, il y avait une brise fraîche. Le mois de juin sera un peu moins assommant aujourd'hui et nous parlerons peut-être. J'ai un côté obsédé comme ça. Il y a deux ou trois petites choses qu'il faudrait éclaircir. À propos de ma mère, par exemple. C'est elle qui devait mourir la première et c'est pour me consoler que Victor Daguerre m'a prise dans ses bras. Or, il est parti le premier. Il s'est effondré dans l'arrière-boutique de sa librairie, lourd comme une pierre tombale.

C'est elle qui devait tirer sa révérence, mais elle est restée. Elle s'est attardée un moment pour faire de l'ordre. Toute mourante qu'elle ait été, elle m'a réécrit un rôle. Elle me l'a donné, un matin. C'était comme recevoir des nouvelles d'un monde lointain. L'écriture était décharnée, illisible par endroits. Et pourtant, tout y était dit, en noir sur blanc. Rien de ce que j'avais cru jusque-là n'était vrai.

J'ai traîné cette lettre pendant des années. Je l'ai relue cent fois, mille fois, je la gardais dans une boîte avec des bijoux, avec des souvenirs... J'ai pour ainsi dire appris ma vie par cœur. Comme une partition, je l'ai gardée près de moi jusqu'à ce qu'elle s'inscrive dans ma mémoire, jusqu'à ce que j'en connaisse toutes les notes. Puis un jour, je l'ai rangée avec le reste.

J'aimerais bien retrouver cette lettre. Même si je dois ouvrir toutes les boîtes, même si je dois ressortir tous les livres, je voudrais mettre la main dessus avant qu'il ne découvre le reste, avant qu'on en vienne à parler de Charlie. Je l'aime Hugo. J'ai souvent envie de le prendre dans mes bras, de le bercer. Mais je me retiens. J'ai peur qu'il parte en courant.

Chapitre II

La parade

Marthe eut une nuit agitée. Elle était partagée entre l'idée de remettre cela, de parler avec Hugo jusqu'à ce qu'il sache tout et l'envie de laisser tomber. Le goût d'être bien avec lui et de ne plus rien déterrer.

C'est le téléphone qui la sortit du lit. Plus précisément madame Blanche, l'institutrice, qui était aussi au comité pour la fermeture du parc... Celle-là même que Hugo avait croisée devant le motel. La manifestation que son comité organisait aurait un grand succès, mais le volet spectacle n'était pas encore au point. Les bonnes idées de Marthe étaient connues dans le quartier et, comme on ne la voyait plus à la bibliothèque, peut-être aurait-elle du temps pour y réfléchir.

— Donnez-moi la journée, avait-elle dit. Je vous rappellerai un peu plus tard s'il me vient une idée.

Hugo dormait profondément sur le divan. Enfoui dans les coussins, il ne broncha même pas lorsqu'elle se pencha au-dessus de lui. Emmaillotée dans sa robe de chambre, elle sortit ensuite chercher le journal dans le jardin. Plus elle y pensait, plus elle trouvait l'idée amusante. Comme pour leur voyage au lac, elle préparerait un pique-nique et ils passeraient la journée avec les gens du quartier. Ce serait un autre voyage. Moins ambitieux peut-être, mais tout aussi dépaysant.

Hugo se leva beaucoup plus tard, fit une longue halte à la salle de bains et, finalement, ne reprit du service que vers midi. La journée était déjà avancée, Marthe avait promis de rappeler madame Blanche et cette histoire de manifestation lui brûlait la langue. Il cherchait le café à tâtons, elle lui en versa une tasse et il s'inclina légèrement. Hugo avait mal dormi, de toute évidence. Mais il faisait des efforts pour le cacher.

— J'ai reçu un coup de fil ce matin. On cherche des artistes pour la manifestation.

— ...

— Ça devrait être amusant. Tout le quartier sera là.

— Mais il ne me reste plus rien, moi. Plus de costume, plus de maquillage. J'ai tout perdu.

— Tu pourrais jouer du Parloir !

— Non, non ! De toute façon, tu joues beaucoup mieux que moi.

— Mais c'est toi l'artiste !

Il mit le nez dans sa tasse et se garda bien de répondre. Qu'à cela ne tienne, tout le reste de l'après-midi, elle le taquina et lui tira la jambe. C'était affectueux. Elle ne voulait pas l'obliger, mais l'occasion était trop belle.

Pas un mot pourtant sur ce qui s'était dit la veille dans le parc. Pas la moindre allusion, comme si cela n'était pas arrivé. Il faisait toujours chaud dehors, l'humidité était insupportable et, pour se rafraîchir, Marthe proposa de descendre au sous-sol. L'idée n'était pas complètement désintéressée. Dès qu'ils y mirent le pied, elle se dirigea vers un grand placard, l'ouvrit et se mit à fouiller parmi les vêtements de Victor Daguerre. Le costume noir du libraire ferait un très beau smoking. Il suffirait d'y ajouter un peu de couleur, des paillettes peut-être. Avec le maquillage, le tour serait joué.

Hugo offrait de moins en moins de résistance. Un petit numéro de rien du tout dans le parc du quartier. Il n'y avait pas de quoi fouetter un chat. Et puis, c'était drôle de jouer avec Marthe dans ces vieux vêtements. Ils étaient comme deux enfants en train de se déguiser.

* * *

Le dimanche suivant, ils se retrouvèrent dans le stationnement du motel Émard, avec les autres artistes du quartier. Mais Hugo broyait du noir ! C'était l'anarchie. Il n'y avait ni scène, ni éclairage, ni sono. Le déroulement du spectacle était une énigme, mais les organisateurs, madame Blanche en tête, étaient loin de s'en faire. Ils distribuaient des tracts et vendaient des épinglettes à l'entrée du parc. Une foule de plus en plus importante se bousculait entre les arbres chétifs. Des autobus faisaient la queue sur le boulevard Delorme, les rues voisines dégorgeaient des familles entières dont les membres marchaient en se tenant la main.

Jamais Marthe n'avait vu Hugo aussi nerveux. Il tournait en rond et se demandait comment il avait pu accepter une chose pareille. À midi, le parc était noir de monde ! Le boulevard était bloqué sur toute sa longueur et les curieux grimpaient sur les talus.

— Il faut faire quelque chose, ça va être terrible ! prévenait Hugo.

Mais lui seul s'inquiétait. Même Marthe trouvait cela normal. Chaque fois qu'il y avait eu une fête ou une manifestation dans ce parc, cela s'était déroulé ainsi.

— Tu fais de ton mieux, disait-elle. Les gens sont contents d'être là. L'hiver a été long. Il fait beau maintenant.

— Mais je croyais que c'était une manifestation ?

— Oui, c'est une manifestation. Mais c'est une fête aussi.

— Marthe. Te rends-tu compte ? Ils n'entendront rien, ils ne verront rien. Il y a au moins deux mille personnes.

Dans le stationnement du motel, chacun se concentrait sur son numéro, mais l'ordre d'entrée en scène n'était toujours pas établi. Chez Barnum, c'était capital. La «parade», c'est ce qui donnait le ton au spectacle. Les artistes défilaient les uns derrière les autres en ordre d'apparition et c'est après ce rituel seulement que tout pouvait commencer.

Hugo sortit le Parloir de son étui en marmonnant des choses que lui seul comprenait. Puis il compta les artistes dans le stationnement. Pour éviter le désastre, il fallait agir. Comme si le rôle lui revenait, il échafauda un plan, une mise en scène. Il se mit à gesticuler devant tout le monde, pointant les uns et déplaçant les autres. La prestation était convaincante. Les artistes se mettaient en rang, comme il le leur demandait, et personne ne contestait l'autorité du clown. Dans la foulée, il se tourna vers Marthe et lui demanda :

— Tu ne pourrais pas me recopier les paroles d'un poème ? Tu sais, le livre avec les pages de soie.

— Baudelaire ?

— Est-ce que tu en connais un par cœur ?

Elle fit signe que oui et, sans chercher à comprendre, extirpa un bout de papier et un stylo de son sac. Hugo s'éloignait déjà. Il tenait le Parloir à bout de bras et faisait la circulation dans le stationnement. Tous semblaient le comprendre et, petit à petit, la parade prenait forme.

Marthe le suivait du regard en gribouillant quelques strophes sur le dos d'une enveloppe. Plus il s'agitait, plus il avait de l'assurance. Le temps pressait, le soleil était au zénith et les manifestants ne tiendraient plus longtemps. Il fallait faire vite.

Elle avait choisi *Élévation*. C'était, à son avis, le texte qui convenait le mieux. Elle l'avait joué à quelques reprises dans ses appartements et le résultat l'avait chaque fois étonnée. Quand Hugo repassa par là, elle eut droit à un autre bout d'explication. C'est lui qui ouvrirait la marche. Elle tiendrait le poème devant ses yeux et il gueulerait les mots dans le Parloir en espérant que tous entendent. Pour les nuances dans le texte, il faudrait repasser !

Quand le départ de la parade devint imminent, Hugo fit

quelques gammes pour se réchauffer. Les musiciens, les magiciens, les cracheurs de feu et les imitateurs étaient derrière lui et, quand il leva le bras pour donner le signal, c'est comme un seul homme qu'ils s'ébranlèrent tous.

Le Parloir n'avait ni la force ni l'intensité des trompettes, des trombones et des tambours. C'est par le mystère qu'il touchait les cœurs ; un bruit, une rumeur, un vent qui siffle et qui va toujours en augmentant.

La foule s'écarta pour les laisser passer. La « parade » tira alors un grand trait dans cette masse opaque et le brouhaha qui régnait quelques minutes plus tôt s'éteignit complètement. Ceux qui étaient plus loin, le long des talus et sur le boulevard, tendaient l'oreille et grimpaient les uns sur les autres pour mieux entendre. Le jeu de Hugo était étrange, d'ailleurs. Il déclamait comme on crie un mot d'ordre dans une manifestation. Le Parloir était devenu un porte-voix et les paroles étaient tout à fait appropriées.

«... *Va te purifier dans l'air supérieur,*
Et bois, comme une pure et divine liqueur,
Le feu clair qui remplit les espaces limpides. »

Tout en jouant, il regardait Marthe du coin de l'œil. Il lisait avec une telle force que la sueur perlait sur son front et lui noyait les yeux comme s'il pleurait. Avec l'écho, on croyait entendre quatre ou cinq instruments : des flûtes, des clarinettes, des violons. Le long du parcours, les gens prenaient des photos... et tous étaient fascinés par cette musique. En fait, Hugo jouait son âme. Et son âme devait ressembler à celle de bien d'autres, puisqu'on l'écoutait dans le plus grand silence.

Arrivé au milieu du champ, il bifurqua sur la droite et amorça un grand virage. Les artistes formèrent un arc de cercle et la scène apparut, sculptée dans la foule. C'est là que devait s'arrêter la contribution de Hugo. Selon le plan établi, un joueur de violon et son accompagnateur devaient prendre la relève, suivis d'un jongleur et d'un imitateur d'Elvis. Il effleura le bras de Marthe pour la prévenir que c'était fini, qu'il allait s'arrêter. Elle hocha la tête en repliant l'enveloppe. Un homme d'une quarantaine d'années se pencha vers elle :

— Faites-vous partie des témoins de Jéhovah ?

Marthe se retourna vers l'insolent ! Il avait une moustache noire et les cheveux coiffés vers l'arrière. Elle le crucifia du regard alors que les derniers échos du Parloir s'éloignaient. Hugo n'avait pas entendu la remarque, mais il avait cru reconnaître l'accent. Quand il tourna la tête, il se retrouva face à face avec Bobby, le lanceur de couteaux. Ses genoux flanchèrent, la tête lui tourna et, pendant qu'il tombait, il eut une pensée pour le Parloir. Il ne fallait pas le briser, il fallait absolument l'épargner. Sa demi-sœur — qui ne l'était peut-être pas — savait en tirer des musiques si belles, une musique si particulière.

Tant chez les spectateurs que chez les artistes, on trouva cette sortie de scène plutôt étrange. On aurait dit qu'il perdait conscience, qu'il tombait dans les pommes. Comme convenu, le violoniste se mit à jouer. Les yeux se tournèrent aussitôt vers lui et plus personne ne s'intéressa au clown qui avait ouvert la parade.

Confus, Hugo retrouva ses esprits. L'homme qui lui avait fait si peur était penché au-dessus de lui et n'avait rien de menaçant. En fait, à part la moustache et les cheveux, il ne ressemblait pas du tout à Bobby.

Marthe fit montre de beaucoup de tact dans cette situation qui, autrement, aurait pu être gênante. Elle prit dignement le Parloir, intact malgré la chute, donna un mouchoir à Hugo pour qu'il s'essuie le visage, lui prit le bras et l'entraîna vers le stationnement du motel Émard. On leur servit un verre de cognac et les organisateurs défilèrent les uns après les autres pour les remercier. Pas un mot, pas un commentaire sur la sortie de scène. On lui resservit plutôt un verre avant qu'il n'ait terminé le premier.

Le spectacle roulait à fond de train. Les gens continuaient

d'arriver et les membres du comité se félicitaient de leur réussite. On en parlerait sûrement dans les journaux le lendemain. Marthe s'était éloignée pour entendre la musique. Quelqu'un avait resservi un troisième verre à Hugo et, par politesse, il avait accepté. Mais il buvait lentement.

Chapitre 12

Le long week-end

Lorsqu'il se réveilla le lendemain, affalé dans les coussins, Hugo fit la grimace. Il avait mal au poignet de la main gauche. Il s'était fait mal en tombant. Le cognac aidant, la douleur s'était engourdie, mais ce matin, la main tout entière lui faisait mal. Et la tête aussi.

Il repensa à Bobby. Au faux Bobby qui lui avait fait si peur. S'il avait eu cette réaction, c'est que le vrai Bobby était encore là, quelque part. Il n'avait pas complètement disparu. La paupière lourde, le souffle court, il regardait autour de lui en se posant des tas de questions. Comment, par exemple, était-il revenu à la maison ? Il ne se souvenait de rien, sauf peut-être que les réserves de cognac s'étaient taries à un moment donné.

Il voulut se lever, faire un crochet du côté de la cuisine, voir s'il n'y avait pas de café, mais changea d'idée lorsqu'il perdit l'équilibre au-dessus de la table basse. Sa démarche était pour le moins précaire et, sans insister, il se rabattit sur le divan où il somnola encore un peu.

Marthe devait être éveillée depuis un moment déjà. Elle jouait du Parloir là-haut. Entre deux eaux, la chandelle à moitié éteinte, il se demanda quand même ce qu'elle pouvait bien raconter là-haut, dans l'instrument. Les grands ouvrages probablement. Les plus beaux textes qu'elle avait croisés dans ses lectures probablement. Elle savait tellement de choses, Marthe.

Il avait la tête lourde et le moindre mouvement lui demandait un effort considérable. À nouveau, il se leva. Sa démarche était un peu plus assurée. Il se rendit jusqu'à l'entrée cette fois, avant d'avoir un nouvel étourdissement. En s'accrochant à la porte, il sortit dans le jardin prendre l'air.

La musique s'était arrêtée. Il repensa à la veille. À cette façon dont il avait hurlé le poème dans le Parloir. Le jour et la nuit entre sa prestation et ce qu'il venait d'entendre. Deux mondes.

Il prit le journal coincé entre deux barreaux du portail. Normalement, il n'y aurait prêté aucune attention mais, cette fois, il ne put s'empêcher de feuilleter. En deuxième page, il y avait une photo ! Lui et Marthe y étaient bien en évidence, suivis de tous les artistes qui avaient participé à la fête. Dans l'article, on parlait surtout des dangers écologiques du parc, mais sous le cliché, il y avait un bon mot pour cet ancien clown de chez Barnum and Bailey, ce visiteur inattendu qui avait donné le ton au rassemblement !

Hugo revint doucement vers la maison en se demandant qui avait bien pu leur dire cela. Qui était au courant de son passé ? À moins qu'il ne s'en soit vanté lui-même, après quelques verres de trop. L'affaire ne lui déplaisait pas pour autant. La photo était avantageuse et le commentaire plutôt flatteur. Il avait même ressenti ce petit frisson. Celui qu'il avait jadis quand il lisait les critiques des grands journaux. Quelquefois, on parlait du lanceur de couteaux, du clown et de la jolie jeune femme qui les accompagnait.

Il entra dans la maison ragaillardi, mais la chaleur et l'humidité lui scièrent les jambes. Sans insister, il bifurqua vers le divan pour y étendre ses os. Marthe ne devait pas être loin. Quand la musique s'arrêtait là-haut, elle n'y restait jamais très longtemps. Mais il n'avait pas la force de relever la tête et de regarder.

— Qu'est-ce qu'ils racontent dans les journaux ?

La voix venait de l'escalier. Le débit était lent, encore endormi.

— Ce matin, à la radio, j'ai entendu un reportage. Dans trois jours, je te parie qu'il y aura une grue dans le parc. Ils vont creuser, ils vont enlever tout ce qu'ils ont mis dans ce trou il y a vingt ans...

Il risqua un œil et la trouva assise sur la troisième marche de l'escalier. Il y avait quelque chose de différent dans son regard, dans sa manière d'être aussi. Elle avait envie de rire :

— Tu vas bien. Tu as bien dormi ?

— ...

— C'est terrible, le cognac.

Hugo chercha à minimiser l'affaire. C'était peut-être la chaleur ou l'humidité. Il faisait semblant de dormir et parlait le moins possible pour ne pas se trahir.

Marthe descendit les trois marches et s'approcha du divan. Comme il faisait le mort, elle regarda la photo du journal. Elle allait s'asseoir pour lire l'article quand quelqu'un cogna à la porte. Hugo eut un léger tressaillement. Il ne voulait voir personne. Son divan était sens dessus dessous et il avait mauvaise mine.

— Ce n'est rien... quelqu'un qui vient chercher un livre.

Il fronça les sourcils, elle s'éloigna, un peu plus éveillée.

— Je prête des tas de livres aux gens du quartier. J'ai des choses ici qu'ils n'ont même plus à la bibliothèque.

Hugo tira la couverture sur ses épaules, puis sur sa tête. Jamais encore Marthe ne lui avait parlé de cela. Mais c'était tout à fait possible. Dans le parc, hier, il avait bien vu que tout le monde la connaissait. Il se roula tout en boule et retint son souffle pendant qu'elle ouvrait la porte.

C'était un homme. La voix d'un homme. Une conversation singulière, d'ailleurs. Marthe était tout en excuses, cherchait à contenir le débordement.

— C'est vrai. C'est mon erreur. J'ai complètement oublié...

— Pourtant je te l'avais dit. Je t'ai même donné un coup

de fil à la bibliothèque pour te le rappeler.

— Écoute, disait Marthe. J'ai pris quelques jours de congé. Mon agenda est resté là-bas. Ça m'a complètement échappé.

— Je veux bien... mais je travaille, moi, aujourd'hui. Je n'en ai pas, moi, de long week-end.

— D'accord, d'accord. Mais ça va être un peu compliqué. J'ai quelqu'un ici.

— Écoute, Marthe, je ne veux pas connaître ta vie privée. Il faut que j'aille travailler. Je te laisse.

— Je comprends. Écoute, je vais m'arranger.

— Je repasserai vers cinq heures.

Ridicule sur son divan, Hugo cherchait un moyen de s'extraire de là. En s'enroulant dans la couverture, peut-être. En se momifiant pour faire un bond jusqu'à la salle de bains. Il se sentait comme un amant surpris par le mari de sa maîtresse. Un fond de colère lui retournait l'estomac et il sortit la tête pour voir de quoi tout cela retournait. Un enfant de huit ou neuf ans, un garçon, était là, debout devant la table basse. Désemparé, il regardait autour de lui comme s'il n'arrivait pas à y croire.

— Ils sont où, mes livres ?

Hugo en resta saisi. Le petit ressemblait à Marthe, au souvenir qu'il avait d'elle à cet âge. La même détermination, la même insistance. Il fit le tour du divan et s'approcha du grand escalier :

— Je veux qu'on me redonne mes livres. J'avais construit une ville, ici. C'est pas correct, ça !

Marthe parlait toujours à cet homme, mais il voulait partir maintenant. Hugo sortit une main de sous les couvertures et attrapa ses vêtements. Il allait enfiler son pantalon quand il s'arrêta brusquement. Et si cet enfant était celui de Victor Daguerre. Affolé, il compta sur ses doigts. Le petit avait peut-être dix ans. L'histoire de Marthe et du libraire remontait au début des années quatre-vingt. C'était impossible. Il continua de se rhabiller, soulagé.

L'enfant était de plus en plus bruyant ! Il donnait de grands coups de pied à tout ce qu'il rencontrait sur son chemin. Après un tour de piste, alors que Marthe se faisait toujours attendre, il rappliqua dans le salon et prit Hugo à partie.

— C'est toi qui as pris mes livres ?

— Non, non... je crois qu'ils sont rangés là-haut. Mais toi, comment t'appelles-tu ?

— Charlie... et toi, comment tu t'appelles ?

Marthe s'interposa. La porte s'était refermée, l'homme était parti et elle faisait des efforts pour rester calme :

— Charles, je te présente un ami. Il s'appelle Hugo.

C'était un peu court comme explication. Leur histoire allait bien au-delà de l'amitié. Mais Charlie s'en balançait complètement. La disparition des livres le mettait en rogne, lui. Les livres qu'il avait utilisés pour bâtir ses villes. Elles avaient toutes disparu. Philadelphie qu'il avait érigée dans la salle à manger, Chicago à l'entrée du salon et New York dans l'entrée.

— Pourquoi vous les avez démolies ?

— Attends un peu, je vais t'expliquer, répétait Marthe.

L'enfant était déjà dans l'escalier. Il grimpait les marches quatre à quatre en criant à tue-tête :

— Ça m'a pris du temps, moi, à faire Chicago !

— Veux-tu attendre un peu, Charlie. Je vais te dire ce qui s'est passé.

Elle partit à ses trousses et ils disparurent en haut de l'escalier dans un vacarme épouvantable. Hugo se frottait les yeux en se demandant s'il n'avait pas rêvé, si ce n'était pas des séquelles du cognac. Il avait bien remarqué ces constructions étranges, à sa première visite. L'idée ne lui était jamais venue d'attribuer ces «œuvres» à un enfant. Le fait du hasard, tout au plus.

Marthe et Charlie se réfugièrent dans la chambre du fond, celle qui était toujours fermée. Hugo sentait la colère monter en lui. Il rassembla ses affaires en vitesse et n'avait qu'une idée en tête. Partir au plus vite. Sortir de là. Retourner au motel. Ils avaient marché sur un fil de fer, Marthe et lui, depuis quelque temps. Ils avaient travaillé sans filet. Or elle ne lui avait pas parlé de Charlie. Non pas qu'il détestât les enfants, loin de là, mais si elle avait omis de lui dire une chose aussi importante, comment pouvait-il croire le reste ?

Devant le livre aux pages de soie, il eut un moment d'hésitation. S'il l'emportait, il faudrait revenir, le rapporter... et dans son état, il était incapable de prendre une telle décision. Laissant Baudelaire derrière lui, Hugo se dirigea vers la porte et sortit sans faire de bruit.

Chapitre 13

Les travaux

Le lendemain de la manifestation, le périmètre du parc a été bouclé. On a fermé toutes les issues, tiré des rubans jaunes un peu partout et le mardi, ils ont amené une grande grue. Le bruit de cet engin a quelque chose de mélancolique. Comme un dinosaure essoufflé qui creuserait sa propre tombe. En trois jours, la grue s'est enfoncée de plusieurs mètres dans le sol. La cabine de l'opérateur a complètement disparu et on ne voit que ce grand bras qui promène sa peine dans le trou.

Je suis aux premières loges. Ma chambre, au motel Émard, donne directement sur les travaux et je peux en suivre la progression, en comprendre la logique. Ils ont pensé à tout. Une procession de camions descend chaque jour dans les entrailles du parc pour cueillir son aumône. Un bric-à-brac épouvantable se cachait là-dessous. Des rebuts, des vestiges et des reliques qui sortent pêle-mêle de ce gros intestin. Un peu comme dans un album photo. À chaque page, c'est une époque différente, un souvenir différent.

Très distrayant comme activité. Le parc n'a jamais suscité autant d'intérêt. Les curieux défilent le long des rubans jaunes en regardant dans le trou pour voir s'ils n'y reconnaîtraient pas quelque chose. Le soir, par contre, c'est le calme plat. Personne n'ose s'approcher, craignant peut-être de tomber dans les ordures. J'aime bien aller me promener à ce moment-là. Je marche le long du précipice comme si c'était un fil de fer.

Je n'ai pas reparlé à Marthe depuis le long week-end. Elle a laissé deux messages à la réception. Je suis embêté d'ailleurs. Ma réaction a peut-être été excessive. Elle a droit aux enfants qu'elle veut et elle n'est pas obligée de me le dire. En fait, je me suis emporté. C'était le spectacle de la veille, peut-être. Ou le cognac. Mauvais cocktail.

J'aurais dû téléphoner dès le lendemain, dire que je regrettais. Enfin, que je n'avais pas voulu... mais je n'ai pas osé. Comme j'ai attendu toute la semaine, c'est encore plus délicat.

Ce qui me gêne dans cette affaire, c'est que Charlie était là depuis le début. Ses villes et la chambre fermée au bout du corridor. Il me semble qu'elle aurait pu en parler.

Je me suis imaginé des tas de scénarios depuis. Son histoire avec Victor Daguerre, si elle l'avait inventée ? Si c'était emprunté aux livres, justement ? L'épisode du chalet et l'aveu du libraire. Elle avait peut-être inventé tout cela. C'était peut-être son père, après tout.

Je ne sais plus ce qu'il faut croire. Je ne sais pas ce qu'il faut faire. Et je ne réponds toujours pas aux messages de Marthe. Je reste là, à regarder la grande grue creuser son trou et j'attends. Mais je ne suis pas le seul. La Barnum aussi semble prendre son temps. J'ai téléphoné à la banque, en Floride, hier. Ils n'ont pas vu l'ombre d'un chèque passer. Mais tout est toujours plus lent en juillet, m'a dit la préposée.

— *Don't worry ! And have a nice day !*

Je le connais par cœur, maintenant, le numéro de la banque. Mais ce n'est pas la peine de leur casser les pieds. Vaut mieux prendre son mal en patience.

Chapitre 14

Les loges

Hugo laissa passer le samedi et le dimanche, parce que Charlie était probablement chez elle.

Mais le lundi matin, il donna un coup de fil à la première heure. Marthe était encore en congé. Il baragouina quelque chose à propos de Charlie et elle admit qu'elle lui devait des explications. Sans plus, elle l'invita à déjeuner. Il chercha à s'esquiver, mais elle insista. Ils mangeraient ensemble à midi. Elle préparerait une salade, ils boiraient un peu de rouge et ils pourraient se parler. Faire un peu de ménage dans leur histoire. Il se fit prier, elle montra son agacement et il s'inclina :

— D'accord, je serai là vers midi. C'est vrai. Il faut se parler.

Hugo s'attendait aux grandes explications, à une tirade essoufflante qui l'amènerait de la naissance de Charlie au portrait détaillé du père, en passant par les intrigues ayant mené au « grand dérangement ». Mais il n'en fut rien. Marthe avait préparé un déjeuner agréable. Les volets étaient tirés, quelques rayons tombaient en diagonale sur la table et elle lui servit à boire. C'était du Cahors, il était bon et l'atmosphère se réchauffa très vite.

— Ça fait une semaine que je cherche cette lettre, disait Marthe.

— Quelle lettre ?

— Je t'en ai parlé. Ma mère m'a écrit une lettre avant de mourir. Tu comprendrais tout si tu la lisais. Tu verrais bien que ce n'est pas lui, mon père.

Hugo ne voulait rien savoir de Victor Daguerre, ni de cette lettre qui établirait la soi-disant preuve.

— Est-ce que c'est tout ce que tu fais de tes journées, fouiller dans ces boîtes ?

Marthe le fusilla du regard. Il s'esclaffa et elle vit bien qu'il la taquinait.

— Je fais de la musique aussi, répondit-elle. Tous les jours, je répète après le déjeuner.

Ses yeux s'allumaient lorsqu'il était question du Parloir. C'était plus fort qu'elle. L'instrument et sa musique l'envoûtaient complètement. Elle savait que l'éventuel départ de Hugo signifiait la fin des répétitions. La dernière note d'un morceau qu'elle tissait depuis quelques jours déjà. C'était là d'ailleurs une des questions dont elle voulait discuter. Pourtant, ils mangeaient en silence. C'était délicieux. Hugo fit un commentaire sur la bouteille, qu'il trouvait meilleure que la précédente, mais pas un mot sur ce qui les avait amenés là. En fait, ce n'est qu'au dessert que Marthe lâcha le morceau.

— Depuis mon divorce avec Jean-Philippe, ça n'a pas été facile entre Charlie et moi.

— Attends, attends, je ne comprends pas. Quel divorce ? C'est qui, Jean-Philippe ?

— J'ai été mariée. Pas très longtemps. Tu sais, tout le monde a une histoire de divorce.

Il n'était pas d'accord. Il fit signe que non parce que ça ne lui était jamais arrivé. Mais elle n'avait pas envie de discuter. C'était comme ça. Il faisait chaud, le temps était lourd, elle avait été mariée jadis et il y avait de l'orage dans l'air. Le récit fut des plus brefs.

— Charlie restait ici avec moi depuis le divorce. Et puis un jour, tout à coup, il m'a demandé s'il pouvait aller vivre

avec son père. On se querellait, comme ça quelquefois...
mais pas au point qu'il s'en aille.

— Ah ! c'est lui qui a décidé de partir ?

Marthe eut un petit mouvement de repli. Il y avait de la
gêne dans ce geste. De la honte, même.

— Bon, j'avoue qu'à la fin, j'ai essayé de le retenir. Ça
s'est envenimé. Pendant un moment, j'ai cru que son père
intriguait. Qu'il était derrière tout...

Il y eut un long silence, un silence interminable. Le bruit
des ustensiles sur la porcelaine ne faisait qu'amplifier le
malaise. Marthe grignota longuement un bout de pain avant
de dire :

— ... bon, c'est vrai que Jean-Philippe s'est remarié. Dominique, sa femme, avait déjà un enfant. Ils ont eu une petite
fille ensemble. C'est une « sorte » de famille. C'est ça qui a
attiré Charlie, je crois.

Le débit était de plus en plus lent. Marthe s'égarait doucement dans ses pensées. Elle n'avait qu'un fils, il l'avait dé-
sertée. Ce départ avait laissé un grand trou.

— On se voit les samedis et les dimanches. Trois fins de
semaine sur quatre. C'est un arrangement comme ça. C'est
lui qui l'a demandé.

Il nota un léger tremblement ; dans ses doigts, surtout. Les
ustensiles lui tombaient des mains et son regard était fuyant.
Elle se leva, à moitié engourdie, et demanda s'il voulait un
café.

Marthe portait une robe moulante et son maquillage était
plus prononcé qu'à l'habitude. Elle s'était préparée pour le
recevoir. C'était dommage de sombrer ainsi dans la morosité.
Il versa du vin, en but une gorgée et la relança :

— J'aimerais bien ça le revoir. On ne s'est pas parlé beaucoup l'autre jour, mais...

— Il ne parle jamais. Ils grognent à cet âge-là. Ses petits
copains sont pareils.

— C'est drôle, j'ai pensé à lui cette semaine. Ses histoires
de villes, ses piles de livres. C'est amusant quand même.

Elle revint dans la salle à manger, un plateau dans les mains. Pot de café, deux tasses et un peu plus enjouée :

— Il faut que je te montre quelque chose.

Elle sortit de grandes photos d'un vaisselier voisin et les étala devant Hugo. C'étaient des images prises à vol d'oiseau. De grandes villes américaines. Surtout des quartiers où les immeubles étaient nombreux et coincés les uns contre les autres.

— Ce n'est pas la première fois que je fais du rangement. L'hiver dernier, il m'a construit Los Angeles, juste là devant l'entrée. Infernal ! On ne pouvait plus passer !

Elle feignait d'être fâchée contre lui mais, au fond, ça l'amusait. Elle aimait cet enfant plus que tout et le drame de sa vie, c'était son absence.

Depuis une semaine, dans sa chambre de motel, Hugo se répétait que Marthe lui avait menti, qu'il ne devait plus la croire. Mais quand elle parlait de Charlie, il ne doutait plus de rien. On peut se méprendre sur une sœur, une demi-sœur et une fausse demi-sœur, mais une mère, ça ne s'invente pas, ça ne se triche pas.

Ils s'attardèrent un moment sur les photos des villes que Hugo avait toutes visitées d'ailleurs. Elle parla aussi de Jean-Philippe, de son travail dans une agence de publicité et de son mariage avec Dominique. La chaleur était de plus en plus mordante... Marthe n'allait plus jusqu'au bout de ses phrases, l'échange était émaillé de silences et de soupirs. Puis, elle se rendit compte qu'il était deux heures. Il fallait absolument répéter ; pas question de remettre à plus tard.

— Reste un moment. Tu retourneras à ton motel plus tard, quand il fera moins chaud.

— Tu vas répéter dans une chaleur pareille ?

— Absolument !

Il s'inclina devant tant de détermination et lorgna aussitôt du côté du divan. Il pourrait s'y étendre et, avec un peu de chance, la musique de Marthe viendrait jusqu'à lui.

Sur la table basse, il vit tout de suite le livre de Baudelaire.

Marthe s'était arrêtée à la salle de bains et il étira la main pour le prendre. Ses paupières étaient lourdes et il se mit à flatter les pages de soie en posant la tête sur les coussins. Il aimait ce salon. Il aimait son odeur. L'endroit idéal pour faire la sieste.

Quand elle sortit des toilettes en se séchant les mains sur sa robe, Marthe ne vit que ses pieds, appuyés sur l'accoudoir du gros meuble. Il ne bronchait pas, il était immobile et elle grimpa les marches sans faire de bruit.

* * *

Elle jouait depuis une heure au moins. Peut-être même plus. Il avait eu le temps de dormir, de se réveiller et de s'endormir à nouveau. Ce filet de musique qui s'échappait de sous sa porte était une incantation. Il tenait toujours le livre. Ses doigts glissaient entre les pages et, soudain, il eut envie de monter, d'aller écouter de plus près.

Il s'avança d'abord jusqu'au pied de l'escalier. Elle jouait toujours. La mélodie était incertaine. Mystérieuse même. Un cri... une invitation. Il gravit quelques marches, mais s'arrêta aussitôt. Ce n'était peut-être pas le moment. Elle voulait être seule, se concentrer sur sa musique. Il hésita un quart de seconde, puis grimpa les marches qui restaient, sans réfléchir. Elle arrêta aussitôt de jouer :

— Non, non, continue, lança-t-il en entrant.

Elle était assise sur le lit, entourée de textes, de poèmes et de bouts de phrases. Le Parloir dans les mains, on aurait dit qu'elle berçait son enfant.

— S'il te plaît, joue un peu. J'aimerais entendre.

Il piétinait devant la porte, elle était intimidée et rassembla ses affaires sans le regarder.

— J'avais terminé de toute façon. Ça fait déjà un moment que je suis là.

— Allez. Un morceau.

Marthe eut un geste d'agacement, descendit du lit et s'approcha de la commode. Elle y déposa le Parloir dans son étui et regarda par la fenêtre. Elle n'était pas bien, ses gestes étaient brusques et elle cherchait ses mots :

— Tu ne me crois plus, n'est-ce pas ? Tu crois que ce sont des histoires, que je t'ai raconté tout ça...

— Tu sais...

— Tu ne l'avoueras pas, je le sais bien. Ça se sent, ces choses-là.

Il grinçait des dents. C'est la musique qui l'avait attiré là-haut. Et voilà qu'elle en remettait. Une pluie fine tombait dehors. Le vent gagnait en intensité et le rideau se mit à danser devant ses yeux. La ville poussait un soupir après la grande chaleur et, dans la rue, les volets s'ouvraient les uns après les autres. Elle se pencha au-dessus de la fenêtre et tourna le visage vers le ciel. Plus la pluie tombait, plus la ville s'agitait.

Comme elle, il s'approcha de la brise. Cet orage était arrivé juste à temps. Il était prêt à croire n'importe quoi, pourvu qu'ils cessent d'en parler. En bas, dans la ruelle, deux femmes s'embrassaient sous la pluie... et, plus loin, deux hommes se tenaient par la main. Toutes les amours secrètes, toutes les passions tourmentées, toutes les affections cachées se montraient au milieu de l'orage. Ces gens, qui normalement se tenaient dans l'ombre pendant le jour, couraient maintenant dans les rues alors que le ciel se déchaînait.

Marthe se renvoya la tête en arrière. Cette parade, ce défilé, la réjouissait. Elle n'était donc pas la seule à boiter. Joueuse, elle mit un bras autour du cou de Hugo.

— Regarde-les ! Je suis sûre qu'il leur a fallu du temps pour en arriver là. C'est long, s'habituer à ce qu'on est.

L'orage était de plus en plus violent. C'était le déluge sur la place devant la maison ! Les grands arbres se réveillaient en sursaut, les gens sortaient de partout, la moitié de la ville était dehors et ils étaient tous aussi étranges les uns que les autres. Un éclair déchira le ciel et la foudre tomba dans une rue voisine. Plus loin, d'autres grands blessés, d'autres écorchés vifs hurlaient à leur fenêtre. Les cœurs se déversaient dans la rue, l'eau débordait des caniveaux, ravivant des odeurs oubliées et tout était emporté par les grandes eaux.

Un brouhaha épouvantable régnait sur la ville et lorsque le tonnerre éclata une deuxième fois, Marthe poussa un cri ! Le bruit se fracassa sur le mur d'en face et lui revint comme un coup de poing ! Penchée au-dessus du vide, le visage ruisselant, elle recommença de plus belle. Ses hurlements se mêlaient aux bruits de l'orage et se répandaient dans tout le quartier. Elle y prenait plaisir, allant même jusqu'à faire des variations avec sa voix.

Hugo se pencha au-dessus du vide lui aussi et, pendant une heure, ils se défoncèrent. La pluie entrait de partout, le grand lit de Marthe était inondé et c'est à bout de souffle qu'ils s'étendirent sur le plancher. Les derniers grondements de l'orage se perdaient au loin. Plus loin, vers la porte, c'était sec. Ils y rampèrent et elle vint se blottir tout contre lui.

À mesure que Hugo reprenait son souffle, il se raidissait. Un rayon de soleil venait de pointer. Son reflet dansait sur le plancher mouillé et il avait du mal à s'abandonner. Crier au fantôme dans la ruelle sous l'orage, passe encore. Mais Marthe s'accrochait à ses flancs. Elle avait les yeux fermés et elle souriait. Dans un soupir fiévreux, elle l'embrassa dans le cou.

Hugo regardait le plafond. Son pantalon était trempé, c'était inconfortable, il regardait le plafond, mais il n'osait plus bouger.

Chapitre 15

La mère de Hugo

Quand je me suis réveillée, il était parti. C'était entre chien et loup. Tout était sec dehors, à tel point que je me suis demandé s'il y avait vraiment eu un orage, si Hugo et moi avions crié comme des fous dans la ruelle.

Le Parloir était encore là, dans son étui, sur la commode. Nous devions en discuter. On y reviendra sûrement. La lumière joue entre le pourpre et l'or dans la maison. Le soleil va se coucher sur la petite place et je déambule, nue. Je ne sais pas pourquoi, mais je pense à la mère de Hugo depuis tout à l'heure. Il n'en parle jamais. Pas un mot depuis qu'il est là. Et pourtant, elle était très bien sa mère. Elle s'est occupée de lui tant qu'elle a pu. Elle a tout fait, mais on rêve toujours de ce qu'on n'a pas. Hugo voulait vivre avec son père. Charlie aussi.

Il y a quelques mois, j'aurais été incapable de me promener nue dans la maison. Je me le serais interdit. Avec Jean-Philippe, c'était la même chose. Je suis toute nue et je pense à la mère de Hugo. Elle n'a pas eu de chance. Elle s'est tuée à élever son fils. Lui, il ne voyait pas cela. Elle est morte quand il a eu vingt ans. Le quartier aussi est mort. Il ne reste plus rien.

C'est pour me défendre que je pense à elle. Parce que

c'est mon histoire aussi. Je n'ai pas tout dit du premier coup. Mais Hugo aussi il doit en cacher des choses. Je suis sûre que si on appuyait là, au bon endroit, il aurait mal à sa mère lui aussi. Il se souviendrait pourquoi on ne dit pas toujours tout.

Charlie, je l'aime. Mais ça ne va pas toujours comme on veut. Il ne sait pas lire. Il devrait savoir. À l'école, on se tue à lui montrer. Quand il voit un livre, c'est à une ville qu'il pense. Au début, c'est gentil, mais à la longue, on se lasse.

Je ne sais pas d'où ça lui vient, mais il a un côté délinquant, Charlie. Je me demande comment elle aurait fait, la mère de Hugo. Moi, il m'est arrivé de perdre la tête. Je lui ai mis mon pied au derrière un jour. Quand j'y repense, j'en ai mal au ventre.

La nuit tombe. Le temps va se rafraîchir. J'ai ressorti un carton qui m'avait échappé jusque-là. Une boîte remplie de souvenirs de famille. Elle est peut-être là, cette lettre. Je n'ai pas complètement perdu espoir, je finis toujours par me retrouver dans mon désordre.

En passant au salon, j'ai vu qu'il y avait un sac de papier sur la table basse... et le livre de Baudelaire aussi. C'est curieux, je croyais que Hugo l'avait emporté.

Chapitre 16

La liste

Il ne redonna des nouvelles que le mercredi suivant. Aussitôt, Marthe l'invita et ils déjeunèrent ensemble ; de la salade, bien sûr, et des fruits comme la fois précédente, mais au lieu du Cahors, c'était du thé.

Elle était en forme, Marthe. Ils causèrent du parc, des rebords de la falaise qui s'étaient stratifiés ; des couches de deux mètres superposées les unes sur les autres. Là où la grande grue avait tiré un trait bien clair, on pouvait voir les années en dégradé. Les rebuts de 1966, ceux de 65, de 64, l'année de sa naissance.

Mais ils parlaient du grand trou pour ne pas parler d'autre chose. L'éloge du dépotoir finissait toujours par ennuyer Marthe, et Charlie se mettait à rôder dans sa tête. Des rides lui couraient aussitôt sur le front. Elle imaginait le pire. Pour qu'un enfant s'en aille comme ça, il fallait vraiment être nulle comme mère. Elle ne s'en ouvrait pas, elle le gardait en dedans, mais c'était lourd à porter.

Il faisait chaud. Hugo ne terminait pas ses phrases et Marthe dodelinait de la tête. Il serait bientôt une heure, elle monterait là-haut pour répéter et lui s'étendrait sur le divan. Il ferait la sieste et après, il retournerait au motel Émard.

— Dis-moi, est-ce qu'il vient ce samedi, Charlie ?

Elle ne répondit pas tout de suite. Par prudence peut-être, ou parce qu'il lui fallait un peu de temps pour revenir. C'est bien du petit dont il était question. Le visage à moitié caché par sa tasse de thé, elle fit signe que oui.

— Alors est-ce que tu m'invites ? J'aimerais ça le revoir.

— C'est tout ce que je fais, t'inviter. Je te l'ai dit, ma porte est ouverte.

— ...

— D'ailleurs Hugo, je trouve ça ridicule que tu habites ce motel. Il y a tellement de place ici.

— Je suis très bien là-bas. Ça me convient pour le moment.

Elle se contenta de sourire. Ce rendez-vous pour le samedi suivant lui plaisait bien. Elle s'essuya la bouche, secoua la tête pour chasser la grisaille et se leva énergiquement.

— Je ramasserai ça plus tard.

Elle était comme ça Marthe. Réglée comme du papier à musique. Hugo prit son assiette, elle protesta, il fit la sourde oreille et elle disparut là-haut. Entre les boîtes de livres et le Parloir, elle hésita. Cette lettre qui continuait de lui échapper simplifierait tellement les choses. Mais elle opta pour ses appartements et referma la porte derrière elle.

En bas, Hugo se resservit du thé et croqua quelques biscuits. Il avait l'habitude avec la vaisselle. Sally n'y touchait jamais. Après avoir rangé, il s'amena au salon pour se rendre compte que les livres y étaient de plus en plus nombreux. Charlie avait entrepris une ville de l'autre côté du divan, sans parler de Marthe qui en ramenait des brassées tous les jours. Il n'était pas fâché de les voir revenir. Le divan serait un peu moins seul, le grand salon un peu moins nu.

Il faisait toujours aussi chaud, la musique de Marthe était de plus en plus discrète et Hugo prit le livre de Baudelaire comme si c'était une vieille habitude. Il glissa les doigts entre les pages de soie et se mit à les caresser.

Marthe ne jouait déjà plus. La porte de l'appartement venait de s'ouvrir et quelqu'un marchait dans le corridor.

Comme s'il ne pouvait dormir sans cette musique, Hugo se redressa sur le divan et ouvrit le livre. Les pages glissaient sous ses doigts et il tomba sur le texte qu'il avait déclamé dans le parc :

« *Au-dessus des étangs, au-dessus des vallées,*
Des montagnes, des bois, des nuages, des mers... »

C'était très différent de ce qu'il avait hurlé. Beaucoup plus rond. Beaucoup plus chaud aussi. Il tourna la page et lut un autre poème.

Il y avait beaucoup de bruit à l'étage. Marthe vidait encore des boîtes en feuilletant chaque bouquin. Elle faisait de petites piles qui finissaient par encombrer le corridor et, bientôt, elle en redescendit une brassée. Il l'entendit passer, mais ne put s'arracher aux pages de Baudelaire.

Pendant une heure, il lut ainsi, sans effort, comme s'il flânait dans un parc. Il s'arrêtait ici, parce que la vue était imprenable, et là, parce qu'il y avait des oiseaux rares. Il était pris par ces textes qu'il ne comprenait pas toujours, mais qui lui faisaient voir des images. Il était envahi par ces mots, collés les uns au bout des autres et qui le faisaient frissonner.

Pour Marthe, c'était le baroud d'honneur. Elle mettait tout sens dessus dessous et multipliait les voyages au salon. Cette entreprise l'exaspérait de plus en plus. Elle renversait tout, elle était insupportable.

Il s'enfonça plus profondément encore dans les pages de soie. Il y serait resté toute la journée d'ailleurs, si quelqu'un n'était venu cogner à la porte.

— Tu n'irais pas répondre ? lança Marthe, de l'étage.

Le ton était sec et sans recours. Marthe était irritée de toute évidence. À regret, il posa le livre et vint ouvrir.

— Pardon. Je ne voulais pas vous déranger. Je viens ici quelquefois emprunter des livres...

C'était madame Blanche, l'organisatrice de la manifestation. Elle jouait les timides aujourd'hui. Elle parlait à mi-voix en piétinant sur le seuil de la porte.

— Je... euh, j'aurais aimé emprunter *Les Fleurs du mal*. C'est de Baudelaire. Le poème que vous avez joué au parc, je voudrais le relire.

Hugo se tourna vers le divan en cherchant à cacher sa déception. La voix de Marthe retentit aussitôt à l'étage :

— Si c'est madame Blanche, dis-lui que je descends !

— J'ai trouvé ça tellement beau, disait-elle.

Hugo fit marche arrière jusqu'au divan, prit le livre aux pages de soie et fit une cabriole devant la table basse. Une petite acrobatie pour cacher ce qu'il ressentait.

— J'arrive, disait encore Marthe.

— Ça va. Ça va, j'ai trouvé...

Madame Blanche trépignait sur le seuil de la porte. Elle prit le Baudelaire dans ses mains et s'empressa de dire :

— C'est pour un jour ou deux seulement. Pour me rafraîchir la mémoire. Il y a de la musique dans ces mots. Je le savais, mais je l'avais oublié.

Au lieu de s'en aller, pourtant, madame Blanche s'attarda dans l'entrée. Elle regardait vers l'escalier en souriant béatement. Quand Marthe se pointa enfin, Hugo se retira, croyant qu'elles avaient peut-être des choses à se dire. Discret, il vint rôder dans la cuisine, mais la voix de Marthe le rattrapa :

— Hugo ! Il y a une liste sur le secrétaire dans la salle à manger. Tu serais gentil d'inscrire le titre et le nom de l'auteur sous le nom de madame Blanche ?

Il fouilla un moment avant de mettre la main sur le carnet en question. Les deux femmes chuchotaient dans l'entrée. Elles semblaient bien se connaître et, à tous moments, la petite dame lançait :

— Mais non. Ça va débloquer... croyez-moi.

Cela ne le concernait pas. Il ne voulait pas entendre et s'intéressait plutôt à ce carnet ; ce que Marthe avait appelé la liste. À son grand étonnement, une cinquantaine de titres étaient en circulation dans le quartier... et certains prêts remontaient à six mois. Il tournait les pages et lisait le nom des auteurs quand madame Blanche se retira enfin.

Il ne savait pas ce qu'elles s'étaient dit, mais Marthe avait l'air contrarié. Elle était là, debout dans l'entrée et elle regardait la porte, hésitante.

— Je sors prendre l'air !

— Ça m'étonnerait que tu en trouves !

Elle ne voulait surtout pas rire. Elle était sur les dents et tenait à ce qu'on le sache :

— Perdre des choses me rend furieuse ! C'est de la négligence. Purement et simplement de la négligence !

— Écoute, Marthe. Je m'en fous complètement, moi, de ta lettre. Je suis prêt à te croire... à croire tout ce que tu dis pourvu qu'on arrête d'en parler.

Il conjugua cette demande avec une grimace irrésistible. Marthe fut bien forcée d'accepter et ils restèrent un long moment sur le pas de la porte, à se taquiner. Il lui parla de Baudelaire, des quelques poèmes qu'il avait eu le temps de lire et elle lui demanda pourquoi il avait laissé partir le livre.

— J'ai tout mon temps. Il n'y a rien qui presse.

Marthe était touchée. Elle était émue et ce n'est que beaucoup plus tard qu'elle sortit la faire, cette promenade. Elle lui frôla la main en s'éloignant et il la suivit du regard jusqu'à ce qu'elle disparaisse à l'autre bout de la place. Elle allait du côté du parc. Comme pour tous les gens du quartier, c'était devenu un rituel : aller voir où le trou en était rendu.

* * *

Hugo arriva presque en même temps que Charlie le samedi suivant. Il aurait aimé voir Jean-Philippe, mais le père de l'enfant était déjà parti. Dans ses affaires, il avait une photo aérienne d'Oakland. C'était une ville facile à faire parce qu'elle était bien ordonnée et que la hauteur de ses édifices était limitée à cause des tremblements de terre.

Marthe avait préparé des amuse-gueule. Charlie se mit tout de suite au travail et, une heure plus tard, un quartier complet de la ville californienne était en place derrière le divan. Hugo lui donnait les livres, un par un, en parlant des villes qu'il avait visitées quand il était au cirque. New York, Philadelphie, Baton Rouge, Dallas, San Francisco. Le petit écoutait d'une oreille en continuant de travailler. On ne savait jamais ce qu'il pensait. Il était si secret, Charlie, si mystérieux qu'on se demandait quelquefois s'il était là.

Marthe n'était pas fâchée de les voir jouer ensemble. Elle s'était retranchée dans la salle à manger et les regardait de loin. Le petit était nettement moins agressif que d'habitude. C'était l'enfer quand il débarquait le samedi matin et qu'une heure plus tard, il voulait repartir.

Hugo aimait bien le regarder travailler. Il devinait ses gestes, il parlait pour lui. Les mimes ont toujours la sympathie du public. On les prend en pitié. Ils se taisent avec un tel acharnement qu'on finit par les porter, par les aimer. Voilà ce qu'il était, Charlie. Un mime. Un enfant très différent des autres, de ceux qu'il avait connus, qu'il avait croisés. Imprévisible aussi. Qui retrouvait la parole, miraculeusement :

— Toi, quand tu étais au cirque. Qu'est-ce que tu faisais ?

Marthe, qui tendait l'oreille, s'en mêla aussitôt :

— Oui, oui, Hugo ! Parle-lui du cirque.

Le petit délaissa son travail et vint se braquer devant lui. Sa mère se leva discrètement et s'approcha.

— Euh... parler du cirque... c'est pas certain. J'aimerais plutôt parler de mon numéro. Celui que je veux monter.

Charlie n'eut aucune réaction. Impassible, il attendait.

— En ce moment, dans ma tête, je prépare mon *come back*. Un numéro fantastique... avec un éléphant et de la musique. Du Parloir bien sûr, mais joué de la bonne façon.

Marthe s'était arrêtée au pied de l'escalier. Jamais encore, il ne lui avait parlé de ses projets. Hugo semblait plus à l'aise avec son fils qu'avec elle.

— Ça ne se fera pas en criant lapin, bien sûr. Il faut travailler, travailler très fort. Il faut trouver un éléphant et quelqu'un pour le dresser. Il faudra répéter. Répéter très longtemps. Je veux le faire danser, cet éléphant. J'ai des idées très précises. Des mouvements. Et il faut que ce soit drôle, évidemment.

Il y eut un moment touchant lorsqu'il parla de la foule. Debout dans le salon, il saluait devant des gradins imaginaires. En tendant l'oreille, on pouvait entendre les applaudissements. Charlie s'était allumé. Il y avait de la flamme dans son regard :

— Comme ça, tu vas acheter un éléphant !

Hugo balaya la pièce du regard, comme si cette remarque ne lui était pas adressée. Puis, dans un geste comique, il se pointa du doigt :

— Moi, acheter un éléphant ? J'ai pas dit ça. J'ai dit que je voulais monter un numéro. Mais pour ça, il faut retourner en Californie.

— Ah ! répondit Charlie dans une apparente indifférence.

Fin des émissions. Il se tourna vers Oakland et admira la ville un moment. Il y avait encore à faire et, sans perdre un instant, il se remit au travail. Marthe était ravie. Hugo avait retenu l'attention de Charlie pendant une bonne demi-heure avec son histoire de numéro. Jamais elle n'était arrivée à faire cela.

Chapitre 17

Le mal de Charlie

Je suis assis devant le climatiseur dans la salle à manger. C'est un vieux modèle qui fait du bruit mais, au moins, je suis au frais. Quand je regarde sur la gauche, du côté du salon, je peux voir Oakland apparaître au-dessus du divan. Le vieux téléviseur perd du terrain. Le gros meuble est recouvert de livres et Charlie ne cesse de retourner là-haut en chercher d'autres ; il y en a de toutes les grosseurs, de toutes les grandeurs et de toutes les épaisseurs. Marthe ne veut pas le dire, mais je crois que ça l'énerve. La désinvolture du petit avec les bouquins, c'est trop pour elle. Non seulement il ne les lit pas, mais il en fait des tas.

Marthe joue de mieux en mieux. Elle répète en ce moment, là-haut. Et, tout à l'heure, elle doit reconduire Charlie chez son père. Ça s'est bien passé depuis hier. Je lui ai reparlé du cirque pour l'endormir. Je lui en ai parlé au petit déjeuner. Et il en redemande encore. Marthe me dit que c'est exceptionnel. Il ne s'intéresse jamais à rien d'habitude. À tel point qu'il a vu un psychologue. Sans grand résultat d'ailleurs. Il ne lit pas, il parle très peu et, chaque fois qu'il vient rue Éliane, il fait des piles de livres.

Marthe parle de lui avec de bien grands mots. Dysfonctionnel léger, a-t-elle laissé échapper. Des séquelles du divorce, apparemment. À mon avis, ce n'est rien. Il a besoin d'un peu d'attention. Rien de plus. D'accord, ce n'est pas un moulin à paroles, mais il parvient à se faire comprendre. Bien sûr, quand on le compare aux Daguerre, c'est un peu juste, mais il a une bonne tête.

Il ne m'a pas compris, Charlie, quand je lui ai expliqué que c'était plus difficile de monter un numéro de cirque ici. Là-bas, sur la Côte Ouest, on peut louer un éléphant. C'est moins compromettant. On fait quelques essais et si ça ne marche pas, on le rend et on cherche autre chose. Il veut que je fasse des appels. Il dit qu'il y en a ici aussi des éléphants. C'est plutôt comique. J'ai promis d'essayer.

Ils vont partir. Marthe est en pleine forme. Un beau week-end. Charlie n'a pas tout à fait terminé Oakland, mais je lui ai promis que je l'aiderais la prochaine fois.

— Samedi prochain ?

— On verra, lui ai-je répondu.

Marthe est venue me faire la bise. Charlie est dehors et, pendant une fraction de seconde, j'ai envie de la retenir, de l'attirer vers moi. Elle porte sa robe moulante, celle que j'aime. J'ai senti sa respiration dans mon cou. Elle me demande si je serai encore là lorsqu'elle reviendra :

— Peut-être pas... je dois retourner au motel. Demain, à la première heure, j'ai des choses à faire.

Chapitre 18

Un brocanteur

Le lendemain, Marthe se rendit au motel un peu avant midi. Hugo n'était toujours pas de retour et elle lui laissa une note. Par curiosité, elle avait fait quelques appels. Au début, on s'était moqué d'elle. On ne l'avait pas crue lorsqu'elle avait dit qu'elle cherchait un éléphant. Puis quelqu'un lui avait donné un numéro. Un certain McTavish qu'elle avait finalement rejoint. Il lui avait demandé, le plus sérieusement du monde :

— Est-ce que vous le voulez empaillé ou vivant ?

Depuis trente ans qu'il était dans le métier, jamais McTavish n'avait déçu un client. Il lui promettait l'animal en trois jours et, lorsque Hugo rappliqua à la maison, elle avait encore le fou rire.

— Tu te rends compte. On peut acheter un éléphant au téléphone... livraison comprise.

— Il faut voir. Il y a des gens qui disent n'importe quoi. Et puis c'est un peu vite quand même. Je ne suis pas prêt. Il faut trouver un endroit pour l'héberger... et de l'argent aussi !

Elle avait cru qu'il sauterait sur l'occasion, qu'il se jetterait sur l'animal comme la misère sur le pauvre monde, mais Hugo se faisait tirer l'oreille.

— Laisse-moi y réfléchir... Il faut que j'y pense.

— Qu'est-ce que tu risques ? Va ! Donne-lui un coup de fil.

L'enthousiasme de Marthe le déroutait. Elle lui tournait autour, lui posait des questions. Cette précipitation le gênait de plus en plus. Il n'avait toujours pas reçu l'argent de la Barnum, ses ressources étaient limitées et il savait ce que cela voulait dire, prendre un éléphant en pension.

Pendant une heure, il tourna dans le salon, pesant le pour et le contre, cherchant une raison pour refuser. Mais il n'en trouva aucune et c'est la curiosité qui l'emporta. Quand il eut ce McTavish au bout du fil pourtant, il faillit raccrocher. Cet homme était sourd. Et, en plus, c'était un brocanteur. À la vitesse de l'éclair, il se lança dans une tirade époustouflante. Dans cinq jours, il aurait l'animal et à un prix défiant toute compétition. Il suffisait de verser un petit acompte.

Hugo se rebiffa aussitôt. Pas question de payer quoi que ce soit avant d'avoir vu la bête. Mais ce McTavish n'entendait rien. Sans l'argent, il ne bougerait pas.

Cela sentait l'arnaque à plein nez. L'oreille collée au récepteur pourtant, Hugo n'arrivait pas à raccrocher.

— Combien demande-t-il ? disait Marthe.

— Mille dollars en acompte. Mais ça ne va pas ! hurlait Hugo. Sans rien voir ! C'est beaucoup trop cher !

Il piétinait devant le téléphone, Marthe hochait ostensiblement la tête, mais il résistait encore :

— Écoutez ! Reparlons-nous plus tard. Il faut que je réfléchisse.

McTavish ne comprenait pas. Les mots ne faisaient aucune impression sur lui et Hugo dut hausser le ton :

— J'AI DIT : JE VAIS VOUS RAPPELER ! IL FAUT QUE J'Y PENSE D'ABORD !

Hugo n'aimait pas ce brocanteur. Il ne lui inspirait pas confiance. Sa surdité en était une de convenance. Il entendait ce qu'il voulait bien... sans parler des mille dollars qu'il réclamait. Bien sûr qu'il voulait retourner au cirque. Bien sûr qu'il le ferait ce *come back*. Mais il ne fallait pas improviser. Il fallait se préparer, y mettre le temps.

— C'est quand même drôle d'acheter un éléphant par téléphone, tu ne trouves pas ?

Il n'était pas certain de vouloir répondre. En fait, il ne savait trop que penser de cette affaire. Dans ses rêves les plus fous, jamais il ne lui était venu à l'esprit de monter un numéro ici. Il devait d'abord s'habituer à cette éventualité.

Du côté de la table basse, près du divan, il chercha le livre aux pages de soie et se souvint que madame Blanche ne l'avait pas encore rapporté. Dommage. Il aurait bien lu.

* * *

Ils marchaient côte à côte sur le trottoir. Ils marchaient en silence le long du boulevard Delorme et la nuit tombait doucement. Comme les gens du quartier, ils venaient voir où en étaient les travaux. Hugo était tout à ses pensées. Marthe le croyait au cirque, en train de répéter son numéro. Subitement, il demanda :

— Au fond, ce qui te dérange chez Charlie, c'est la même chose que Victor Daguerre me reprochait ?

Elle faillit perdre pied. Ces mots la prirent complètement au dépourvu et elle se mit à bégayer.

— Je... je ne lui reproche rien à Charlie ! Il est tout replié sur lui-même, c'est dommage.

Il y avait beaucoup de monde aux abords du parc. Marthe n'était plus sûre de rien. Cette remarque de Hugo l'avait bouleversée. Elle comptait bien s'expliquer :

— J'aimerais bien qu'il lise un peu, c'est vrai... au lieu de faire ces piles de livres qui traînent partout. Mais je le prends comme il est ! Je ne vois pas le parallèle que tu cherches à établir entre toi et Charlie.

Elle aurait débattu la question pendant une heure encore. Elle serait remontée jusqu'au déluge s'il l'avait laissée faire. Mais les gens se pressaient autour d'eux. Ils voulaient voir le grand trou. Ce n'était pas le moment d'étaler ses histoires de famille. Il lui passa un bras autour du cou et c'est à peine s'ils regardèrent en passant. Marthe voulait rentrer. Hugo était embarrassé.

— Écoute, j'ai dit ça comme ça. C'est toi qui as raison. Il n'y a rien de commun entre Charlie et moi.

Elle tremblait et, pourtant, il faisait si chaud, si lourd. Elle était mal dans sa peau et il se mit à faire le clown devant elle. Rien de spécial. Une cabriole, un saut par-dessus le ruban jaune, deux pas de côté... jusqu'au bord de la falaise. Tout était dans le geste, et dans le visage aussi. Il avait du métier, ça se voyait. Il était très drôle.

Quelques personnes s'arrêtèrent. Marthe en avait le souffle coupé. Il s'était pincé le nez et marchait sur le bord du gouffre comme si c'était un fil de fer.

— Reviens, Hugo. C'est dangereux.

S'agrippant à une partenaire imaginaire, il fit un pas de tango au-dessus du vide. Il semblait en contrôle, mais ce qu'il faisait était très dangereux. Marthe glissa elle aussi sous le ruban jaune et lui tendit la main.

— Viens, on rentre à la maison.

Quand il vit la frayeur dans son regard, Hugo s'interrompit aussitôt. Elle avait peur pour lui. Peur qu'il tombe dans le trou. Tout ça pour un rire.

Ils repassèrent sous le ruban. En s'éloignant dans la rue, il lui passa une main autour de la taille. Dans la lumière jaunâtre du boulevard, ils étaient comme tous les autres, tous ces couples qui marchaient ensemble.

— Tu sais ce qu'on devrait faire ? avait-il déclaré. Amener Charlie au lac. Je suis sûr qu'il n'y est jamais allé.

Marthe haussa les épaules. Samedi, c'était encore loin. Le bras de Hugo autour de sa taille lui suffisait pour le moment.

— J'ai pensé à Germain, aussi. Il a dressé des chevaux toute sa vie. Ça l'amuserait sûrement de s'occuper d'un éléphant.

Il était déjà au cirque. Tout était une question de mise en scène. Tout était possible.

— Et Gaël, la femme de Germain. Elle pourrait apprendre des beaux mots à Charlie.

— Mais qu'est-ce que tu racontes, Hugo ?

— Ce n'est pas toi qui disais qu'elle parle comme Baudelaire ?

— Enfin, je ne suis pas sûre. J'ai entendu des choses comme ça, mais... vraiment, je ne vois pas comment elle pourrait l'aider.

Elle avait un tremblement dans la voix. Marthe aurait tellement voulu que Charlie sache lire. Elle aurait fait n'importe quoi pour que cela arrive.

Ils continuèrent leur route et débouchèrent sur la petite place, mais Hugo n'arrivait toujours pas à se calmer. Ce deuxième voyage au lac l'excitait beaucoup et, lorsqu'ils arrivèrent devant le portail, elle concéda :

— C'est vrai au fond. Charlie aimerait sûrement ça ! Je ne suis pas certaine que Gaël puisse l'aider, mais...

Chapitre 19

« Viens-tu du ciel profond ? »

Le samedi suivant, ils se retrouvèrent dans le petit autobus blanc et, pendant une heure, ils roulèrent dans la grisaille, le long des grands boulevards et dans la banlieue profonde. Charlie regardait de tous les côtés à la fois et Hugo lui racontait des tas de choses à propos du lac. Le géant qui domptait les chevaux, sa femme presque aussi grande que lui et qui parlait comme un livre.

Marthe était appuyée contre la caisse du Parloir. Discrète, elle leur laissait toute la place et faisait mentalement le compte de ce qu'elle avait apporté dans son panier de victuailles. Un véritable banquet : les petits plats dans les grands, une nappe blanche et de la nourriture pour tenir un siège de trois jours.

Contrairement à leur visite précédente, il ne pleuvait pas et, lorsque le chauffeur s'arrêta devant la route menant au lac, elle descendit d'un pas enjoué. Marthe était d'humeur splendide et c'est elle qui ouvrit la marche pendant que Charlie et Hugo traînaient derrière. Bien qu'ils ne se soient pas annoncés, Germain les attendait au bout de la route. Il avait mis son beau costume.

— Gaël m'a dit que vous alliez venir ce matin. Je l'ai prise au mot. D'habitude, elle ne se trompe pas.

Comment pouvait-elle le savoir ? Comment avait-elle pu le deviner ? Ni Marthe ni Hugo n'en avaient parlé. Aucun téléphone, même pas au père de Charlie. Marthe interrogea le géant du regard et, pour toute réponse, il lui fit un clin d'œil.

— Et comment il s'appelle, ce jeune garçon ?

Charlie regardait le colosse de bas en haut et n'arrivait pas à dire un mot. Il était impressionné. Tétanisé, même !

— On t'a coupé la langue ? Tu ne sais pas parler ?

Hugo se précipita à sa rescousse :

— Je te présente Germain. C'est de lui dont je t'ai parlé tout à l'heure.

Et Marthe d'ajouter :

— Germain, je te présente Charles, c'est mon fils.

— Je ne savais pas que tu avais un fils !

Hugo ferma les yeux. Quand il était petit, cette phrase revenait toujours. Elle lui résonnait dans la tête, elle l'étourdissait. Combien de fois avait-il entendu des gens dire à son père : « Je ne savais pas que tu avais un fils ! » Il prit la main de Charlie :

— Viens, je vais te montrer le lac ! Il y a beaucoup de monde l'été, mais c'est joli quand même.

Germain n'y vit que du feu. Marthe s'enquit de Gaël, qui était allée marcher dans les bois. Tout en discutant, ils descendirent le long de la route. Charlie et Hugo étaient loin devant eux. Quand ils prirent le sentier menant au chalet, l'enfant était déjà sur la plage.

Marthe était ravie d'être là, mais elle se demandait comment la femme du géant avait su qu'ils venaient. Gaël avait un côté intrigant, Marthe en convenait, mais n'avait rien d'un devin.

Une fois dans le petit chalet, elle chassa toutes ces questions pour étaler son banquet-mouchoir sur la table. La maison était toujours aussi propre, mais il faisait trop chaud pour préparer un feu. Elle offrit un thé glacé à Germain. Ils échangèrent quelques mots sur le temps qu'il faisait. Et Charlie et Hugo entrèrent en coup de vent.

Après être passés par la plage, Charlie et Hugo faisaient maintenant le tour du propriétaire. Le petit courait partout, il ouvrait les portes des chambres, sortait sur la véranda, puis revenait dans la cuisine.

— Pourquoi on n'est pas venus ici avant?

Marthe délaissa son travail et se pencha vers lui. La réponse était toute simple. Elle n'y avait jamais pensé. Elle le prit par la main et l'entraîna un peu plus loin, devant la fenêtre donnant sur le lac. Ils s'installèrent sur le divan, elle lui raconta les étés passés ici, alors que les rives du lac étaient désertes. Il n'y avait que le cultivateur et son fils Germain, le grand petit géant.

Hugo avait pris la relève autour de la table. Il sortit les fromages, les viandes, le pain croûté et le Cahors. Elle avait pensé au tire-bouchon, il ouvrit la bouteille tout en invitant Germain à goûter. Très vite, il se mit à parler du cirque et du numéro qu'il voulait monter.

— Tu peux être sûr que ça m'intéresse, déclara le géant. Les chevaux, les manèges et les touristes, à la longue, c'est ennuyant tu sais.

— Mais je t'avertis, ce ne sont pas les vacances. J'ai déniché un éléphant. Enfin, je crois en avoir trouvé un. Il va falloir le dresser, ça prend du temps.

— Ça ne fait rien. Je veux essayer.

Le banquet prenait des proportions. Marthe avait mis tout un garde-manger dans ce panier. Hugo trouva du caviar et des truffes, dissimulés sous un petit flacon de cognac. Il sortit le tout en continuant de raconter : il faudrait apprendre à l'éléphant à danser. Sur une musique sublime. Lui ferait le pitre. Il passerait sous la bête au risque de se faire écraser. Il grimperait sur elle comme on escalade une montagne.. Ce serait la grâce malgré l'énormité... la musique ferait toute la différence.

Germain n'était pas certain de comprendre toutes les subtilités, mais il était prêt à essayer, à se lancer tête première. Hugo avait été chez Barnum and Bailey après tout. Il devait savoir ce qu'il faisait.

— Tu te rends compte, répondait Germain. Un éléphant, c'est une promotion !

De sa voix forte, le géant venait de sceller le pacte. Hugo s'en frotta les mains. Il écoutait deux conversations en même temps. Marthe et le petit discutaient eux aussi. D'autant plus étonnant qu'il ne les avait jamais vus comme ça, enlacés, accrochés l'un à l'autre. C'était le voyage peut-être ou le grand air. Ils étaient immobiles dans cette vieille berçante. Seules leurs lèvres bougeaient encore.

Hugo baissa le ton. Il parlait encore du projet, mais l'urgence avait disparu. Il aimait bien les regarder de loin. Charlie avait la tête appuyée contre l'épaule de sa mère et ses yeux papillonnaient. Un craquement retentit dans l'entrée. La porte s'ouvrit tout doucement et le premier regard de Gaël fut pour Germain.

Elle s'approcha de la table, un bouquet de fleurs sauvages à la main. Le géant se leva aussitôt pour l'embrasser et leurs silhouettes conjuguées jetèrent une ombre sur la pièce. La chevelure revêche de Gaël lui voilait les yeux, mais lorsqu'elle aperçut Charlie, elle dégagea immédiatement la mèche :

— « *Viens-tu du ciel profond ou sors-tu de l'abîme,*
Ô Beauté ? ton regard, infernal et divin,
Verse confusément le bienfait et le crime... »

C'était Baudelaire ! Marthe ne s'était pas trompée. Il se terrait dans cette femme qui, à bien y regarder, lui ressemblait presque. Gaël agitait le bouquet au-dessus de la tête de Charlie, comme pour chasser les mauvais esprits. Elle tournait autour de lui en l'examinant avec curiosité.

Le petit avait les yeux sortis de la tête. Cette femme, qui cachait un géant dans ses entrailles, avait pourtant le geste très doux. Elle murmurait des mots d'abord inaudibles... puis de plus en plus articulés. C'était très beau. Marthe reconnut, entre autres, un passage d'*Élévation*. Puis un autre de *La vie antérieure*. Lorsqu'elle déclama *Harmonie du soir*, on aurait dit qu'elle chantait une berceuse.

Gaël improvisait avec une assurance à couper le souffle. Elle semblait tout savoir, tout connaître de Baudelaire. Mais de Charlie aussi ! Elle savait qu'il était taciturne, qu'il ne connaissait pas vingt mots et qu'il refusait de lire.

Peut-être avait-elle une boule de cristal ? Peut-être lisait-elle dans les cartes ? C'est pour cela sûrement qu'elle empruntait les passages les plus lumineux, les strophes les plus éclairées des *Fleurs du mal*. Le mal de Charlie exigeait le meilleur remède.

Sous les yeux de Marthe, elle insufflait les mots dans le corps frêle de Charlie, elle transvidait les plus belles musiques et l'enfant entrait dans la langue par la grande porte.

Tout compte fait, c'était pour extraire Charlie de son secret qu'ils étaient venus là ! Il avait bien été question de cirque, de collaboration entre Germain et Hugo, mais en réalité, c'était pour guérir le petit, cette fois, qu'ils avaient fait le voyage.

Marthe tenait la main de l'enfant et Gaël déclamait. Les plus beaux poèmes déferlaient dans le petit chalet et Charlie ne tenait plus en place ! Cette musique le faisait vibrer et, à tout moment, il demandait :

— Mais pourquoi personne ne m'a pas parlé de cela avant ?

* * *

Pendant une partie de la nuit, ils firent la fête dans le chalet ! Le banquet de Marthe les garda éveillés jusqu'aux petites heures du matin et, plus d'une fois, Charlie prit la parole. Il empruntait à Baudelaire et, quand il disait les textes, il avait les mêmes intonations que Gaël.

Marthe n'en demandait pas tant. Elle hochait la tête chaque fois qu'il ouvrait la bouche et, quand elle ne comprenait pas, il s'impatientait :

— « *Je trône dans l'azur comme un sphinx incompris...* »

Il y avait quelque chose d'hallucinant dans cette fête.

Pourtant, Gaël n'avait sorti ni son chanvre ni sa pipe. Tout était dans les mots. Dans la musique des mots et dans leur beauté. Hugo ne connaissait pas ces rimes. Il ne les avait jamais entendues, mais il vibrait à chacune d'elles.

Le petit continua de les étonner ainsi, jusqu'à tard dans la nuit. Bientôt il se leva et quitta la table, les paupières lourdes, erra un moment dans la pièce et s'arrêta devant la porte :

— « *La mer est ton miroir ; tu contemples ton âme...* »

Était-ce la mélancolie ? Ou le sommeil qui le gagnait peu à peu ? Marthe se leva, le prit dans ses bras et ouvrit la porte d'une des chambres. Elle le déposa dans un lit et s'empressa de tirer la couverture.

Gaël et Hugo rangèrent la vaisselle pendant que Germain allait prendre l'air. Marthe n'était pas revenue. Elle s'était probablement assoupie au côté du petit et, dès que tout fut en ordre, Gaël s'esquiva. Dehors, le soleil était sur le point de se lever, Hugo ne tenait plus sur ses jambes et il s'effondra dans un lit, celui de la chambre du fond.

Au bout de quelques heures toutefois, le piaillement des vacanciers le tira d'un sommeil léger. Il était sept heures. Un rayon de soleil tombait en diagonale dans la chambre et, quand il ouvrit l'œil, il aperçut Charlie. Il était penché au-dessus de lui.

— Qu'est-ce que tu fais là ? Tu ne dors plus ?

— Viens avec moi. Je veux voir le lac.

— Le lac, à cette heure-ci ?

— Maman dort.

Il le prit par la main et tira dessus jusqu'à ce qu'il se lève. Comme un somnambule, Hugo traversa la cuisine et sortit sur la véranda. La lumière était éblouissante, il y avait du brouillard sur le lac. Dans les cabanes voisines, on s'agitait de plus en plus. Charlie descendit les marches et se retourna pour être bien certain qu'on le suivait.

— Ne va pas trop loin. Fais attention.

Il s'approcha de l'eau, y mit un orteil et s'arrêta net. Il gre-

116

lottait déjà, mais il n'était pas question de faire demi-tour !

— Allez, vas-y ! Plonge, l'encourageait Hugo.

Charlie se mouilla les cuisses, puis le corps tout entier. Derrière, Hugo s'était laissé choir dans le sable. Après avoir barboté pendant trente secondes, Charlie sortit de l'eau et rappliqua vers le chalet en annonçant :

— Il faut qu'on revienne ici... j'aime bien cet endroit, moi.

Hugo était en mauvais état. Il mettrait probablement la journée à se remettre de la veille. Il se renversa sur le dos, prit une grande respiration et marmonna en soupirant :

— C'est ce que j'ai dit moi aussi quand je suis venu... la seule fois que je suis venu. J'avais à peu près ton âge...

— Ah ! cria Charlie. Tu es venu ici quand tu étais petit ? Tu as rencontré maman ?

Il se mordit la lèvre. S'il ouvrait la porte, l'enfant poserait des tas de questions. Il faudrait tout expliquer, même l'inexplicable. Jamais il ne s'en sortirait.

— Viens ici. Il faut que je te parle. Il faut que je te dise quelque chose.

L'air était frisquet. Charlie grelottait et Hugo ouvrit tout grand les bras pour l'accueillir. Il vint se blottir entre ses cuisses et s'essuya la bouche sur son pantalon.

— Tu sais ce qu'on va faire quand on va retourner à la maison ?

Le petit n'était pas dupe. Il voyait bien le jeu de Hugo, la dérobade qui se préparait pour ne pas répondre.

— ... dès qu'on sera à la maison, je vais rappeler ce type. Je vais l'acheter, l'éléphant. Et c'est Germain qui va s'en occuper. On va travailler ensemble.

C'était magique. Il suffisait d'évoquer le cirque et Charlie tombait, se laissait emporter complètement. Pendant un moment, ils se bercèrent ainsi, sur la plage. Le petit enfonçait ses ongles dans son dos... et l'autre dormait à moitié. Le soleil était de plus en plus chaud et l'enfant de mieux en mieux dans ses bras.

— «... *Je veux te peindre ta beauté...* »

C'était un compliment. Hugo ne l'avait jamais entendu, mais il hocha la tête en serrant encore plus fort.

— Mais tu ne m'as pas répondu. Comment tu as connu maman ? Tu l'as rencontrée ici au chalet ? Quand tu avais mon âge ?

Hugo grognait sans vraiment répondre. Charlie avait l'œil espiègle. Cette question, il ne l'avait pas empruntée à Baudelaire.

Chapitre 20

Le trapèze

Quand ils rentrèrent en ville, tard le lendemain, Marthe insista pour que Hugo dorme à la maison. En sortant de l'autobus, ils prirent un taxi. Charlie rigola jusqu'au dernier moment, devant la maison de Jean-Philippe. Puis, en sortant, il murmura :

— « *Maudite soit la nuit aux plaisirs éphémères...* »

Marthe ne savait trop que penser de ce phénomène linguistique. L'enfant n'avait jamais ouvert un livre et voilà qu'il était investi de la plus belle des langues.

— Certaines choses ne s'expliquent pas, l'avait rassurée Hugo. Il ne faut pas chercher...

Ces paroles avaient eu peu d'effet. Charlie était debout devant le taxi. Il faisait tout un cinéma au lieu de rentrer à la maison. En principe, il devait rester chez son père le week-end suivant. C'était le quatrième samedi du mois, mais il voulait revenir à la maison. Dans une semaine, Hugo aurait peut-être trouvé son éléphant. Il ne voulait pas manquer cela.

Marthe dut le raccompagner à la maison et discuter un moment avec Jean-Philippe. Hugo suivait l'échange du fond du taxi. Ce changement d'horaire semblait causer problème. Rien n'était simple.

Marthe rappliqua au bout de cinq minutes, le taxi reprit sa course et ils n'échangèrent pas un seul mot jusqu'à la maison. C'était souvent comme ça, lorsqu'ils se revoyaient, Marthe et Jean-Philippe. Un grincement dans le fond de l'âme suivi d'une grande douleur.

Hugo connaissait le chemin du divan. Après avoir éteint toutes les lumières, il mit le rayon bleu en marche et fit le tour du divan, comme un avion qui fait un grand tour avant de se poser. Il allait rouler dans les coussins, mais il freina son geste. Elle jouait déjà, là-haut. Un morceau de musique qui lui faisait toujours le même effet. Une invitation au voyage.

Il vint se poster au pied de l'escalier. La porte était entrouverte et la mélodie délicieuse. Il grimpa trois, quatre et cinq marches. Elle jouait encore. Il s'arrêta dans l'embrasure de la porte et jeta un œil dans la chambre. Il ne voyait toujours rien.

Quelle musique irrésistible ! Il allait faire un pas, se lancer en avant, mais il s'arrêta brusquement. Dans la chambre de Marthe, le plancher s'était dérobé. Pire encore, les ampoules de la table de maquillage s'étaient transformées en projecteurs. Cela donnait un effet saisissant. Perchée sur un trapèze à cinq mètres de lui et, la tête en bas, Marthe se balançait.

Debout sur son petit plateau, Hugo voulait faire marche arrière, mais impossible. Il n'y avait plus d'escalier, plus d'appartement, plus de livre. Il était sous les combles d'un chapiteau et l'heure du spectacle avait sonné. Depuis le temps qu'il y rêvait, il n'allait pas reculer !

Marthe dansait au-dessus de l'abîme. Il n'y avait pas de filet. Pas de deuxième chance. Et elle voltigeait, elle s'élançait dans l'air du temps comme si elle faisait cela depuis toujours.

— Viens ! Ce n'est pas dangereux !

Elle tendait les bras lorsqu'elle passait devant lui. Prudemment, il se pencha au-dessus du vide. Le long trou noir... et la piste tout en bas. Il ne restait vraiment plus rien de la maison.

— Viens ! Ce n'est pas dangereux, disait Marthe chaque fois qu'elle passait.

Elle avait un plaisir fou sur sa balançoire. C'était à n'y rien comprendre. Sans parler du collant rouge qu'elle portait. Le même que Sally ! Un justaucorps dessinant ses lignes sur fond noir. Elle était svelte Marthe, et d'une admirable agilité.

— Je vais te tenir par la main. Tu vas t'accrocher à moi ! Tu vas voir, c'est facile.

Hugo en avait envie... mais il laissa encore passer un tour. La méfiance. Cette femme n'était peut-être pas Marthe. Cette acrobate était peut-être une illusion, un mirage cherchant à l'entraîner dans le vide.

— Hugo Daguerre ! Viens ! Il va bien falloir que tu me croies un jour !

C'était bien elle. Ce qu'elle demandait exigeait une réponse. Quand elle repassa, il serra les poings et se jeta tête première. Ses pieds quittèrent le petit plateau et, tout de suite, il sut qu'elle était là, qu'elle ne le laisserait pas tomber.

Ils firent deux ou trois passages, Hugo hocha la tête et elle le posa sur la petite plate-forme. Il voulait reprendre son souffle, refaire ses forces et s'assurer que tout cela était bien vrai. Mais ce n'était pas nécessaire. Marthe lui fit un grand sourire en repassant, il sombra dans ses yeux et, au passage suivant, il replongea.

C'était magique. Ils volaient au-dessus de la piste. Accrochés l'un à l'autre, ils planaient sans jamais regarder en bas. Marthe attendait ce moment depuis leur première rencontre. Elle se l'était caché, elle s'était menti, mais cette fois, elle n'y pouvait rien.

Ils se berçaient dans le néant, ils se dévoraient des yeux, ils se mangeaient du regard. Ils étaient à ce point abandonnés l'un à l'autre qu'ils ne pouvaient plus tomber, sauf peut-être en amour.

Chapitre 21
La garde partagée

En me réveillant, j'étais certaine qu'il serait parti, mais il était là, la tête dans les coussins. Il dormait comme un ours. Je l'ai regardé pendant un long moment. Je l'aime Hugo. Il ne comprend pas toujours ce qui se passe, mais il ne juge jamais. Je voudrais le garder près de moi un moment. Il me caresse, il me fait du bien. Il me ramène Charlie.

Quand il s'est levé, j'ai tout de suite compris qu'il ne resterait pas. Il parlait du motel, de la banque et de la Barnum, tout en même temps. C'est tout juste s'il a pris une gorgée de café. Je ne l'ai pas revu depuis trois jours. Mais j'ai parlé à Jean-Philippe. Charlie va passer le week-end ici, finalement. Du vendredi soir jusqu'au lundi matin. On a même parlé d'un éventuel retour. Au fond, ça ferait l'affaire de tout le monde, y compris de Dominique, la femme de Jean-Philippe. Trois enfants, c'est beaucoup.

Il ne faut pas forcer les choses, je le sais bien. Il ne faut pas vendre la peau de l'ours... mais je n'ai jamais cessé d'attendre Charlie.

* * *

C'était Hugo au téléphone. Depuis trois jours, il est en né-
gociations. Cet homme, ce brocanteur, le tient en haleine.
Apparemment, il aurait trouvé un éléphant. La date de livraison n'est pas encore fixée, mais il prépare déjà le terrain. Il a
déniché un hangar, en banlieue, sur la Rive-Sud.

C'est un peu fou cette histoire de cirque ici, chez Victor
Daguerre. Charlie est aux anges. Hugo met tous ses espoirs
dans cette affaire, mais il est un peu coincé. Hier, je lui ai offert de l'argent, mais j'ai senti que ça le chatouillait. Je lui ai
expliqué que je le faisais pour Charlie. Il n'a pas répondu.

Demain, nous déjeunons ensemble, mais j'ai eu du mal à
le convaincre. À l'entendre parler, cette affaire prend tout
son temps. Je lui ai proposé de venir travailler ici, de donner
mon numéro de téléphone. Il hésite. C'est un reste de pudeur.
Et en plus, il faut lui tirer les mots de la bouche ! Ce qui, par
contre, n'est pas le cas de Charlie. Je ne sais pas ce que Gaël
lui a fait mais, tous les jours, il téléphone. Il frétille au bout
du fil. Ça me fait bien rire, son histoire de Baudelaire. Il a
retenu deux ou trois strophes comme ça, et il les lance à tout
vent. Je lui ai dit qu'on avait le livre à la maison, l'œuvre
complète. Il veut bien y jeter un coup d'œil. Mais, en fait,
c'est madame Blanche qui l'a. Hugo m'en a glissé un mot. Il
y a quelques jours déjà. Elle tarde à le rapporter.

Chapitre 22

Une fugue

Quand madame Blanche se présenta à la porte, le lendemain, Marthe et Hugo se jetèrent tous deux sur le livre. Bousculade amoureuse. L'institutrice fit mine de ne rien voir. Marthe couvrit l'affaire d'un grand sourire et la raccompagna jusqu'au portail. Elles parlaient d'une chose qui « avait finalement débloqué ». Hugo comprit alors qu'il était question de Charlie et de la lecture. Madame Blanche était apparemment son professeur de français et les récents progrès de Charlie semblaient le résultat d'un long travail. Marthe félicitait la petite dame en lui frottant l'épaule. Quand elle revint dans la maison, elle était d'humeur splendide.

— Tu le liras en premier, Hugo. J'ai tout le temps, moi.

— Non, non. Prends-le. Je suis très occupé en ce moment. Tu me le prêteras le soir avant de dormir.

Marthe réprima un sourire. Le soir, ils faisaient du trapèze. Le livre aux pages de soie pourrait tomber, pourrait se perdre dans les profondeurs de l'abîme. Ils rigolèrent un moment dans l'entrée et, finalement, c'est elle qui le garda. Hugo revint au salon faire des appels.

Elle cherchait quelque chose dans les pages de soie. Un poème en particulier. Mais, au fond, elle l'épiait. Elle tournait autour de ses quartiers généraux en se cachant derrière le livre. Sur la table, il y avait son histoire en abrégé. Elle tenait à ces bouts de papier, ces numéros de téléphone et ces notes griffonnées en vitesse. Le nom du brocanteur, une idée pour le numéro « en gestation » et le livret de banque.

C'était tout de même un professionnel, Hugo. Quand il travaillait, un rideau de fer se refermait devant ses yeux. Il était tellement concentré qu'il en était intimidant. Et Marthe s'éloigna. Elle avait à faire. Puisqu'elle avait le nez dans *Les Fleurs du mal*, autant en profiter pour se rafraîchir la mémoire.

En plus d'*Élévation*, ce poème qu'elle avait retranscrit pour Hugo dans le parc, et qu'elle rejouait tous les soirs au Parloir, elle avait bien connu Baudelaire à une époque. Aujourd'hui, si elle voulait comprendre ce que disait Charlie, elle n'avait d'autre choix que de revenir aux sources.

Dans la salle à manger, elle prit place au bout de la table et déposa le livre devant elle. Elle y prenait un plaisir évident. Cette lecture n'aurait rien de la course d'obstacles qu'avait été la recherche de Victor Daguerre. Au contraire, ce serait un geste chaleureux qui la rapprocherait de son fils.

Elle lut un moment. Elle se sentait bien, mais elle se demandait tout de même ce que Charlie pouvait comprendre à ces textes. Elle feuilletait, passait par des chemins connus quand, tout à coup, Hugo se mit à crier. C'était le brocanteur ! Il était au bout du fil et il ne comprenait pas, comme d'habitude. Encore une affaire d'argent. Cet homme en voulait toujours plus. Marthe se cala bien au fond de sa chaise et observa Hugo à distance.

Il avait passé les derniers jours de la semaine chez elle, accroché au téléphone à convaincre les uns et à presser les autres. Il était question qu'il renonce à sa chambre de motel. De jour en jour, le numéro prenait forme, mais il prenait aussi beaucoup de place. Hugo était en état de trac permanent. Germain ne faisait rien pour l'aider. Deux fois par jour, il téléphonait pour prendre des nouvelles.

Marthe, de son côté, était complètement libre de son

temps. À deux ou trois reprises, elle avait griffonné sa lettre de démission pour la bibliothèque. Chaque fois, la poubelle en avait pris livraison. Le style était boiteux, ni le ton ni la forme n'étaient satisfaisants. Elle remettait à plus tard.

Marthe passait aussi beaucoup de temps au téléphone. Entre les appels du brocanteur et de Germain, il y avait maintenant ceux de Charlie. Il parlait de plus en plus, il y prenait un véritable plaisir... et il lançait quelquefois des strophes éblouissantes. L'éclosion de l'enfant avait été subite... et presque brutale. Elle cherchait à comprendre. Elle aurait voulu savoir comment Baudelaire, en passant par cette femme au physique ingrat, s'était rendu jusque-là, jusqu'au regard émerveillé de son fils.

Quelqu'un frappa à la porte. Hugo, qui était entre deux appels, se leva aussitôt. Le libraire venait de faire surface en lui. Il traversa le salon en pressant le pas et vint ouvrir. C'était un enfant. Il ramenait deux livres. Tout de suite, ils badinèrent ensemble. Le trac du cirque s'était évanoui momentanément.

— Et toi, est-ce que tu en lis, des livres ?

L'enfant protestait. Il disait qu'il n'avait pas le temps, qu'il avait trop à faire. Hugo le taquina en rayant les deux titres de la « liste ». Après avoir refermé la porte, il revint au salon en scrutant ce ramassis de titres et de noms. Certains étaient illisibles, mais surtout, des dizaines de livres étaient en retard.

— Marthe. Tu ne crois pas qu'il serait temps de refaire de l'ordre là-dedans. On pourrait changer de cahier aussi. Et téléphoner à ces gens qui traînent.

— Ton père serait fier de te voir.

Il ne voulait surtout pas ressembler à Victor Daguerre. La seule évocation de son nom le faisait frémir. Mais il aimait bien ce petit travail de libraire. Ces gens du quartier qui cognaient à la porte à toute heure, ces conversations à la dérobée. Il avait pris l'habitude de lire les quatrièmes de couverture. C'était moins long que de lire les livres et ça donnait une idée.

Marthe flattait les pages de soie elle aussi. Elle s'arrêtait sur les textes que Gaël avait déclamés l'autre soir : *La Vie antérieure*, *La Beauté*. Pendant une demi-heure, elle resta sur *Harmonie du soir* qu'elle chantonnait tout en lisant. C'était une berceuse.

Hugo tendit l'oreille. Il était appuyé sur l'accoudoir du divan. La « liste », les téléphones et les bouts de papier ne l'intéressaient plus. Il voulait entendre. C'était peut-être cela qu'elle disait dans le Parloir. Ce morceau qui lui faisait toujours le même effet. Il s'avança jusqu'à l'entrée, mais elle leva aussitôt les yeux :

— Ça va, Hugo ? Ça se passe comme tu veux ?

Il s'était arrêté, comme un félin qui hésite à sauter sur sa proie. Elle avait les yeux grands ouverts, elle le voyait venir, mais elle parlait encore.

— Tu sais, pour l'argent, je ne t'ai pas dit... ma mère m'en a laissé un peu. Ce qu'il lui restait de sa famille. Avec la maison, ça fait beaucoup. Je peux t'aider... pour l'éléphant. Je sais que tu n'aimes pas trop l'idée, mais...

Il n'écoutait pas. Ses yeux s'étaient remplis de brouillard et seule l'image de Marthe était encore distincte au milieu. Il lui tendit la main. Elle fit signe que oui et elle se leva, comme s'il n'était pas nécessaire d'en dire plus. Ils montèrent en silence.

* * *

Marthe avait jeté une couverture sur le plancher, il était couché sur le dos et elle s'était blottie contre lui. Elle scrutait le plafond, se répétait qu'elle était bien, qu'elle avait des ailes et qu'elle était amoureuse, lorsqu'un bruit retentit du côté de l'entrée. Elle préférait ne pas répondre et retint son souffle. Mais c'étaient des coups de pied cette fois qu'on frappait contre la porte.

— Charlie !

Elle se mordit la lèvre, mais il avait entendu. Hugo ouvrit un œil en se passant une main dans les cheveux.

— C'est pas vendredi, aujourd'hui ?

— Laisse, laisse. Je m'en occupe.

On frappait toujours en bas. Le bruit était infernal. Marthe enfila sa robe de chambre et dévala les marches à toute vitesse. Hugo se trouva tout à coup ridicule. Nu comme un ver, étendu au milieu du plancher. Il sauta dans son pantalon, se reboutonna en vitesse et descendit lui aussi.

Charlie tournait en rond, au rez-de-chaussée. Sa mère le suivait à la trace, cherchant à savoir ce qui s'était passé. De toute évidence, il était en fugue. Pendant les vacances, c'était une vieille dame qui les gardait, lui et ses deux demi-sœurs, Adèle et Caroline. Profitant d'un moment d'inattention, il avait pris le bus et s'était amené ici.

— Tu ne crois pas que Jean-Philippe va s'inquiéter ? disait Marthe. Il faut lui téléphoner, l'avertir.

— Je lui ai dit que je voulais revenir vivre avec toi. C'est bien ici, avec Hugo et tous les projets. Là-bas, c'est l'enfer !

— Mais aujourd'hui, est-ce qu'il sait que tu es ici ?

— ...

— Alors, tu lui téléphones. Sinon, c'est moi qui le fais. Je ne veux pas d'histoires, tu le sais bien !

Hugo se faufila entre les deux et pointa le livre aux pages de soie sur la table.

— T'as vu ? Là-dedans, il y a toutes les belles phrases de Gaël.

— Ah ouais ?

Sans hésiter, il prit le livre. Marthe trouva l'intervention presque déplacée, mais l'enfant avait déjà les doigts entre les pages. Comme d'autres avant lui, il était attiré par la douceur du papier.

Espiègle, Hugo laissa courir ses doigts dans le cou de Marthe. Ses cheveux étaient encore moites et, quand elle se retourna, il lui fit un clin d'œil. Charlie s'éloignait avec le livre. Dans le salon, il s'installa au milieu des coussins et, au grand étonnement de sa mère, il se mit à lire.

C'était inespéré. Il était là, il voulait rester et, en plus, il savait lire !

Marthe se précipita sur le téléphone. Sa conversation avec Jean-Philippe fut franche et directe. À sa grande surprise, celui-ci avoua qu'il n'était pas étonné par la tournure des événements. Depuis quelque temps, Charlie n'avait qu'une idée en tête : retourner chez sa mère. Peut-être fallait-il respecter ce souhait ?

Marthe se prenait la tête à deux mains. Son ex qui était tout à coup conciliant pendant que Charlie lisait Baudelaire sur le divan ! Il avait délaissé Oakland, il ne pensait plus au cirque et, à tout moment, il demandait :

— C'est vraiment Gaël qui a écrit ça ?

— Il me semble que oui, disait Hugo. Il faudrait demander à Marthe, mais c'est son genre il me semble. Ce sont les mêmes mots en tout cas.

Marthe riait. Elle cherchait à contenir son fou rire. Le petit prenait cela très au sérieux. Il dévorait littéralement, tandis que Hugo ramassait ses bouts de papier et ses numéros de téléphone sur la table. En d'autres circonstances, elle aurait rectifié. Avec les dates de parution, les titres les plus importants et les œuvres secondaires. Gaël n'avait rien à voir avec *Les Fleurs du mal*. Mais elle se fit violence pour ne pas le dire. Ce n'était pas nécessaire.

Chapitre 23

Remorque comprise

Lorsque Charlie était là, Hugo dormait sur le divan. Et il revenait de plus en plus souvent. Le petit ne s'intéressait plus du tout à la construction des villes. Il prenait quelquefois des nouvelles du cirque, mais ce qui le passionnait maintenant, c'était Baudelaire. Marthe était mi-figue, mi-raisin. Enfant précoce, elle ne s'était intéressée aux poètes du XIXe siècle qu'à onze ou douze ans. Charlie n'avait pas encore dix ans.

— Tu sais, il y a plein d'autres bouquins qui sont intéressants. Je t'ai sorti un livre d'Alphonse Daudet. Je suis sûre que tu l'aimerais.

Ce n'était pas la peine d'insister; Charlie aimait *Les Fleurs du mal*. C'était d'autant plus navrant pour Hugo qui n'avait plus touché aux pages de soie depuis des jours. Le petit s'y accrochait avec une telle détermination qu'il doutait de remettre la main sur le livre un jour. Pour ne pas être en reste, Marthe le réclamait elle aussi. C'était infernal.

Ils étaient donc à la maison tous les trois, un samedi matin. L'été faisait son baroud d'honneur; une chaleur accablante les gardait barricadés à l'intérieur. Charlie lisait, Marthe jouait du Parloir et Hugo passait en revue les options qui lui restaient. Le brocanteur n'avait plus redonné de nouvelles, ce qui ne le surprenait pas outre mesure. Il n'avait pas confiance en cet homme. Il craignait l'arnaque. Et puis, il y avait les mille dollars aussi ; ceux que Marthe lui avait avancés et que McTavish avait déjà en poche.

Il n'était pas obligé de monter ce numéro. Rien ne l'y forçait. En fait, ce qui se passait entre lui et Marthe était bien plus important. Quand ils montaient là-haut, quand ils se retrouvaient sur le trapèze, c'était prodigieux, c'était féerique. Les jours où Charlie retournait chez son père, ils dormaient ensemble et n'arrivaient plus à se tirer du lit le lendemain.

Le cirque à tout prix ? Peut-être pas. Il aimait bien ce petit travail de libraire. Il avait acheté un nouveau cahier, il retranscrivait les retards et téléphonait même aux clients. Depuis qu'il avait quitté le motel, depuis qu'il s'était installé, il en avait fait son passe-temps.

Le dernier samedi du mois donc, chacun était à sa petite affaire. Une molle nonchalance derrière les volets clos. Et puis le téléphone sonna :

— Oui, allô !

Un ange passa. Hugo retint son souffle et il se mit à tambouriner sur la petite table. Le regard fuyant, il trancha :

— Qu'est-ce qu'il a ? Il est blessé ?

Charlie n'entendait que le grésillement du téléphone, mais il savait déjà que cela concernait l'éléphant. Il posa le livre et s'approcha.

— J'AI DIT : QU'EST-CE QU'IL A ? EST-IL BLESSÉ ?

Là-haut, Marthe s'était arrêtée de jouer. La porte de son appartement s'était ouverte et elle avait passé la tête. Plus il en apprenait, plus Hugo s'énervait.

— Ce n'est pas une dromadaire que je cherche. C'est quoi cette bosse ?

Avec McTavish, on allait de surprise en étonnement. D'abord la remorque. Un éléphant, ça ne se transporte pas comme ça. Heureusement, elle était comprise dans le prix. Mais il fallait signer des papiers. Plus compliqué que prévu, sans parler de la nourriture ; le brocanteur lui offrait de quoi tenir un mois, moyennant un petit supplément.

— Mille dollars de plus ! Mais quand est-ce que ça va s'arrêter ?

Le brocanteur n'entendait pas cette colère. Il lui faisait répéter, il louvoyait comme une anguille, et la seule façon de s'entendre avec lui, c'était de dire pareil. Ils se fixèrent un rendez-vous, à midi, dans ce hangar que Hugo avait loué en banlieue.

— Vous avez bien compris, criait-il. À midi, sur la Rive-Sud, dans le parc industriel !

Il parlait si fort que Charlie s'était bouché les oreilles. Les mains sur les tempes, il se tourna vers sa mère lorsqu'elle arriva tout près de lui.

— *« Comme un navire qui s'éveille*
  Au vent du matin,
  Mon âme rêveuse appareille... »

En raccrochant, Hugo se demanda s'il s'était bien fait comprendre. Rive-Sud, parc industriel... il n'avait pas précisé le nom de la rue, mais c'était facile à trouver. Charlie sautait autour de lui. Tout à ses pensées, il prit sa veste dans l'entrée et ouvrit la porte.

— Attends un peu... tu ne vas pas partir comme ça ?

Marthe l'avait rattrapé. Le petit aussi. Debout sur la véranda, ils cherchaient tous deux à le retenir.

— Attends-moi. Je veux y aller. Je veux voir à quoi ça ressemble un éléphant.

Mais il n'en était pas question. Le rideau venait de se refermer devant les yeux de Hugo. C'était du travail. Du travail dangereux, même. Il n'aurait pas le temps de s'occuper d'un enfant.

— Ce sera pour la prochaine fois...

Le petit grimpa aux barricades. Depuis leur visite au lac, il l'attendait, lui aussi, ce jour. Il ne s'était pas passé un week-end sans qu'ils en parlent, sans qu'ils fassent des projets. Et voilà qu'on l'écartait.

— Ah oui ! c'est vrai. Il faut que je téléphone à Germain !

Hugo revint sur ses pas, suivi de Charlie qui le harcelait :

— « *Tu marches sur des morts,*
  Beauté, dont tu te moques... », hurlait-il.

Hugo avait autre chose à faire, autre chose à penser. Il devait absolument prévenir Germain. Il composa le numéro et croisa le regard hébété de Charlie, sur la première marche de l'escalier.

— « *Je trône dans l'azur comme un sphinx incompris...* »

La sonnerie du téléphone lui déchirait les tympans, Germain ne répondait toujours pas et Charlie était fou de rage. L'enfant grimpa les marches, quatre à quatre. Sur son passage, les livres volaient de tous côtés. Il entra dans sa chambre et claqua la porte de toutes ses forces.

C'est à ce moment que Germain répondit. La conversation ne dura que trois secondes. Les choses commençaient enfin à bouger. Ils avaient rendez-vous à midi. Il y eut un grand cri à l'autre bout... et Hugo raccrocha. Entre une sortie côté cour et un crochet du côté de chez Charlie, il n'y avait qu'un petit geste. Qu'un tout petit effort. Il allait monter quand elle lui passa une main autour de la taille :

— Laisse, je vais m'en occuper.

Il s'arrêta sur la première marche et revint sur ses pas. Le regard était complice, il l'aurait embrassée, mais elle le raccompagna jusqu'à la porte :

— Vas-y ! Tu vas être en retard.

* * *

Le parc industriel de la Rive-Sud était moche et introuvable. On l'avait construit aux confins de la ville, là où la civilisation devait être rendue en l'an 2000, mais quelque chose s'était détraqué en cours de route. La ville n'avait pas parcouru la distance prévue et les hangars étaient là, inutiles comme des roches dans un champ.

Le dernier autobus l'avait laissé à deux kilomètres de là. Hugo avait mis vingt minutes, sous un soleil de plomb, à parcourir la distance. En temps normal, il se serait impatienté. Mais il pensait à Marthe, à Charlie et à ce qui lui arrivait ces derniers temps. Pendant l'été, il avait joué tous les rôles. Le père, le frère, la mère et le clown. Le numéro ultime.

Quand il arriva enfin, Hugo piqua du nez. C'était un grand cube en aluminium, sans fenêtres et sans charme avec une seule porte au milieu. Loin de la rue Éliane, loin des regards indiscrets, il pourrait monter le numéro en toute quiétude... mais quel endroit déprimant ! Quel bout-du-monde il devait se payer pour revenir au cirque !

Germain arriva en retard, bien entendu. Il s'était perdu et avait fait un grand détour avant de retrouver son chemin. Hugo l'accueillit dans le stationnement, déjà inquiet :

— Le brocanteur s'est perdu. C'est certain ! Il avait dit midi. Il n'a donné aucun signe de vie.

— Écoute, ce n'est vraiment pas évident...

Quand il était seul, tout à ses pensées, Hugo parvenait à se contenir. Mais, en présence de Germain, c'était trop. Il allait et venait, consultait son carnet d'adresses, cherchait un numéro de téléphone. Il ne tenait plus en place et le colosse s'éloigna. Il voulait voir le hangar, il voulait se faire une idée avant que la bête ne leur tombe dessus.

Ça sentait le neuf. Tout était propre et d'une tristesse effroyable. Il faudrait percer quelques fenêtres, trouver de la paille, installer un système d'eau et construire un mur pour délimiter les quartiers où habiterait l'animal et l'endroit où se feraient les répétitions. Germain était déçu. Il n'aimait pas cet endroit, ce qui énervait encore plus Hugo. Mais il s'était engagé à faire le travail et il n'avait qu'une parole.

— L'as-tu trouvé au téléphone ton chapiteau... comme l'éléphant ?

C'est en râlant qu'il retourna au camion chercher son attirail : une fourche, des seaux de toutes les grandeurs, un boyau, deux balles de foin et des couvertures.

Hugo était au milieu du désastre et mesurait l'ampleur des travaux qu'il faudrait entreprendre. Ses petites journées tranquilles dans le salon bleu ou devant le climatiseur lui paraissaient si simples, si reposantes maintenant. Il allait sombrer dans la rêverie quand un coup de klaxon le fit sursauter. Germain était là, au fond du hangar. Hugo prit ses jambes à son cou et sortit à toute vitesse.

La remorque de Danby relevait de l'art picaresque. Sur les pans de ce gros cube sur roues, la vie de l'animal était relatée comme celle d'un héros, d'un aventurier ayant quitté l'Afrique vers des terres inconnues. Ces peintures, sur fond rouge, étaient très voyantes et c'est tout juste si Hugo remarqua McTavish, le brocanteur. Il s'approcha en lui tendant un bordereau.

— Est-ce qu'on peut avoir une petite signature, s'il vous plaît ?

— J'aimerais mieux voir l'animal, d'abord.

Germain rappliqua lui aussi. McTavish lui tournait le dos, ne l'avait pas vu. Il insistait pour que Hugo signe.

— La remorque est gratuite, disait-il. Et je vous dis, monsieur, ça c'est de l'art !

Germain tapa un grand coup sur les pans de la remorque et le brocanteur se retourna, effrayé. Le colosse était à son affaire. Il ouvrait déjà la porte arrière.

— Qu'est-ce que c'est que cette histoire de bosse ? demandait encore Hugo.

— Ce n'est rien. Rien du tout, répondit-il en bégayant.

Une odeur infecte se répandit dès que Germain laissa tomber le grand panneau. Une masse sombre gisait dans le noir. Rien ne bougeait. On avait du mal à imaginer l'éléphant dépeint sur la remorque.

— Bon, elle est un peu amortie, disait McTavish. Le transport, ça les fatigue.

— Ah ! c'est une elle, précisa Hugo.

Le brocanteur était nettement moins sourd qu'on ne le

croyait. La sueur perlait sur son front. Rien ne se passait comme il l'avait prévu. Ce géant intimidant était dans la remorque et il ne ménageait pas ses efforts.

— Mais ! Elle est enceinte, cette bête ! Elle est sur le point d'accoucher.

McTavish fit mine de ne pas entendre et offrit à nouveau son bordereau à signer.

— Mais c'est un scandale ! beuglait Germain. Cette éléphante ne devrait pas être ici ! Elle a besoin d'attention et de soins !

Il faisait un tel ramdam dans la remorque que Danby s'était mise à bouger. À moitié hissée sur ses pattes de devant, elle poussa un soupir, comme si, enfin, quelqu'un allait s'occuper d'elle.

— Vous êtes certain de ce que vous dites ? Je n'ai rien remarqué moi. Vous m'avez demandé un éléphant, moi je vous ai amené un éléphant.

La nervosité de Hugo, ce trac qu'il avait ressenti ces derniers temps, se transforma en vague. Un grondement qui roulait en lui et qui emportait tout sur son passage. Sa colère contre Victor Daguerre, contre l'oubli, contre le mépris. Sa fureur contre cet homme qui lui avait menti. Une tornade qui s'abattit sur les épaules de McTavish.

Hugo hurlait tellement que Germain sortit voir ce qui se passait. Le brocanteur remballait ses affaires, effectuait un repli vers le camion. Mais le géant lui barra la route.

— Où allez-vous comme ça ? Qu'allez-vous faire de cet animal ?

L'homme était confus. Hugo avait les cheveux dressés sur la tête et s'époumonait comme un damné. McTavish croyait avoir affaire à un désaxé. Mais la stature de Germain lui intimait la plus grande prudence.

— Maintenant, vous allez m'écouter, trancha le géant.

Cet homme qu'on avait cru sourd devint tout ouïe.

— Il faut lui trouver une place pour qu'elle accouche. Et ça presse.

Sans plus, Germain grimpa dans le camion et prit place, côté passager.

— Je vais avec vous... je veux être certain que...

McTavish ne savait plus qui du grand ou du petit lui faisait le moins peur. Hugo était à vif. Il crachait des insanités devant le camion, alors que le colosse s'inquiétait toujours pour la bête. Il monta derrière son volant, parce que cela lui semblait un moindre mal, et mit aussitôt le moteur en marche.

Quand le camion à la remorque délirante s'éloigna dans la rue, Hugo poussa un long soupir. Le cirque était passé tout près, mais il s'éloignait maintenant.

Chapitre 24

Le libraire

Il était dans les bras de Marthe comme dans un linceul. Enturbanné, emmitouflé pour l'éternité sans aucune envie de ressusciter, de se lever d'entre les morts et de reprendre le collier. Hugo avait tiré la couverture sur ses épaules. Il s'était collé à elle et ne bronchait plus. Après le motel, c'était au divan qu'il avait renoncé. Depuis l'expédition dans le parc industriel, il ne dormait plus qu'avec elle.

Il était revenu du hangar en pièces détachées. Non seulement cette affaire lui avait coûté ses derniers dollars, mais il avait vu en Danby, la bête de cirque ringarde, une caricature de ce qu'il deviendrait un jour s'il s'entêtait à remonter ce numéro.

La suite de l'aventure avait été épique. Pendant toute une journée, Germain et le brocanteur s'étaient baladés en camion, cherchant un endroit où «placer» la bête.

La maison de la rue Éliane et sa petite anarchie comblait totalement Hugo. Depuis qu'il avait découvert les balançoires dans l'appartement de Marthe, depuis qu'il avait appris à faire du trapèze avec elle, la même palpitation lui revenait tous les soirs. Il montait doucement l'escalier, il s'arrêtait un moment dans l'embrasure de la porte. Le chapiteau était là, et Marthe aussi !

Chaque fois, il s'avançait sur la petite plate-forme en prenant bien soin de ne pas regarder en bas. Le Parloir jouait tout seul, la musique était invitante et, toute la nuit, ils valsaient. Toute la nuit, ils volaient sous les combles du chapiteau.

* * *

Le lendemain, quand Hugo ouvrit l'œil, il chercha le trapèze, les projecteurs et le justaucorps bleu de Marthe. Tout avait disparu, comme les jours précédents. Il ne restait rien de leurs ébats, rien de la tendresse... rien, sauf le Parloir peut-être, rangé sagement dans son étui.

Marthe souriait en dormant. Elle était bien, elle était béate même. Il regarda cette chambre qui avait été celle de Victor Daguerre. Derrière un décor s'en cache toujours un autre et il se leva sur la pointe des pieds.

En prenant son pantalon sur la commode, il secoua la tête comme les nageurs quand ils sortent de l'eau. Il était au ciel dans les bras de Marthe, mais quand il y restait trop longtemps, le doute s'emparait de lui. La vie ne pouvait être aussi simple. Il y avait sûrement un truc, quelque chose qu'elle ne lui avait pas dit.

En bas, dans le salon, il s'étonna du nombre de livres qui traînaient là, qui s'étaient accumulés ces derniers temps. Marthe continuait d'en descendre. C'était le moment de l'année. Les gens du quartier se remettaient à la lecture, en septembre. Comme ils redemandaient toujours les mêmes titres, elle aimait autant les avoir sous la main.

Autant l'expédition au parc industriel avait été éprouvante, autant Hugo évacua l'affaire rapidement. Lui et Charlie s'étaient réconciliés dès son retour. Marthe avait sorti la nappe blanche et mijoté un petit plat. Pour les distraire, elle leur avait parlé de ce projet qu'elle caressait depuis un moment déjà. Transformer le rez-de-chaussée en salon de lecture. Construire de grandes étagères pour accueillir les livres, inviter les gens à lire sur place.

Hugo s'était accroché à cette idée comme on se jette sur une bouée de sauvetage. L'échec de sa propre entreprise lui paraîtrait moins cuisant s'il avait un autre projet. Sans aller jusqu'à se trouver une âme de libraire, il aimait recevoir ces gens à la porte, les mettre à l'aise et leur trouver le livre qu'ils cherchaient.

Appuyé contre la porte de la cuisine, Hugo regardait le salon de loin. En plissant les yeux, il voyait un paquebot rempli de livres, au milieu des eaux calmes. Marthe avait pensé à tout. Ce serait un endroit sympathique, avec des fauteuils disposés çà et là, un grand catalogue et le registre des entrées et des sorties. Pas de comptoir, rien de formel. Comme si on était chez soi en train de lire les livres des autres.

Marthe offrirait un service particulier. Elle proposerait des titres, elle donnerait des conseils mais, surtout, elle ferait découvrir les trésors du fonds de librairie de Victor Daguerre. Comme un guide. Une main tendue.

Il regardait le salon et voyait exactement ce que Marthe proposait. Un cirque, en somme... mais avec les mots. Le public serait au rendez-vous. Il ne resterait qu'à le séduire, à lui montrer les livres comme jamais il ne les avait vus.

Hugo était emballé par cette idée. Tellement qu'il n'entendit pas la porte grincer dans l'entrée. Il espérait que Marthe descende, pour qu'ils en parlent encore. Mais c'est Charlie qui le surprit :

— « ... *songe à la douceur* »...

C'était à peine jeudi, il avait une valise dans une main et le livre de Baudelaire dans l'autre. Sur la petite place, la voiture de Jean-Philippe s'éloignait.

— Il est d'accord, mon père. Je vais retourner chez lui la semaine prochaine, mais c'est la dernière fois. C'est décidé.

— Ah bon ! tu reviens pour rester ?

— ... elle te l'a pas dit, maman ?

Il déposa sa valise tout près de l'escalier et vint s'installer dans le salon, sur le grand divan. La page de son livre était cornée. Il se cala dans les coussins et reprit sa lecture là où il l'avait abandonnée.

— Est-ce que c'est toi, Charlie ? demanda Marthe, de l'étage.

— Oui, oui.

Elle descendit en vitesse, se jeta sur le divan et l'embrassa de façon exubérante. Le petit se laissa prendre au jeu, déposa le livre aux pages de soie sur la table et fit lui aussi des câlins à sa mère.

C'était la première fois que Hugo les voyait se chamailler ainsi, se rouler dans les coussins. Discret, il revint vers la salle à manger où il s'intéressa à la valise du petit. Elle ressemblait à la sienne, mais en plus petit. Elle était mal fermée aussi. Des vêtements pendouillaient de chaque côté, comme si on les y avait jetés pêle-mêle. Longtemps, il avait fait sa valise de cette façon. Une boule, un magma de guenilles. Puis, au cirque, il avait appris. À force de voyager, une certaine discipline s'était imposée.

Dans la cuisine, Hugo mit des grains de café dans le moulin. Le téléphone sonna alors qu'il mettait le moteur en marche. Cacophonie. Il posa l'appareil sur le coin de la table, mais s'accrocha dans le fil. Le café à moitié moulu se répandit par terre et c'est Marthe finalement qui répondit :

— Ah ! Germain ! On parlait de toi hier, justement.

Charlie referma le livre. Le baiser de sa mère lui avait plu, mais des nouvelles de l'éléphant, c'était encore mieux. Il se redressa dans les coussins, se mit à califourchon sur l'accoudoir pendant que Hugo ramassait son dégât.

— Ah ! Elle n'a pas encore accouché ?

Le débit du colosse était rapide. À tout moment, Marthe mettait la main sur le récepteur et leur faisait un compte rendu. La gestation des éléphants étant de vingt et quelques mois, il faudrait encore être patient. Les vacanciers auraient le temps de partir, probablement. Danby pourrait mettre bas en toute quiétude.

Hugo s'était approché. Il voulait parler au géant. Charlie

grimpait sur sa mère en collant son oreille à la sienne et c'était la pagaille. L'anarchie autour du divan. Mais c'est ça qui les rapprochait. Ensemble, ils pouvaient rire de n'importe quoi.

* * *

L'argent de la Barnum arriva au moment où Hugo s'y attendait le moins. Toute la fin de semaine, ils avaient travaillé aux plans d'aménagement du grand salon. Marthe avait même dressé la liste des matériaux et fait un devis sommaire. Le lundi, après avoir reconduit Charlie chez son père, ils mettraient le tout en branle.

Mais voilà, Hugo était enfoncé dans le divan. Il tournait et retournait cette note de la banque dans ses mains. L'argent était là. Un transfert suffisait pour avoir accès aux fonds, mais il n'y croyait pas. Il regardait autour de lui, l'air engourdi.

Le Parloir dormait toujours sur la table de la salle à manger, Marthe mettait une dernière main aux plans et Hugo riait tout seul. Il pensait à ces numéros fabuleux qu'il aurait pu monter avec cet argent. Il ne regrettait rien, par contre. Tant mieux si la Barnum lui avait payé son dû. Il avait fait son choix !

Ce n'était plus un éléphant qu'il ferait danser sur la piste, c'étaient des livres qu'il ferait circuler dans le quartier. Avec Marthe, ils redonneraient vie à cette bibliothèque qui dormait là depuis des années. Et ils le feraient dans les règles de l'art.

Le calcul de l'épaisseur moyenne d'un livre multipliée par le nombre approximatif d'unités du fonds de librairie. Une cinquantaine d'étagères, une disposition réfléchie.

Marthe était un bourreau de travail. Quand elle s'y mettait, plus rien ne comptait. D'ailleurs, c'était comme cela qu'il l'aimait. Et il se leva pour aller chercher les matériaux avec elle. Mais de grosses larmes se mirent à couler le long de ses joues. Elle crut d'abord qu'il faisait le clown...

— Dis donc, qu'est-ce qui t'arrive ?

Hugo chercha à en rire, à faire semblant. Il agitait la note de la banque au-dessus de sa tête, comme la Statue de la liberté tenant son flambeau.

— *Money ! USA ! At last, free today !*

Mais Marthe n'en croyait rien. Il avait les yeux humides, il jouait la comédie. Elle s'approcha tout doucement, le prit par les épaules et le serra contre elle. Alors seulement, il reconnut :

— C'est toi qui me fais cet effet. Tu sais bien que ce n'est pas cet argent !

Chapitre 25

Le Salon bleu

Il y avait des matériaux de construction un peu partout au rez-de-chaussée. On avait livré des dizaines et des dizaines d'étagères. Elles étaient d'égale grandeur ; il suffisait de les assembler, de les fixer les unes aux autres comme un jeu de meccano.

Charlie était là et c'était pour de bon ! Dans ce branle-bas de combat qu'était la construction du salon de lecture, Marthe avait trouvé le temps de rencontrer Jean-Philippe. Une nouvelle fois, ils s'étaient mis d'accord. La solution que proposait Charlie était la meilleure. Pourquoi faire autrement ?

Il n'y eut pas de déménagement proprement dit. Hugo sortit sa valise et, pendant trois jours, ils se promenèrent en taxi. Ces aller-retour les amusaient beaucoup et, petit à petit, ils ramenèrent toutes les affaires de Charlie.

Marthe se garda bien d'intervenir. C'était un jeu. Quand ils arrivaient à la maison, ils étalaient leur butin sur la table de la salle à manger, remettaient les valises dans l'entrée pour le prochain voyage et ils se mettaient à courir de tous les côtés. Une heure plus tard, c'était fait. Tout était rangé !

En fait, pendant les quelques jours de cette transition, Marthe se fit toute discrète. Elle feignait de s'intéresser à ce qu'ils avaient convenu d'appeler le « Salon bleu », mais elle ne les quittait pas des yeux. Plus tard, en soirée, lorsqu'elle se retrouvait seule avec Hugo dans la chambre, elle s'étonnait encore :

— Tu te rends compte ? Il est revenu. Il est là ! Sans toi, ça ne serait jamais arrivé...

— Tu exagères, Marthe. C'est aussi pour toi qu'il est revenu.

— Avant, il ne s'intéressait à rien. Maintenant, quand ce n'est pas le cirque, c'est Baudelaire. Tu entends ce qu'il raconte quelquefois, les mots qu'il lance comme ça ?

— J'ai du retard dans mes lectures, disait Hugo.

En l'enlaçant, il se plaignait de ne plus avoir accès à Baudelaire. Ce livre lui était pratiquement interdit. Mais elle riait. Elle riait de lui, et d'eux aussi. De tout ce qui leur arrivait en ce moment. Les soirs de pluie, ils se penchaient encore au-dessus de la fenêtre pour hurler dans la ruelle. Le mois d'août s'était englué dans sa chaleur humide. Les soirées fraîches de septembre se faisaient attendre, mais ils avaient tant à faire qu'ils n'y pensaient même pas.

Le Salon bleu était, d'une certaine manière, la solution à tout. Charlie, qui avait transporté des livres pendant des années, continuait de le faire, mais pour remplir les bibliothèques cette fois. Marthe avait un étonnant coup de marteau. Elle montait ces étagères avec un plaisir féroce, comme si elle se le promettait depuis toujours. Il ne restait rien de cette bibliothécaire à chignon dont il avait fait la connaissance, un matin de juin. Plus rien de sa demi-sœur non plus, avec qui il avait partagé Victor Daguerre, il y avait de ça longtemps.

Marthe avait rattrapé les petits bouts de sa vie, elle les remettait ensemble à coups de marteau et, le soir, pour se reposer, elle faisait de la musique. Elle jouait ces morceaux qui avaient toujours le même effet sur Hugo. Il s'approchait, il entrait dans la chambre et venait se blottir contre elle, câlin.

Pendant une bonne semaine, ils travaillèrent ainsi, sans sortir et sans prendre de nouvelles du reste du monde... sauf peut-être de Germain. Danby avait repris des forces et l'accouchement était imminent. Lui et Gaël attendaient avec curiosité l'arrivée de l'éléphanteau. Pour l'occasion, ils feraient sûrement une fête et souhaitaient que Charlie, Marthe et Hugo y assistent. Mais il y avait tant à faire, tant à préparer pour que le salon ouvre ses portes au début de septembre...

Tous les matins, vers huit heures, les travaux reprenaient. Ce jour-là, ils disposaient les premières bibliothèques dans le salon. Ils étaient tellement absorbés par ce travail que personne n'entendit d'abord frapper à la porte. Ce fut Hugo, finalement, qui enjamba la boîte d'outils et vint répondre.

Il voyait déjà la tête du client. Madame Blanche peut-être. Elle n'en croirait pas ses yeux. Même si les travaux n'étaient pas terminés, elle en resterait bouche bée. Il ouvrit la porte en retenant un sourire.

— Rien n'est pire que tout ! marmonna un petit homme, debout sur le seuil de la porte.

Marthe et Charlie ne s'étaient rendu compte de rien. Ils continuaient de trimballer des livres sans s'occuper de Hugo. Celui-ci voulut se retourner, revenir vers eux. Mais ses genoux se cognèrent ensemble. Il sentit une bouffée de chaleur lui monter au visage et il s'agrippa à la poignée de porte pour ne pas tomber.

L'expression de Bobby n'était ni sévère ni menaçante. En fait, il était livide lui aussi, aussi apeuré que Hugo. Pas un mot ne sortait de sa bouche. Le temps s'était figé ; l'instant semblait interminable. Et puis, le lanceur de couteaux plongea la main à l'intérieur de sa veste. Il en ressortit quelque chose de brillant.

— Non ! Pas ça !

Marthe tourna brusquement la tête. Charlie courait déjà vers l'entrée, mais c'était trop tard ! Hugo s'effondra comme une masse ! Devant lui, Bobby tenait toujours cet objet brillant dans sa main.

* * *

Quand Hugo ouvrit les yeux, c'est Charlie qu'il vit d'abord. Persuadé qu'ils avaient fait le voyage ensemble jusque dans les profondeurs de l'abîme, il referma les yeux. Le couteau de Bobby avait aussi atteint l'enfant, il devait y avoir du sang partout sur le plancher.

La colère s'empara de lui. Que cet assassin le poursuive d'un bout à l'autre de l'Amérique pour venir le poignarder sur le pas de sa porte, passe encore. Mais qu'il fasse du mal au petit, c'était insupportable !

— Hugo, il faut que tu te lèves ! Il faut que tu te tiennes debout !

Cela lui fit un drôle d'effet. Charlie était calme et il lui passait la main dans les cheveux. C'était très affectueux.

— Allez ! Debout. Lève-toi !

Une deuxième voix vint s'ajouter à celle de l'enfant :

— Ce n'est rien. C'est une broche qu'il voulait te donner. Un bijou qui appartenait à...

Hugo se passait la main sur le cœur, puis sur le ventre. Il n'y avait pas de blessures. Et Charlie qui se faisait de plus en plus insistant :

— Lève-toi... il veut te parler le monsieur !

Bobby se confondait en excuses, Hugo n'arrivait pas à bouger tellement il se croyait mort et Charlie n'en pouvait plus :

— « *... comme un bon nageur qui se pâme dans l'onde,*
Tu sillonnes gaiement l'immensité profonde... »

Il rigolait le petit. L'immensité profonde n'était rien d'autre que l'entrée de la maison, le poignard, tout juste un bijou !

— Je suis très, très désolé, disait Bobby en reculant sur la véranda. Je n'ai pas voulu te faire peur comme ça !

Son désarroi était bien réel. L'homme balbutiait sans arriver à dire quoi que ce soit. La broche lui brûlait les doigts et, brusquement, il se tourna vers Marthe pour la lui donner. Hugo était toujours immobile sur le plancher et, dans un geste d'une apparente bonne foi, il se pencha vers lui :

— Allez mon ami. Il faut te lever. Rien n'est pire que tout !

Marthe les regardait, muette. De toute évidence, cet homme était celui dont Hugo lui avait parlé. Pourtant, il ne ressemblait en rien à ce qu'il avait dit. Beaucoup plus petit, nettement moins imposant. Il était fragile ce Bobby et quand Hugo se releva enfin, il se mit à faire des courbettes.

— Je m'excuse vraiment, mon ami. Je n'ai pas voulu te faire peur comme ça.

Ils étaient debout dans l'entrée. Marthe proposa de passer à l'intérieur. Charlie se mit à tourner autour d'eux.

— Toi aussi, tu travaillais au cirque avec Hugo ?

— Laisse, Charlie ! Laisse !

Bobby s'intéressa vaguement au petit. Mais il avait une langue bien à lui. Un mélange d'accent et de timidité. Quand il parlait, seul Hugo le comprenait.

— Il faut nous excuser, annonça Marthe en ouvrant la marche. Il y a des petits travaux, en ce moment.

Il se retrouvèrent autour de la table, elle prépara du café et c'est Bobby qui ouvrit le bal en évoquant Oakland, l'accident d'Oakland. Marthe chercha à écarter le petit. Elle lui proposa d'aller lire au salon, ou dans sa chambre peut-être. Charlie l'ignora complètement.

— Arrivé à Chicago, ils m'ont dit que tu avais disparu. J'ai cru que tu étais mort.

— C'est à peu près ça, oui...

— L'accident, c'était déjà assez, tu ne trouves pas ?

Hugo ne sourcilla même pas. C'était la deuxième fois en autant de phrases qu'il employait le mot accident et il n'avait aucune réaction. Marthe, qui ne perdait pas un mot de la conversation, ne cessait de s'étonner. Non seulement Bobby ne ressemblait pas au portrait que Hugo lui en avait fait, mais le drame d'Oakland ne s'était peut-être pas passé exactement comme il l'avait dit.

En fait, Hugo ne réagissait à rien. Il était soulagé, il était content que ce soit terminé. Bobby était là devant lui. Il n'avait pas l'intention de le tuer. Pire encore. Il avait l'air plus effrayé que lui.

Marthe faisait tout pour que le moment soit agréable. Elle leur servit à boire et à manger. Les silences étaient parfois très longs, et puis une phrase tombait :

— Tu sais que je t'ai cherché. J'ai traîné pendant un mois en Floride. J'avais l'adresse d'une banque, une succursale à Tampa. Mais personne ne te connaissait là-bas !

Hugo retrouvait sa contenance. Le brouillard des premiers instants s'était dissipé. Il regardait Bobby et se demandait comment il avait pu avoir si peur de cet homme.

— ... mais ça va mieux, disait-il. Ça va bien maintenant. Je t'ai retrouvé, on va pouvoir travailler.

— Non, pas pour moi. Je suis très bien ici.

— Comment ça, pas pour toi ? Quand on a trente ans et qu'on a sa place chez Barnum, on ne prend pas sa retraite !

— Trente-trois ans. J'ai trente-trois ans, disait Hugo.

— C'est la même chose !

Bobby reprenait du poil de la bête, lui aussi. Il était très agité. Très inquiet de l'attitude de Hugo. Charlie, lui, en bavait de plaisir. Il entendait tout, il en avait plein la vue. À court d'arguments, Bobby se tourna vers Marthe :

— Vous savez, c'est un grand au cirque ! Un « natural » comme disent les Américains. Il est drôle. Très, très drôle.

Marthe n'en doutait pas. Elle s'en était bien rendu compte. Mais c'est l'incident d'Oakland qui l'intriguait. Ils avaient à peine effleuré le sujet mais, chose certaine, Bobby n'avait rien d'un tueur et, s'il l'avait suivi jusqu'ici, ce n'était pas pour lui faire la peau.

— Il faut qu'il revienne au cirque, madame. Vous devez lui faire comprendre ça !

Les yeux de Marthe allaient de l'un à l'autre. Bobby était sincère, cela se voyait, alors qu'un voile de mystère planait sur le visage de Hugo.

— Pourquoi je retournerais au cirque ? disait-il. Avec Marthe, on a un projet dans le salon.

D'une surprenante courtoisie, Bobby s'inclina alors devant elle :

— Vous vous appelez Marthe. C'est un joli nom.

Il avait de belles manières, un peu à l'ancienne. C'était un homme charmant et elle lui tendit la main.

— Je m'appelle Marthe... je suis une amie de Hugo. Une amie de longue date.

Il prit sa main et l'embrassa. Flattée, elle se tourna vers son fils d'un geste ample :

— Et lui, c'est Charlie !

— En fait, précisa tout de suite Bobby, mon nom c'est Lazlo Tisza. Je suis Bulgare, mais là-bas, chez les Américains, ça faisait mieux d'être gitan.

Hugo eut un léger tressaillement. Lazlo qui ? Il n'avait jamais entendu ce nom auparavant, ni rien de ses origines bulgares. Charlie, qui retenait sa langue depuis trop longtemps, profita de sa surprise pour demander :

— Et vous monsieur, qu'est-ce que vous faites au cirque ?

— Moi, je suis lanceur de couteaux !

La question avait paru anodine. La réponse les figea tous. Charlie, le premier, retrouva la parole :

— Lanceur de couteaux ! J'aimerais bien essayer, voir comment ça marche !

Chapitre 26

« L'invitation au voyage »

Hugo m'a menti. Il ne m'a pas dit toute la vérité. Depuis que Lazlo Tisza, alias Bobby, est avec nous, ils en reparlent souvent. Ils prennent chacun leur part de responsabilité dans cette affaire. D'abord ce code ; cette entente qu'ils avaient de ne jamais relever la tête, de ne jamais regarder. C'est ce que Hugo avait fait, ce soir-là, à Oakland. Le lanceur de couteaux aurait apparemment été déconcentré.

Le plus étrange dans tout cela, c'est que Hugo ne conteste pas. En fait, Bobby lui-même s'en charge. Il admet volontiers qu'il était jaloux... mais qui ne l'aurait pas été de Sally ? Il buvait, aussi. Ça, il en convient. Quelquefois avant le spectacle. Mais, ce soir-là, il n'avait pas pris une seule goutte. Il avait fait une colère, il s'était engueulé avec sa nièce, mais il n'avait pas bu d'alcool. Et même sur cette question, Hugo est d'accord.

Ils passent des heures à reconstituer l'incident. Rien n'est laissé au hasard. Ils vident la question jusqu'à s'en étourdir. Mais chaque fois, ils reviennent au même point. Ce soir-là, à Oakland, tout ce qui ne devait pas arriver leur est tombé dessus. Si l'un avait contenu sa colère, si l'autre n'avait pas relevé la tête, s'ils n'avaient pas autant aimé Sally tous les deux. Si, si, si...

Lazlo s'est installé sur le divan. Les travaux du Salon bleu ont été interrompus, mais ils ont promis tous les deux de m'aider demain à finir d'assembler les étagères et à ranger les derniers livres.

Je les imaginais incapables de s'entendre, ennemis jurés, rompus à la rivalité. Ils sont toujours ensemble et ils s'entendent comme larrons en foire. Quelquefois, pour changer, ils parlent de cirque, du numéro que Lazlo voudrait monter. Les premiers jours, Hugo ne voulait rien entendre. Son choix était fait. Il resterait ici, à s'occuper des livres. Maintenant, il n'offre plus aucune résistance. Il en parle comme si c'était un jeu. Il adore imaginer le numéro idéal.

Ça va faire trois jours que Lazlo est avec nous. Je m'y suis attachée. Et Charlie aussi, d'ailleurs. Il connaît plein d'histoires, il raconte toutes sortes d'anecdotes à propos de Hugo, de son talent et des foules qui croulaient de rire devant ses pitreries. Il ne m'a pas tout dit, certes, mais j'ai peut-être manqué d'attention. L'artiste dont parle Lazlo, cet amuseur de foules, il m'a complètement échappé. Peu importe. Le soir quand je joue du Parloir, il laisse Lazlo en bas et vient me rejoindre. Je rejoue ce morceau, celui qu'il aime, et il vient rôder par là.

— « *Mon enfant, ma sœur,*
Songe à la douceur
D'aller là-bas vivre ensemble !
Aimer à loisir,
Aimer et mourir... »

Je joue les yeux fermés. Il ne me touche pas, mais je sais qu'il est là. Le lit fait des vagues, on entend le clapotis de l'eau :

— « *... Vois sur ces canaux*
Dormir ces vaisseaux
Dont l'humeur est vagabonde ;
C'est pour assouvir

Ton moindre désir
Qu'ils viennent du bout du monde... »

On pourrait croire que le loup est dans la bergerie. Lazlo Tisza a entrepris de convaincre Hugo. Il veut le ramener au cirque. Je devrais chercher à le retenir, mais je n'en fais rien. Je joue du Parloir plutôt... Et il vient vers moi, il vient dormir à mes côtés.

— « *...Les soleils couchants*
Revêtent les champs,
Les canaux, la ville entière,
D'hyacinthe et d'or ;
Le monde s'endort
Dans une chaude lumière... »

Je sais qu'il va partir, qu'il va retourner au cirque. Il s'est fait un nom là-bas. Il est devenu quelqu'un, paraît-il. Ça aussi, il avait oublié de me le dire. Mais Lazlo Tisza s'en est chargé. Il va repartir, je l'aime et je veux y aller avec lui. J'attends qu'il m'invite. La maison de Victor Daguerre peut attendre. Le reste du monde aussi. Charlie voudrait bien être du voyage. Il veut monter un numéro. Il est persuadé qu'il y a une place pour Baudelaire au cirque.

Table
Cirque bleu